LE RHINOCÉROS D'OR

Du même auteur

L'Invention du Hottentot. Histoire du regard occidental sur les Khoisan (XVe-XIXe siècle), Publications de la Sorbonne, 2002 ; 2018.

avec Claude-Hélène Perrot (dir.), *Le Retour des rois. Les autorités traditionnelles et l'État en Afrique contemporaine*, Karthala, 2003.

(éd.) Henry Francis Fynn, *Chaka, roi des Zoulous* (édition révisée et annotée par F.-X. Fauvelle), Anacharsis, 2004.

Histoire de l'Afrique du Sud, Le Seuil, 2006 ; « Points », 2013.

La Mémoire aux enchères. L'idéologie afrocentriste à l'assaut de l'histoire, Verdier, 2009.

avec Jean-Loïc Le Quellec et François Bon, *Vols de vaches à Chrisol Cave. Histoire critique d'une image rupestre d'Afrique du Sud*, Publications de la Sorbonne, 2009.

Convoquer l'histoire. Nelson Mandela : trois discours commentés, Alma, 2015.

À la recherche du sauvage idéal, Le Seuil, 2017.

avec Claude-Hélène Perrot (éd.), *Yves Person. Historien de l'Afrique, explorateur de l'oralité* (édition présentée, introduite et annotée par F.-X. Fauvelle et Cl.-H. Perrot), Publications de la Sorbonne, 2018.

(dir.), *L'Afrique ancienne. De l'Acacus au Zimbabwe, 20 000 avant notre ère-XVIIe siècle*, Belin, 2018.

avec Isabelle Surun (dir.), *Atlas historique de l'Afrique. De la Préhistoire à nos jours,* Autrement, 2019.

Leçons de l'histoire de l'Afrique, Collège de France/Fayard, 2020.

avec Elarbi Erbati et Romain Mensan (dir.), *Sijilmâsa, cité islamique du Maroc médiéval : recherches archéologiques maroco-française 2011-2016*, Rabat, INSAP, 2020.

Penser l'histoire de l'Afrique, CNRS Éditions, 2022.

François-Xavier Fauvelle

LE RHINOCÉROS D'OR

Histoires du Moyen Âge africain

NOUVELLE ÉDITION REVUE ET AUGMENTÉE

TALLANDIER

48, rue du Faubourg-Montmartre – 75009 Paris
www.tallandier.com

Préface à la nouvelle édition

Conversations sur le sable

La première édition du *Rhinocéros d'or : histoires du Moyen Âge africain*, parue en 2013 en français, republiée presque immédiatement en poche et traduite au cours des années suivantes dans une dizaine de langues, a représenté, pour beaucoup de lectrices et de lecteurs, une double découverte. D'abord celle d'histoires dont l'intrigue était située au Ghâna, au Mâli, en Éthiopie, au Zimbabwe, en Tanzanie, autant de noms de pays (parmi d'autres) qui appartiennent à une géographie souvent abstraite – parce que nos sociétés modernes, et pas seulement en Europe, n'ont pas encore pris l'habitude d'en faire des connaissances partagées. Ensuite, la découverte que les connaissances au sujet du passé des sociétés africaines avaient toujours été là, travaillées depuis des générations par des historiennes et des historiens, des archéologues, d'Afrique, d'Europe, d'Amérique et d'ailleurs, formant une internationale peu nombreuse mais active. Cette édition augmentée du *Rhinocéros d'or* le prouve encore : si des compléments significatifs, des corrections et des mises à jour ont été faits dans beaucoup de chapitres, si des découvertes très récentes ont été signalées, c'est parce que la recherche a continué d'avancer au cours des presque dix dernières années : des érudits ont publié de nouveaux documents écrits ou modifié la compréhension admise de tel texte, des archéologues ont mis au jour des sites hier encore inconnus ou matériellement mal documentés.

Ainsi, quand paraissait la première édition de cet ouvrage, je ne faisais que débuter les fouilles du site de Sijilmâsa au Maroc, le « port » saharien où pendant plusieurs siècles on engraissait les dromadaires, empaquetait des balles de dattes, se munissait de recommandations avant d'entamer la longue traversée en direction du « Pays des Noirs », l'expression arabe qui désignait les royaumes africains qui exerçaient une hégémonie politique et économique dans les régions du Sahel. Une décennie plus tard, plusieurs campagnes de fouilles franco-marocaines ont eu lieu sur ce site de la palmeraie du Tafilalet : certes, seule une infime partie des vestiges a été dévoilée, mais ce travail a déjà permis de comprendre beaucoup au sujet de l'apparence de la cité des bords du désert, et c'est pourquoi il a été possible d'ajouter un chapitre à son sujet. Plusieurs autres chapitres entièrement neufs, qui doivent tout aux travaux d'autres chercheuses et chercheurs, ont également été ajoutés : sur Gao au Mali actuel, à une époque, le début du XIIe siècle, où une dynastie indépendante y régnait ; sur le royaume du Kânem au Tchad actuel, en un siècle (le XIIIe siècle) où les conditions climatiques et environnementales permettaient au sultan d'avoir un port lacustre et des vergers dans une région aujourd'hui stérile ; sur le séjour que Mûsâ, sultan du Mâli, fit au Caire, en Égypte, en 1324, alors qu'il se rendait en pèlerinage aux Lieux saints d'Arabie ; ou encore sur les vestiges urbains de la civilisation islamique qui en Abyssinie voisina avec l'Éthiopie chrétienne aux XIVe et XVe siècles.

Le sultan Mûsâ du Mâli, que les témoins arabes égyptiens décrivent comme un homme pieux et un souverain vertueux, que l'Atlas catalan, réalisé par des cartographes juifs d'Europe, dépeint sous l'apparence d'une figure en majesté et désigne comme le riche détenteur des gisements d'or d'Afrique, est l'objet de plusieurs chapitres dans cet ouvrage. La raison n'en est pas seulement que ce personnage royal, qui incarne mieux que tout autre la puissance des formations politiques d'Afrique subsaharienne à leur apogée, vers les XIVe-XVe siècles, est l'objet d'une documentation plutôt abondante. C'est aussi que nous entendons la parole du sultan Mûsâ en plusieurs occasions, par exemple lorsqu'il raconte l'histoire de l'expédition en mer de son prédécesseur ou bien encore lorsqu'il fait clairement entendre qu'il ne s'inclinera pas devant son homologue, le sultan mamelouk d'Égypte. Si ses paroles nous sont parvenues, c'est parce que Mûsâ n'a cessé d'entretenir des échanges avec ses contemporains. Il n'a pas seulement été le souverain d'un vaste empire étendu des rives de l'Atlantique à la Boucle du fleuve Niger, ni seulement été le conducteur des milliers d'hommes et de femmes partis du Mâli en 1324 pour accomplir le *hajj* à La Mecque – on le voit deviser avec des dignitaires du palais mamelouk dans les jardins du Caire, longuement chevaucher avec un poète et architecte andalou le long des pistes transsahariennes au retour du pèlerinage, apprécier la compagnie des lettrés dont il fait les gouverneurs de ses provinces. Sauf lorsque, devant son peuple ou la cour, il parle dans sa langue natale, sans doute le malinké, il dialogue en arabe, la langue du Coran, certes, mais aussi plus généralement la langue de communication et de culture du monde islamique. C'est la langue commune des marchands, des missionnaires, des juristes, depuis les villes commerçantes du Sahel jusqu'aux communautés islamiques de Chine, depuis les cités insulaires de la côte swahilie jusqu'aux postes avancés d'Asie centrale. Comme tant d'autres souverains, intellectuels, diplomates, pèlerins, Mûsâ est l'interlocuteur d'une conversation qui a pour objets articles de foi ou de droit, incitations et garanties offertes au commerce, ajustement de l'offre et de la demande, adoption et adaptation de modèles de gouvernement et de règles d'étiquette, transfert de technique et circulation de valeur, participation à la diffusion de goûts olfactifs, alimentaires, vestimentaires, architecturaux.

Cette conversation a pris place, tantôt en cheminant de conserve, tantôt sur un tapis où était posée une calebasse de mil et de lait, tantôt par allers et retours d'individus porteurs de conceptions et de normes, de missives, de livres, de matières premières telles que l'ambre, l'or et le sel, d'hommes et de femmes réduits en esclavage, d'objets manufacturés et de prestige. Ces longues circulations ont eu lieu à la faveur de méharées au travers du désert du Sahara ou de navigations sur l'océan Indien. La participation des sociétés africaines à la conversation du monde médiéval – un monde plus lent et incertain à parcourir pour les marchands que pour leurs marchandises – a pris place sur des étendues stériles ou liquides qui formaient, là, les pliures d'un monde interconnecté. Une conversation sur le sable et sur l'eau – qu'il faut savoir écouter car elle n'a souvent laissé que des traces fugitives. Pour un chargement de barres de laiton et de coquillages abandonné au XIIIe siècle (puis retrouvé au XXe, puis perdu, puis retrouvé au XXIe) en plein désert mauritanien, combien de vestiges n'ont duré guère plus longtemps que des caractères écrits en plein vent du bout d'un bâton ? Car c'est ailleurs qu'il faut chercher pour retrouver des traces immobilisées, à l'instar du petit rhinocéros en feuilles d'or trouvé à l'autre extrémité du continent africain, en Afrique du Sud, où des membres d'une société locale d'éleveurs et d'artisans se firent inhumer avec lui et d'autres objets et matières venus d'ailleurs. Parce qu'il témoigne si bien des relations des sociétés africaines avec l'extérieur et entre elles, des conditions pratiques de la recherche en histoire et en archéologie en Afrique, des incertitudes de la documentation, de la variété des disciplines scientifiques qui peuvent être mobilisées, et enfin des narrations de l'histoire qui sont toujours possibles, le rhinocéros d'or de Mapungubwe peut nous servir d'emblème et de guide.

L'Afrique du VIIIe au XIIIe siècle

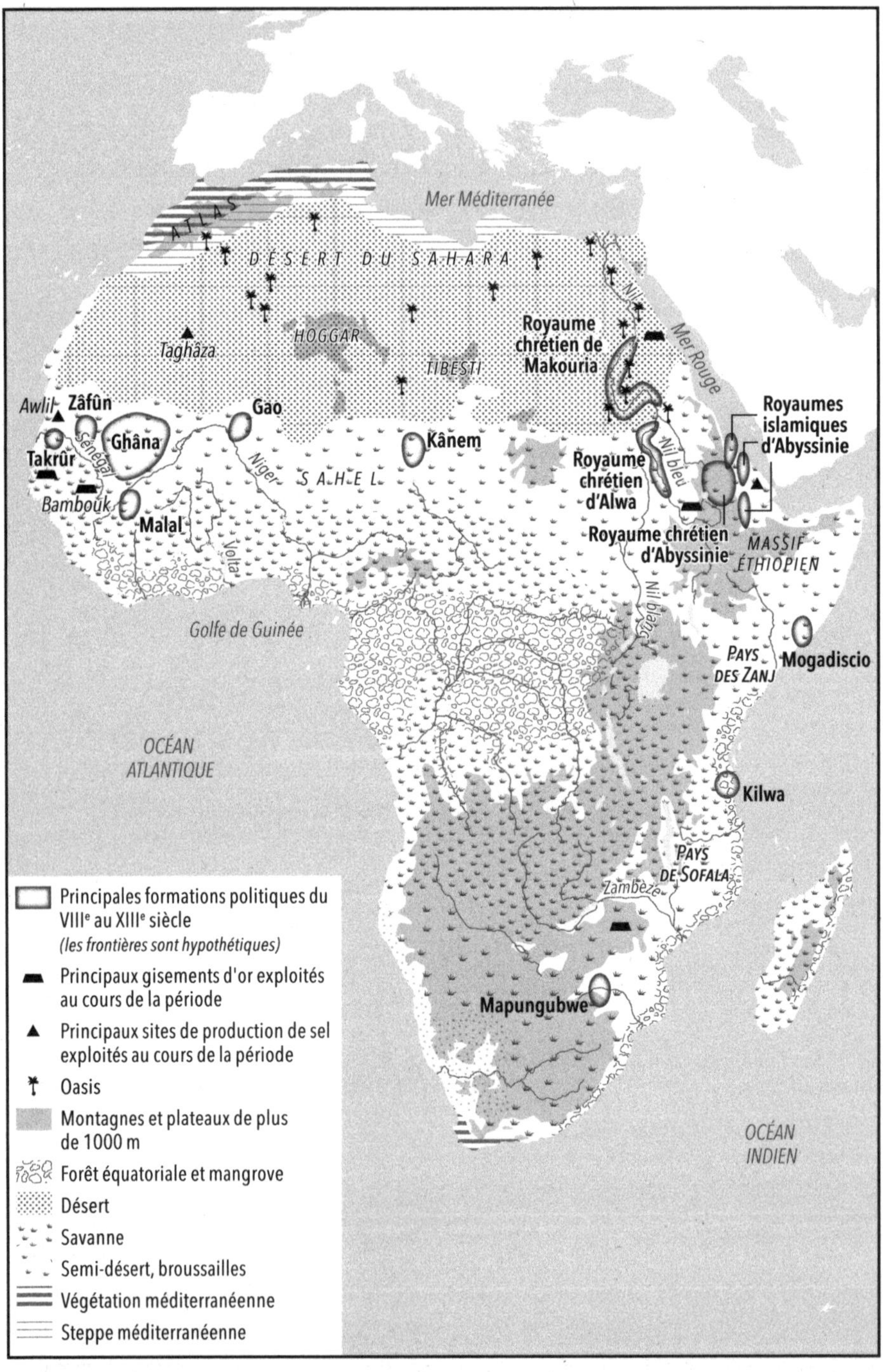

L'Afrique du XIVe au XVe siècle

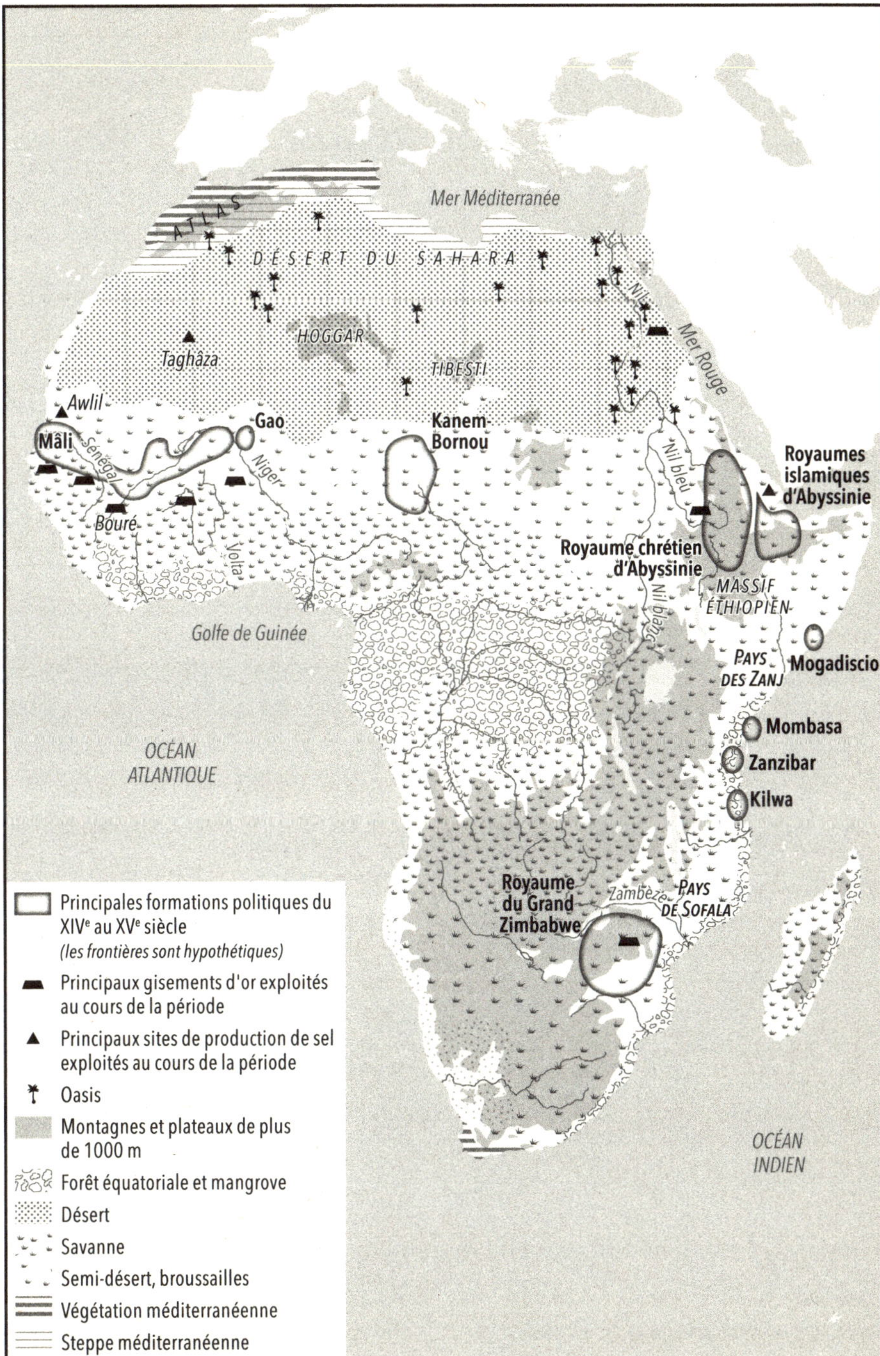

Introduction

L'Afrique au Moyen Âge : le temps retrouvé

En ouvrant ce livre, le lecteur ou la lectrice entame un itinéraire à travers plusieurs siècles d'histoire africaine. Un voyageur chinois sera notre premier guide, au VIIIe siècle, un conquérant portugais le dernier, au XVe siècle. Entre les deux, des marchands, des géographes, des diplomates ; des musulmans, des juifs, des chrétiens ; des Marco Polo et des Ibn Battûta, nous accompagneront. Il faudra se résoudre à ne pas toujours comprendre ce que l'on voit, à ne pas toujours être certain que ce que l'on voit fut bien vu ou compris par nos guides. Car ce qu'ils décrivent, et que sans eux nous n'aurions jamais su, vient le plus souvent de ce qu'ils ont entendu ou lu. Il faudra ne pas s'effaroucher des approximations géographiques du temps, des contradictions des informateurs, des remises en question auxquelles s'expose qui s'aventure d'un monde à l'autre. Il faudra se défaire de l'image d'une Afrique « éternelle », de l'Afrique des « tribus », de l'Afrique miroir des origines, car c'est bel et bien d'une Afrique dans l'histoire que nous allons parler.

Huit siècles : presque un millénaire – pourtant si méconnu. Confessons-le, notre attention se porte le plus souvent vers les civilisations africaines de l'Antiquité : l'Égypte pharaonique, la Nubie méroïtique, l'Afrique punique ou romaine, Aksum en Éthiopie, dont les grandioses survivances architecturales ont depuis longtemps frappé l'imagination. Peut-être aussi connaissons-nous mieux, en tout cas croyons-nous mieux connaître, les siècles plus récents, lorsque le continent africain, arrimé de force à la destinée des puissances européennes, fut « découvert » puis « exploré » par ceux qui entreprenaient de s'en emparer, connut la traite des esclaves puis la colonisation, affronta enfin les violentes mutations du temps présent. Entre ces deux Afrique comparativement plus familières – l'Afrique antique dont les fastes nourrissent une nostalgie érudite, l'Afrique contemporaine dont les soubresauts aiguillonnent une curiosité avide –, s'étire ce que l'on a appelé les « siècles obscurs » de l'Afrique.

Siècles obscurs, vraiment ? L'expression est de Raymond Mauny, l'un des grands fondateurs, en France, de l'histoire de l'Afrique ancienne, c'est-à-dire antérieure à l'âge des Découvertes inaugurées par les navigateurs portugais du XVe siècle et de la colonisation, périodes qui ont produit une relative abondance de sources écrites. Loin de chercher à dévaloriser le passé ancien de l'Afrique, son expression avouait une frustration devant le manque cruel de sources disponibles pour retracer le passé. Les « siècles obscurs » de l'Afrique ne le sont qu'en vertu de la faible lumière jetée par la documentation. Mais pour rares et incertaines que soient, en effet, les sources se rapportant à l'Afrique des « siècles obscurs », ceux-ci mériteraient sans doute bien davantage le nom de « siècles d'or ». Cliché pour cliché, ce dernier est plus juste : nos maigres sources nous disent que l'Afrique de cet âge intermédiaire a connu de puissantes et prospères formations politiques, mis en œuvre par elle-même sa participation aux grands courants d'échanges intercontinentaux qu'empruntèrent les hommes, les marchandises, les conceptions religieuses. Elle a vu se développer des villes où des princes africains avaient leur palais, où résidaient des marchands étrangers, où s'échangeaient produits de luxe et esclaves, où se bâtissaient mosquées ou églises. Elle a été actrice de l'exploitation de ses propres ressources, parmi lesquelles l'or tenait une place de choix. Pour sa place et son rôle dans le monde d'alors, elle a joui d'une renommée considérable, de l'Europe à la Chine.

Mais n'allons pas troquer une réputation d'obscurité pour une légende dorée. Plus important est de comprendre comment cette Afrique des siècles médians, entre période antique et période moderne, a pu à la fois être un foyer de civilisations si rayonnantes et s'obscurcir au point que sa redécouverte paraît une tâche tellement ingrate. Quelles sont les raisons de cet oubli ? La première tient à la rareté des sources externes. On sera peut-être surpris, à la lecture de cet ouvrage, de constater le peu de place accordé aux sources écrites européennes. C'est qu'elles comptent pour presque rien, quantitativement, face aux sources arabes relatives à la période qui nous intéresse. Ces dernières ne représentent pourtant qu'un volume de quelques centaines de pages tout au plus : une misère en comparaison des sources de la période antérieure ! C'est qu'il ne s'agit pas de la même Afrique ; celle dont nous allons parler est une Afrique considérablement plus éloignée des rives de la Méditerranée. Nous reviendrons plus loin sur cette configuration originale. Disons seulement ici que les informations empruntent les mêmes voies que les navires et les caravanes au très long cours ; elles circulent donc avec les marchands, individus qui ne s'intéressent bien souvent qu'aux lieux de commerce et aux pouvoirs susceptibles de favoriser leur entreprise, et qui sont généralement enclins à rester discrets sur les lieux d'approvisionnement, les modalités de transaction, les itinéraires précis, les contacts personnels. Mais, c'est notre chance, quelques voyageurs moins scrupuleux, quelques géographes en chambre curieux du monde ont parfois offert à la postérité le fruit de leurs expériences ou de leurs enquêtes. Quant aux sources européennes, qui reprennent le devant de la documentation à partir de la fin du XVe siècle, au moment où s'amorce l'expansion européenne, elles regardent alors en direction d'une autre Afrique, celle des régions côtières intertropicales qui constituent, avec l'Europe et l'Amérique, le troisième pôle du commerce triangulaire. Elles sont aussi, sauf exceptions remarquables, marquées au coin d'un profond préjugé racial qui a contribué à façonner un désintérêt pour l'histoire des sociétés africaines.

La seconde raison à l'oubli des « siècles d'or » est que peu de sociétés africaines de cette période ont employé l'écriture et tenu les archives pouvant attester par elles-mêmes, en quelque sorte « de l'intérieur », de leur puissance et de leur prospérité. Certes, nombre de sociétés africaines de l'Antiquité ont produit une documentation en diverses langues et systèmes d'écriture : le punique, le libyco-berbère, le guèze, le grec ou le latin. D'autres produiront des chroniques historiques à partir des XVIe et XVIIe siècles (pensons aux communautés sahéliennes, en particulier à celle de Tombouctou, ou à diverses communautés de la côte swahilie) et les pays africains commenceront à connaître un usage généralisé de l'écrit à partir du XIXe siècle. Mais les sociétés africaines de la période qui nous occupe, à quelques rares exceptions près, n'ont pas développé les traditions écrites qui servent de sources privilégiées aux historiennes et historiens. Si elles ne l'ont pas fait, ce n'est pas faute d'incitation ou de compétence ; c'est qu'elles n'en ont pas eu besoin. Il existait en effet dans maintes sociétés africaines une autre forme de transmission, confiée elle aussi à des spécialistes, non pas de l'écrit, mais de l'oralité : ce que l'on appelle les « traditions orales ». Transmis à travers les siècles, certains récits oraux nous sont parvenus, mais sans que nous soyons capables de mesurer l'ampleur des transformations subies en cours de route ni même d'ailleurs, plus largement, d'en contrôler la fiabilité. Lorsqu'un état ancien, consigné par écrit, est arrivé jusqu'à nous, comme c'est le cas avec le récit de l'accession au pouvoir du roi Mûsâ du Mâli, raconté par lui-même à un secrétaire de chancellerie arabe du Caire, l'interprétation en est déjà malaisée. Voilà qui oblige à laisser de côté ces récits oraux, inutilisables pour remonter à des passés aussi lointains.

Mais au moins, alors, avons-nous des villes, des palais, des monuments divers, des bâtiments dévolus aux cultes chrétien, musulman ou de religion traditionnelle, autant de témoins matériels du passé ? Oui mais si peu, si mal conservés, si piètrement documentés par la recherche. Songeons que nous ne savons même pas où se trouvait la capitale du Mâli au temps de sa splendeur, au milieu du XIVe siècle. Insuffisance de la recherche ? Sans doute. Mais ajoutons : si les lieux se sont perdus, avalés par les dunes, la mangrove ou la savane, si les sites redécouverts au hasard des prospections n'ont pas conservé de signification vécue, c'est qu'il y a eu, non pas seulement insuffisance de l'écrit, mais interruption de mémoire. Pour qu'un site, un monument se conserve à travers le temps, il faut qu'il soit investi, de façon continue ou récurrente, c'est-à-dire remanié, transformé, par d'autres qui en assument l'héritage, quitte à le détourner. La mémoire est la condition, pas la négation, pas l'envers, de l'histoire. Or, il faut bien constater que cette continuité de la mémoire a fait défaut dans beaucoup des régions où se sont développés royaumes et cités médiévaux. Partis, les marchands étrangers établis à demeure ; partis, les commerçants africains qui étaient leurs partenaires, mais aussi parties, les élites et bien souvent les populations locales. Quand, aujourd'hui, des groupes s'affirment détenteurs de la mémoire de tel lieu depuis longtemps déserté, c'est pour poser la ruine du site comme point de départ de sa migration et de son histoire, rarement pour en endosser l'héritage urbain. Siècles d'or – non pas obscurs, mais obscurcis par l'oubli.

Cet oubli conditionne l'accès au passé, et partant l'écriture de l'histoire. De ces siècles oubliés, nous ne disposons que de traces, vives mais incertaines. Même pas les pièces éparses d'un puzzle, car nous ne savons bien souvent pas de quel puzzle elles sont les pièces. Une inscription sur pierre presque effacée, quelques pièces de monnaie, des objets issus de fouilles d'amateurs ou clandestines, des monuments partiellement détruits, le texte lacunaire d'un auteur étranger seront le seul témoin conservé d'une tranche chronologique de plusieurs siècles, d'un contexte historique qui reste à peu près inaccessible. L'historien, l'historienne n'a souvent rien d'autre à sa disposition que des « objets trouvés », des traces orphelines. C'est la matière dont il ou elle tire une connaissance fragmentaire. Prenons-en notre parti : si ce livre se présente comme un agencement de fragments tour à tour éclairés par le travers, c'est qu'on a préféré le vitrail à la grande fresque narrative qui n'eût fait que produire l'illusion d'un discours magistral. Or, un tel discours magistral sur l'Afrique ancienne est impossible, parce que les sources sont désespérément silencieuses sur des domaines entiers de la vie réelle. Ce vitrail a ses avantages : par la sélection assumée des fragments, on compose une histoire dont les traits dominants sont les aspects les mieux éclairés par les sources : les pouvoirs royaux, les villes, les produits du commerce ; par les juxtapositions choisies, on s'autorise des comparaisons d'une région ou d'une époque à l'autre ; par le procédé de l'assemblage lui-même, on transmue la frustration en ambition : celle d'une reconstitution incomplète du passé, signifiante des découvertes encore à faire et de l'alternance des éclairages.

La rareté de nos sources crée une obligation, qui est sans aucun doute l'une des caractéristiques les plus fortes du métier d'historien de l'Afrique : celle de considérer chaque trace à l'égal d'un document. Cela va de soi, dira-t-on – mais est-ce vraiment le cas ? L'historienne qui travaille sur des traces écrites du passé aime savoir ce qu'elles sont. Le travail qui le lui indique est celui qui transforme l'archive en source. Mais ce que l'on a désormais l'habitude d'appliquer aux textes, a-t-on vraiment pris le soin de le faire pour les autres traces en provenance du passé ? La question est essentielle lorsque les sources textuelles ne sont pas le support principal de la reconstitution historique, et telle est bien notre situation. Les traces non textuelles ont-elles eu leurs philologues ? Quelquefois la fouille méthodique et le compte rendu exhaustif de l'opération archéologique ont réussi à faire d'un site un tel document, par un travail d'édition de source qui décrit tant les faits matériels que les procédés de mise en lumière de ces faits. Dans le cas de faits archéologiques, ce résultat est d'autant plus précieux que la fouille efface l'essentiel de ce qu'elle observe. Mais bien souvent il faut l'avouer : la méthode ou le compte rendu, ou les deux manquent. Quelquefois des objets ont acquis pareillement le statut de document. Mais combien de fois le flou le plus complet entoure-t-il le contexte de leur mise au jour, quand ils ne disparaissent pas tout bonnement avant d'avoir été décrits ? Il est vrai que les conditions d'une recherche orientée vers la production de documents ne sont pas toujours réunies. Terrain et érudition, de ce point de vue, ne font pas toujours bon ménage, tant à cause des contraintes matérielles qu'imposerait la conduite d'équipes parfois nombreuses dans certaines contrées que de la pénurie de moyens ou encore des aléas politiques dans certaines régions. Mais un cap, au moins, a été fixé par l'inlassable Théodore Monod, autre grand pionnier : nous le verrons à l'œuvre dans l'est de la Mauritanie, le quartier le plus stérile du Sahara, incapable, compte tenu des conditions de sa mission, de documenter comme il le souhaiterait le site minuscule et unique, et pourtant majeur, qu'il vient de découvrir et auquel il ne peut consacrer que quelques heures de travail. En produisant sur-le-champ les archives de sa découverte, il livre une documentation imparfaite mais inégalable.

Faute de cet idéal pragmatique, c'est bien souvent vers les conditions de la découverte qu'il faudra nous tourner, non pas tant pour éclairer l'histoire de la recherche historique au cours des deux derniers siècles que pour tenter d'apercevoir de quelle façon le site ou l'objet nous a été transmis et ce que ces circonstances nous révèlent du contexte archéologique qui était le sien. À ce propos, on s'émerveillera peut-être que tant de « trésors » exhumés du sol africain, à commencer par le rhinocéros d'or de Mapungubwe qui donne son titre à cet ouvrage, servent souvent de point de départ au récit. Mais on peut aussi inverser la perspective en suggérant qu'il n'y a de trésors que là où manque la documentation archéologique qui aurait dû accompagner la découverte. Fruits de collectes hâtives, de fouilles désinvoltes ou sélectives, les « trésors » sont peut-être une aubaine pour l'historien ; ils sont à coup sûr l'illustration des processus d'élimination qui ont ramené toute la documentation potentielle d'un site, voire d'une région ou d'une période, à cette forme résiduelle. Le « trésor » qui fait tant rêver n'est pourtant que ce qui subsiste quand tout le reste a disparu, parce que détruit ou pillé. Toute élaboration d'une histoire autour de semblables traces ne peut ignorer qu'elle est tributaire d'un tel phénomène, en Afrique plus qu'ailleurs en raison des retards de la recherche, de ses errements de l'époque coloniale et de l'encore faible enracinement d'une conscience patrimoniale sur le continent.

Si ce n'était que parce que ces siècles oubliés ont acquis une nouvelle valeur historique par le fait d'une redécouverte, ils mériteraient assez le nom de Moyen Âge. On entend les critiques : faut-il vraiment « importer » une telle appellation, au risque de forcer la comparaison avec le Moyen Âge européen ? Mais il est d'autres justifications à cette désignation, à commencer par les bornes chronologiques que nous assignons à la période considérée, les VIIIe-XVe siècles. Celles-ci ne résultent pas d'un choix par défaut. Comme on l'a dit, l'Afrique des siècles d'or, disons dorénavant l'Afrique médiévale, est assujettie à un certain régime documentaire caractérisé par l'absence, dans la plupart des cas, d'une production écrite interne aux sociétés, la disparité des sources écrites externes, l'équivocité des documents matériels, l'unicité ou l'hétérogénéité des témoins du passé pris dans leur ensemble, et partant l'irrégularité de la « maille » narrative qu'il est possible de tisser, tantôt étroitement plaquée comme une résille sur l'événement, tantôt étirée aux largeurs d'un récit qui, faute de répondre à toutes les questions, peut au moins en poser certaines. Puisque le régime documentaire de cet âge médian n'est pas celui de l'Afrique antique, ni celui de l'Afrique moderne, n'hésitons pas à lui reconnaître une singularité qui justifie de distinguer cette période au sein de l'histoire de l'Afrique.

Mais s'il est un Moyen Âge africain, ce n'est pas en vertu de sa contemporanéité, à vrai dire peut-être accidentelle, avec le Moyen Âge européen, ou de ses caractéristiques documentaires, qui en réalité ne regardent que l'historien ou l'historienne. C'est en raison de son articulation et de son synchronisme avec des processus qui touchent alors de larges parties du Vieux Monde. Regardons la carte des lieux où se déroulent les récits qui constituent notre ouvrage. Elle dessine un vaste croissant qui s'étend sur toute la largeur du continent, depuis les rivages atlantiques du Sahara et du Sahel jusqu'à la mer Rouge, englobant les bassins du fleuve Niger et de la moyenne vallée du Nil ; ce croissant enveloppe les hauts plateaux de la Corne de l'Afrique, puis s'étire des rives africaines du golfe d'Aden jusqu'aux confins orientaux de l'Afrique australe et à Madagascar. Il est à peine besoin d'insister sur l'immensité et la diversité de ces espaces à cheval sur les deux hémisphères, qui imposent une formidable diversité de milieux naturels et déterminent de forts contrastes culturels. Mais ces régions diverses par la géographie et le peuplement ont pourtant eu un point commun au cours de la période qui nous intéresse : celui de s'être trouvées en relation, mieux, en prise, avec les grandes dynamiques d'échange du monde islamique, et d'y avoir participé. Le monde islamique : c'est-à-dire l'univers culturel créé par les conquêtes réalisées par des pouvoirs porteurs d'une nouvelle religion, l'islam, à partir du VIIe siècle. Un univers brièvement unifié sous l'empire d'un même pouvoir politique, mais bien davantage caractérisé, à partir du IXe siècle, par son morcellement politique ; où avec lenteur la religion musulmane devient majoritaire, mais rarement exclusive ; où presque partout l'arabe cohabite avec d'autres langues, parfois leur cède complètement le pas ; mais un univers que rend toujours plus cohésif un cortège d'institutions, de pratiques et de normes juridiques, la circulation des marchands et des pèlerins, la diffusion de communes références intellectuelles ou esthétiques. Pour la première fois depuis l'empire perse, l'Occident et l'Orient, des marches du monde indien jusqu'à de larges portions du bassin méditerranéen, jusque-là pôles antagonistes d'axes commerciaux pourtant millénaires, se trouvent réunis en un vivant organisme social qu'irrigue un vigoureux système d'échanges.

Naguère provinces romaines, l'Égypte et l'Afrique du Nord, progressivement arabisées et islamisées, se trouvent incorporées à cet « empire central » qu'est le monde islamique. Les pouvoirs qui y dominent élargissent le domaine de la conquête en direction du sud, jusqu'aux sables du désert, jusqu'aux oasis. Là, ils renoncent à porter plus loin la guerre sainte. Mais au-delà de cette frontière redessinée s'ouvre un nouveau front, commercial, à la rencontre du Sahel. Le monde islamique découvre l'Afrique subsaharienne, inaugurant une ère nouvelle. Le même processus se laisse observer entre la Perse islamique et la côte est-africaine. L'océan Indien est un Sahara ; les îles y sont des oasis. Ici des caravaniers à dos de chameaux, là des marins se lancent dans une périlleuse traversée à la rencontre de nouveaux rivages, espoirs de nouvelles richesses.

Ce « branchement » de l'Afrique ne s'est pas effectué partout à la même vitesse, n'a pas eu partout la même intensité. Si la mise en contact de la longue « rive » sahélienne, au sud du grand désert, avec le monde islamique, est exactement contemporaine de celle qui s'effectue avec la portion septentrionale de la longue plage qui s'étire de la Somalie à la Tanzanie, les régions situées plus au sud de ces premières lisières, ou dans l'arrière-pays, ne sont visitées que plus tard. Les fugaces images que nous donnent à voir les sources révèlent une géographie qui gagne en profondeur, des points de rencontre qui se multiplient et reculent, des sociétés d'Afrique nouvellement acquises au jeu de l'échange, d'autres qui se trouvent nouvellement intégrées dans l'orbe du système régional qui s'organise. Pour une ville-marché sous l'autorité d'un roi que décrit un géographe, horizon déjà formidablement exotique pour un habitant de Bagdad ou du Caire, il y a encore un au-delà, des populations africaines sujettes que l'on devine à peine, et plus loin encore, des sociétés d'où proviennent les esclaves et l'or, toujours plus scintillant mais jamais atteint, dont nous ne recevons que des aperçus indistincts. Et puis des sociétés plus lointaines encore, absentes des sources écrites et dont l'éventuelle participation au système régional n'est mise en lumière que par l'archéologie. C'est dans cette épaisseur mouvante que se déploie, huit siècles durant, le Moyen Âge africain.

N'allons pas croire que seules les sociétés de notre croissant médiéval africain ont eu une histoire. L'affirmer n'aurait aucun sens. Les sociétés africaines n'avaient certes pas attendu de se trouver en contact avec le monde islamique pour engendrer des civilisations remarquables, d'ailleurs bien plus diverses dans leurs modes d'organisation que les pouvoirs centralisés dans lesquels nous ne reconnaissons que ce que les observateurs médiévaux ont cru reconnaître. S'il y a là une histoire plus vive qu'ailleurs, ce n'est pas que les sociétés de ce croissant médiéval sont entrées dans l'histoire (elles y ont évidemment toujours été) ; c'est qu'elles sont entrées dans la documentation écrite laissée par des témoins de leur propre société ou d'une autre. Mais il y a autre chose : si ces sociétés entrent dans notre documentation, c'est parce que, à la faveur de leur mise en contact avec des mondes qui les ignoraient et qu'elles ignoraient, elles se sont voulues l'instrument de profondes mutations. Elles n'ont pas été des partenaires passifs du vaste système « global » dans lequel elles s'inséraient, mais des actrices soucieuses d'avoir leur part des bénéfices de l'échange commercial, capables de négocier les conditions de la transaction, d'accepter certaines transformations sociales, en particulier religieuses, et d'en maîtriser les effets, de modifier leur identité afin d'être considérées comme des partenaires à part entière. Rien mieux que ces villes disparues, naguère bruissantes de multiples langues, de frôlements de mules ou de dromadaires dans les venelles ou sur les places, de cris des cornacs adressés aux montures débâtées, d'arguments commerciaux policés dans les cours ou devant la mosquée, de secrets d'alcôve ébruités, ne peut faire sentir tout à la fois l'intensité et la précarité de l'effort qui commanda leur destinée. Les siècles oubliés et retrouvés du Moyen Âge africain ont la brillance et la fugacité d'un reflet d'or.

Les chapitres de cet ouvrage obéissent à un parcours globalement chronologique, mais qui ne s'interdit ni les zigzags géographiques ni d'amples poursuites thématiques qui conduiront le lecteur, la lectrice, d'une extrémité à l'autre du continent. Les documents qui servent de point de départ aux récits sont souvent des documents « classiques » de l'histoire africaine médiévale ; d'autres seront peut-être plus déroutants. Dans tous les cas, cependant, ils peuvent bénéficier d'un regard neuf, ne serait-ce que parce qu'une édition critique récemment publiée, la parution d'une monographie archéologique longtemps retardée, l'enquête reprise sur les conditions d'exhumation d'un objet ou de fouille d'un site, jettent une nouvelle lumière sur toute la scène dont le document constitue un témoignage privilégié. Dans tous les cas, que le document soit connu ou méconnu, la lectrice ou le lecteur trouvera peut-être éclairant qu'on ait varié les jeux d'échelle, rapproché des sources inhabituelles ou placé en miroir des documents sur des régions éloignées, décalé une perspective ou suggéré une hypothèse, plus simplement rappelé l'état d'un dossier.

Note à propos des notes

Ce livre ne contient pas de notes de bas de page. Cependant, chaque chapitre comprend une note finale semblable à celle-ci. Ces notes ont pour principal objet de réunir les références des documents et des commentaires utilisés ou cités à l'intérieur du chapitre ; elles servent donc à indiquer aux lectrices et lecteurs comment je sais ce que je sais. Cela est d'autant plus nécessaire que la littérature académique utile au tout petit nombre de spécialistes est de qualité souvent inégale, et que la publication la plus récente sur un sujet n'est pas nécessairement la plus pertinente. Mais ces notes sont aussi le lieu où j'ai voulu faire figurer parfois d'autres choix de références textuelles ou archéologiques, des commentaires personnels sur l'état de la documentation, parfois encore de courtes réflexions sur certains aspects relatifs au contexte et à l'histoire de la recherche sur le terrain et dans le domaine considéré.

QUELQUES USAGES SUIVIS DANS CE LIVRE

Sauf lorsqu'il était nécessaire d'indiquer une transcription scientifique, ce qui est alors fait entre parenthèses, toutes les transcriptions, de l'arabe comme des diverses langues africaines concernées, sont simplifiées. Pour l'arabe, la *hamza* et le *'ayn* ne sont pas marqués, non plus que les points diacritiques, et les voyelles longues sont indiquées par des accents circonflexes. Les noms chinois ont été orthographiés selon l'usage courant dans la littérature académique. Les noms propres adoptent l'usage le plus simple lorsqu'il en existe une version francisée ou une version suffisamment courante.

Au risque de l'anachronisme, j'ai souvent choisi, tant dans les titres que dans le texte, de replacer les lieux et événements dont il sera question dans une géographie familière aux lectrices et lecteurs, celle des pays africains actuels, dont les frontières n'ont évidemment rien à voir avec celles des formations politiques médiévales. Lorsque le risque de confusion existe entre un nom ancien et un nom actuel, la graphie suivra celle des sources. On écrira ainsi Ghâna et Mâli pour désigner les royaumes médiévaux, et Ghana et Mali pour se référer aux pays actuels.

L'adjectif « islamique » est employé dans cet ouvrage pour qualifier tout ce qui a trait à la civilisation de l'Islam au Moyen Âge. Il englobe par conséquent ce qui ressortit aux régions et populations acquises à la religion musulmane, qu'elles soient de langue arabe ou autre (persane, berbère, copte, éthiopienne…), aussi bien que ce qui ressortit à des régions et populations non musulmanes, de langue arabe ou non, soumises à l'influence de l'islam. Islam sera écrit avec un i minuscule pour désigner la religion, avec un i majuscule quand il s'agira de l'ensemble des sociétés et pays d'Islam.

Sauf indication contraire, les dates indiquées sont celles du calendrier grégorien.

Les renvois matérialisés par une flèche (→) indiquent qu'un sujet est abordé à l'intérieur d'un autre chapitre.

Chapitre premier

Les tribulations de deux Chinois en Afrique

Afrique de l'Est, VIII*e,* XV*e siècle*

En juillet 751, des contingents de l'empire arabo-musulman et des Turcs révoltés taillent en pièces l'armée chinoise dans la plaine du Talas, près de Tachkent, en actuel Ouzbékistan. Des milliers de prisonniers sont acheminés vers les postes de garnison de Boukhara et Samarkand, ainsi qu'en Irak où nombreux sont ceux qui s'installent comme fabricants de papier, tisserands ou bijoutiers. Parmi les prisonniers se trouve un officier, Du Huan. On ne sait dans quelles circonstances il fut amené à parcourir les régions islamiques puis à rentrer en Chine ; on le retrouve à Canton en 762. Il a rédigé un ouvrage intitulé *Jingxingji* (« Récit de mes voyages »), malheureusement perdu, mais dont quelques extraits ont survécu dans une encyclopédie chinoise de l'époque.

L'un de ces extraits nous parle d'un certain pays de Molin où les hommes sont noirs. Il n'y pousse, paraît-il, ni riz, ni céréales, ni herbe, ni arbre. On nourrit les chevaux de poisson séché. Vient ensuite, dans l'intérieur, une région de montagnes où vivent des musulmans et des chrétiens orientaux. On y soigne la diarrhée par des incisions sur le crâne. C'est peut-être ce dernier pays, s'il est différent du premier, qui est appelé Laobosa, nom dans lequel on pense reconnaître al-Habasha, le terme arabe désignant les régions de la Corne de l'Afrique, qui a donné Abyssinie en français. Si c'était le cas, Molin désignerait peut-être plus spécifiquement les basses terres côtières de l'Érythrée et du Soudan. Mais ce ne sont là que conjectures ; disons seulement qu'elles restent compatibles avec le texte. Si Du Huan avait en tête de décrire ce que nous appelons aujourd'hui l'Éthiopie, on n'est certes pas surpris qu'il mentionne l'existence de chrétiens et de musulmans, qui y vécurent en communautés voisines tout au long du Moyen Âge (→ **34**). Mais on ne le serait pas davantage s'il s'agissait en réalité de l'Égypte ou de la Nubie ; ou encore de tout ou partie de l'Afrique du Nord récemment conquise par les armées arabo-musulmanes et où vécurent des communautés chrétiennes déclinantes jusqu'au XIIe siècle ; ou encore de la péninsule Arabique, où coexistèrent chrétiens, juifs et musulmans longtemps après l'essor de l'islam ; ou encore de l'île de Socotra, île de la mer d'Oman gardant l'entrée du golfe d'Aden.

Les fragments du récit de Du Huan sont le premier témoignage d'une connaissance directe de l'Afrique en Chine. Mais ne dissimulons pas que son intérêt est mince : à la géographie incertaine s'ajoutent des détails ethnologiques qui révèlent le caractère sino-centré de l'observation et qui perdent presque toute valeur du fait qu'on ne sache pas, à quelques milliers de kilomètres près, à quelle région ils se rapportent.

Fac-similé de l'inscription chinoise sur pierre de Chang-Lo, près de l'estuaire du Yangtsé. Ce texte, gravé en action de grâces par l'amiral Zheng He à proximité du port chinois d'où partaient les expéditions maritimes, date de 1431. Il énumère les pays atteints par les six premières opérations menées par Zheng He et mentionne brièvement les pays africains visités par la sixième (1421-1422).

De la dynastie Tang (618-907) à la dynastie Yuan (1260-1368), les sources chinoises fourmillent de références indirectes à l'Afrique, et plus précisément à la Corne et aux rivages africains de l'océan Indien. On en tire souvent des généralisations sur les connaissances chinoises relatives à l'Afrique, voire sur l'extension inouïe des navigations chinoises, dont on se plairait à ce qu'elles eussent doublé le cap de Bonne-Espérance ou même atteint l'Amérique. C'est aussi abusif que de conclure, de la présence de tessons de porcelaine bleu et blanc ou de monnaies chinoises dans de nombreux sites archéologiques d'Afrique orientale, à l'existence régulière de commerçants chinois dans ces régions. Car à en juger par la forme des noms de pays qui figurent dans les sources, lorsque ces noms sont reconnaissables, les informations durent être obtenues auprès d'intermédiaires arabes et persans, dont on sait qu'il y avait une communauté à Canton dès le VIIIe siècle. Ce n'est donc pas dans des jonques de haute mer que la porcelaine chinoise fut transportée jusque sur les côtes est-africaines, mais à bord de *sanbûq* de marchands musulmans du golfe Persique ou du golfe d'Aden ; et c'est poussées par les vents de moussons inverses que les informations sur l'Afrique trouvèrent leur chemin jusqu'en Chine.

Les plus anciens contacts directs entre la Chine et l'Afrique semblent assez tardifs ; ils ne sont avérés qu'à la dynastie Ming (1368-1644). Ce furent alors des contacts officiels et qui durent revêtir une apparence assez spectaculaire. Entre 1405 et 1433, en effet, l'eunuque impérial Zheng He, grand amiral de la flotte chinoise, un musulman, conduisit sept expéditions navales en direction de la péninsule indochinoise, de l'Indonésie et, plus lointainement encore, des rivages indiens, perses, arabiques et africains de l'océan Indien. On a longtemps voulu croire que ces expéditions avaient été pacifiques ; le moins que l'on puisse dire est qu'elles devaient être fort intimidantes : au moins une centaine de jonques, certaines plusieurs fois plus grosses que ne le seront les galions portugais à la fin du siècle, emmenant vingt à quarante mille hommes en tout, dont une majorité de soldats. Leur objectif était peut-être, ainsi que l'écrit un spécialiste de la question, de « faire du shopping pour les femmes du harem impérial », et de rapporter bases de parfums et d'onguents, plumages et pelages d'animaux exotiques, cornes et bois précieux. Il était aussi, n'en doutons pas, d'enregistrer des renseignements sur les sources et voies d'approvisionnement de ces articles de luxe, soudain fort prisés mais qui souvent parvenaient en Chine depuis des siècles. Il était enfin d'obtenir, de gré plus ou moins consenti, des manifestations de soumission des souverains locaux à l'empereur, notamment par l'envoi, plus ou moins spontané, d'émissaires et de cadeaux.

Par deux fois, en 1417-1419 (cinquième voyage) et 1421-1422 (sixième voyage), Zheng He toucha l'Afrique, plus précisément à Dju-bo, endroit inconnu, peut-être à l'embouchure du fleuve Juba en actuelle Somalie, à Mu-ku-tu-shu (Mogadiscio) et Pu-la-wa (Brava), toujours en Somalie, et peut-être également à Malindi, au Kenya. Malheureusement, encore une fois, les rapports officiels de ces expéditions ont disparu, détruits en 1480 lors de luttes de factions entre parti militaire et parti des eunuques. Ont cependant survécu plusieurs récits personnels d'hommes ayant servi avec l'amiral, une longue carte due à Ma Huan, l'interprète musulman des expéditions, présentant les franges côtières des régions visitées, ainsi que des mentions préservées dans les annales des Ming.

Plus remarquables sont les inscriptions gravées sur pierre, en actions de grâce, par Zheng He lui-même dans deux temples dédiés à Mazu, la « Dame du palais céleste », divinité protectrice des marins, près de l'estuaire du Yangtsé d'où les expéditions mettaient à la voile.

Mais en dépit de cette presque abondance, l'Afrique est à nouveau mal lotie : nous retirons peu de choses des navigations de Zheng He, et ce que nous en retirons n'est pas à la hauteur du petit miracle que représente l'existence même d'une documentation chinoise. En somme, ce n'est pas parce qu'ils venaient de loin que les Chinois avaient des raisons de laisser des descriptions plus attentives que d'autres. À propos de Mogadiscio : les maisons ont quatre ou cinq étages, les habitants sont querelleurs et pratiquent l'archerie. À propos de Djubo : « Ils vivent dans des villages solitaires et dispersés. Les murs sont faits de briques empilées et les maisons sont maçonnées de gros blocs. Les coutumes sont très simples. Là ne pousse ni herbe ni arbre. Hommes et femmes portent leurs cheveux en rouleaux ; quand ils sortent ils mettent une capuche de tissu. Les montagnes ne sont pas cultivées et le pays est vaste ; il pleut rarement. Il y a des puits profonds manœuvrés à l'aide de roues. Le poisson est pris dans la mer avec des filets. » La description est maigre ; on devra s'en contenter.

Mais ce qu'il faut retenir est ailleurs. À sept siècles de distance des voyages de Du Huan, les navigations de Zheng He viennent clore l'époque que le premier avait ouverte, celle d'une curiosité qui risque parfois, rarement, l'aventure d'un contact officiel, mais qui toujours est soucieuse de se tenir informée, fût-ce de source indirecte. L'expédition de 1421-1422 fut la dernière occasion d'un contact direct entre la Chine et l'Afrique jusqu'à l'époque contemporaine ; elle signifia surtout le retour à l'indifférence. On a glosé sur le coût financier de telles expéditions pour en expliquer l'arrêt ; on a philosophé sur le repli sur elle-même de la Chine. Mais ce qu'illustrent ces relations, précisément parce que l'appariement improbable de l'Afrique à la Chine, par-delà leur éloignement spatial, est la manifestation de son intensité, c'est le pouvoir d'interconnexion du monde islamique du Moyen Âge. Prenons les épisodes chinois en Afrique pour ce qu'ils sont : des frôlements. Mais replacés dans le contexte d'un accroissement des échanges indirects entre l'Afrique et la Chine entre le VIIIe et le XVe siècle, qui se manifestent par le nombre tant des références à l'Afrique dans les sources chinoises que des témoins archéologiques chinois sur les plages africaines, ils attestent du dynamisme d'un univers qui a su se faire l'intermédiaire entre ces deux mondes si éloignés dans l'espace et si distants par la culture.

Ou pour le dire autrement : qui a prospéré de s'être justement fait l'intermédiaire entre ces mondes. Car si l'Islam a pu effectuer le branchement de la Chine et de l'Afrique orientale, comme il l'a fait de l'Europe et du Sahel, c'est en réalisant un vaste système commercial, moins unifié par la langue et la religion que par le droit et le système monétaire.

Note

Le dossier concernant Du Huan est présenté par Wolbert Smidt, « A Chinese in the Nubian and Abyssinian kingdoms (8th Century) », *Chroniques yéménites* 9, 2001. Plusieurs sources chinoises du Moyen Âge sont présentées par Friedrich Hirth, « Early Chinese Notices of East African Territories », *Journal of the American Oriental Society*, 30 (1), 1909, p. 46-57. Le petit ouvrage de Jan Julius Lodewijk Duyvendak, *China's Discovery of Africa* (Londres, Arthur Probsthain, 1949), réunion de deux conférences faites à la School of Oriental and African Studies en 1947, reste la meilleure et la plus sobre des présentations de ces textes dans une langue occidentale ; c'est à cet ouvrage, p. 27, qu'est empruntée la citation sur le shopping. Avec « The True Date of the Chinese Maritime Expeditions in the Early Fifteenth Century » (*T'oung Pao*, deuxième série, vol. 34, 5e livraison, 1939, p. 341-413), le même auteur avait précédemment établi les dates et itinéraires des différentes expéditions de l'eunuque. L'ouvrage de Teobaldo Filesi, *Le relazioni della Cina con l'Africa nel Medio-Evo* (Milan, A. Giuffrè, 1962), traduit douze ans plus tard en anglais sans authentique mise à jour, a été très critiqué dans ses deux éditions, pour avoir accordé trop de crédit à l'idée d'une fréquentation directe de l'Afrique par les Chinois du Moyen Âge ; on peut se référer assez facilement aux comptes rendus qui en ont été faits. D'une façon plus générale, John Shen, « New Thoughts on the Use of Chinese Documents in the Reconstruction of Early Swahili History » (*History in Africa*, 22, 1995, p. 349-358), a effectué une analyse très critique des traductions disponibles des sources chinoises et des usages qui en ont été faits par les historiens et historiennes de l'Afrique. La notice « Zheng He », due à Sally Church, dans l'*Encyclopaedia of the History of Science, Technology and Medicine in non-Western Cultures* (Berlin, Springer, 2008), est utile. C'est également le cas de l'article de Geoff Wade, « The Zheng He Voyages. A Reassessment » (*Asia Research Institute Working Paper Series*, n° 31, 2004), qui rappelle l'apparat militaire de ces expéditions. Plus récemment, voir Robert Finlay, « The Voyages of Zheng He. Ideology, State Power, and Maritime Trade in Ming China », *Journal of the Historical Society*, 8 (3), 2008, p. 327-347. Au sujet de la carte de Zheng He, voir en premier recours Mei-Ling Hsu, « Chinese Marine Cartography: Sea Charts of Pre-Modern China », *Imago Mundi*, 40, 1988, p. 96-112. Concernant les lectures « sinocentristes » des sources relatives aux expéditions de Zheng He et l'hypothèse d'une découverte de l'Amérique par les jonques chinoises (en 1421), on doit se reporter à la vigoureuse mise au point de Robert Finlay, « How not to (re)write World History: Gavin Menzies and the Chinese Discovery of America », *Journal of World History*, 15 (2), 2004, p. 229-242. Enfin, au sujet des navires et navigations arabes dans l'océan Indien, on doit toujours se reporter à George F. Hourani, *Arab Seafaring*, Pinceton, Princeton University Press, 1995 pour l'édition étendue.

Chapitre 2

Dans le ventre du cachalot

Afrique de l'Est, début du x*e siècle*

L'ambre est une sécrétion marine dont la meilleure variété se trouve dans la mer des Zanj. Il est d'un bleu pâle, les morceaux sont gros comme des œufs d'autruche ; les baleines qui l'avalent en meurent – et c'est ainsi que les pêcheurs qui harponnent ces animaux se procurent le précieux produit. Du moins est-ce la façon dont al-Masûdî se représente l'origine de cette marchandise, *anbar* en arabe, d'où vient le mot français « ambre », et qu'il faut plutôt appeler ambre gris pour le distinguer de l'ambre jaune, la résine fossile, matière dont on fait des perles et des pierres à sertir.

De semblables idées sont monnaie courante chez les géographes et pharmacologues arabes du Moyen Âge. Al-Idrîsî, au xiie siècle, rapporte que le calife Hârûn al-Rashîd (r. 786-809) avait fait dépêcher des agents sur les plages du Yémen pour enquêter sur l'origine de l'ambre échoué les lendemains de tempêtes. La curieuse histoire de l'ambre jailli du fond des mers puis ingéré par les baleines répond en fait à une série d'observations justes :

les pêcheurs rencontrent l'ambre flottant en mer, on le ramasse à l'occasion sur les plages, mais aussi dans l'intestin de certains cétacés ; il se présente sous l'aspect de tubercules qui incorporent toujours des restes d'animaux marins. Mais en réalité, l'ambre est produit dans l'intestin d'une variété seulement de cétacé, le cachalot, et seulement chez une infime proportion d'individus. C'est une concrétion qui se forme autour des parties indigestes, en particulier les becs cornés et mandibules des céphalopodes (pieuvres, calmars, etc.) dont se nourrit le mammifère. Opportunément récolté ou prélevé dans les cadavres, par morceaux de quelques dizaines de grammes à quelques dizaines, exceptionnellement quelques centaines de kilogrammes, l'ambre est d'une texture compacte et friable, cireuse, d'une couleur gris pailleté. Frais, il possède une odeur fécale prononcée, mais exposé à l'action oxydante de l'eau de mer et de l'air, il acquiert des dominantes tenaces de tabac, de bois et d'iode. Il pouvait servir de parfum à brûler, comme l'encens, ou de base d'onguent, mais on lui connaît également, chez les auteurs arabes médiévaux, et plus tard en Europe latine, des usages médicinaux et alimentaires. Divers alcools entrent dans la composition de l'ambre de cachalot, expliquant une toxicité qui peut avoir laissé croire que les cétacés trouvés morts en avaient été victimes. Avec le musc et la civette, l'ambre ou son équivalent de synthèse est encore aujourd'hui l'un des principaux extraits animaux employés comme fixateur de parfum ; on lui prête toujours une variété d'effets, médicinaux ou aphrodisiaques, qui lui ont été conférés par les droguistes arabes du Moyen Âge.

De tous les écrits arabes évoquant les pays riverains de la mer des Zanj, c'est-à-dire une partie des côtes maritimes de l'Afrique orientale, plus précisément du sud de la

Somalie au nord de la Tanzanie, celui d'al-Masûdî, auteur de la première moitié du xe siècle, est l'un des rares qui soit basé sur une observation directe. Sans doute assez fortuné pour pouvoir consacrer sa vie aux voyages, il nous a laissé, avec son ouvrage principal, une somme encyclopédique de savoirs géographiques, naturalistes, ethnographiques, intitulée *Les Prairies d'or* (*Murudj al-dhahab*), un tableau exceptionnel du monde tel qu'il se présentait dans la première moitié du IVe siècle de l'Islam. C'est d'ailleurs au retour d'Inde, profitant sans doute des vents de moussons favorables, qu'il se rend au pays des Zanj et à l'île de Qambalû avant de rentrer chez lui, en Irak.

Voici donc le pays des Zanj en 916 : une longue bande de terre ferme de 700 parasanges (près de 4 000 kilomètres) où vivent des populations qui possèdent des bœufs harnachés dont elles se servent comme montures, cultivent le millet et le bananier, chassent l'éléphant en empoisonnant les points d'eau, se nourrissent de millet, de miel et de viande, de noix de coco, reconnaissent des rois qui portent le titre de *mfalme*, et ont un dieu souverain qu'ils appellent Maliknajlu, « le grand Seigneur ». À l'aide de ces quelques termes, on identifie sans problème une langue de la famille bantu, qui incorpore déjà un terme arabe, *malik* (roi) ; c'est la langue mère du swahili parlé aujourd'hui dans cette partie de l'Afrique. Mais la société qui parle cette langue n'est pas encore musulmane. Au sud, on ne saura pas très bien à partir d'où, s'étend un autre pays, celui de Sofala, nom de lieu, et des Wakwak, nom de peuple ; c'est de là que viennent l'or « et d'autres merveilles ». Mais on ne saurait s'y rendre : ce sont sans doute les Zanj eux-mêmes qui y trafiquent, et c'est donc vraisemblablement d'eux que l'on tient les informations qui s'y rapportent.

À un ou deux jours au large de la côte des Zanj se trouve Qambalû ; peut-être est-ce l'île de Pemba, à l'extrême nord de la côte tanzanienne actuelle. Là, nous dit al-Masûdî, vit une population mixte d'idolâtres et de musulmans, ces derniers se targuant d'avoir leur propre famille royale. Sans doute s'agit-il du premier établissement de la civilisation swahilie qui se développera et essaimera à partir du début du second millénaire ; une civilisation africaine, musulmane, tournée vers la mer, commerçante (→ **23**). Un voyageur, un marchand musulman était sûr d'y être convenablement accueilli et d'y rencontrer des partenaires intéressés aux affaires et prêts à jouer le rôle d'intermédiaires avec le continent. Est-il bien sûr, d'ailleurs, qu'al-Masûdî ait visité le pays des Zanj ? On ne peut l'affirmer. Mais on peut douter qu'il ait été bien prudent de s'y rendre sans précaution – il y a parmi eux des tribus anthropophages, dit-il –, et que les gens de Qambalû aient été vraiment désireux de laisser faire ce commerce interlope. Sans doute eux seuls y trafiquaient et en rapportaient les peaux de léopard, les plus grandes qui soient, dont on faisait des selles en pays arabe, l'écaille de tortue, plus recherchée que la corne pour la production de peignes et autres accessoires, un ivoire plus volumineux que dans l'Inde, et bien sûr le meilleur ambre qui soit.

L'espace maritime que nous présente le récit d'al-Masûdî est organisé en segments successifs articulés l'un à l'autre. Qambalû est la première articulation ; la seconde est la frontière entre pays des Zanj et pays de Sofala. Ces articulations sont des frontières entre mondes aux codes culturels différents, mais dans le même temps des points d'échange de marchandises dont la valeur pour l'autre est reconnue. L'or, venu d'un Sud inconnu du marchand, l'ambre, l'ivoire, les peaux, venues d'une côte peut-être hostile, circulent ainsi d'une antichambre à l'autre, dans un système où ne se connaissent que les portiers. N'allons pas croire cependant que cet espace ainsi structuré est figé pour toujours. Au contraire, les segments coulissent : dans quelques siècles, il y aura des Qambalû sur toute la côte des Zanj, et même des comptoirs commerciaux dans le pays de Sofala (→ 21).

Les armateurs et pilotes qui vont à Qambalû sont des Arabes d'Oman ou des Persans de Siraf. Al-Masûdî, qui a fait voile avec quelques-uns d'entre eux, mentionne les noms de ceux qu'il a connus et ont péri en mer. Ce sont eux qui, en cette première époque du commerce islamique, organisent le commerce en mer d'Arabie, c'est-à-dire dans le nord de l'océan Indien, entre rivage africain et rivage indien, et même au-delà jusqu'à la Chine. C'est bien en tout cas la direction que prend l'ivoire, qui transite par Oman puis est embarqué à destination de l'Orient. En Inde, on en fait, dit al-Masûdî, de grandes pièces de jeu d'échecs, des manches de poignard et des gardes d'épée ; en Chine, des habitacles de palanquins pour les officiers civils et militaires, mais on le brûle aussi comme parfum sur les autels. C'est d'ailleurs peut-être la Chine qui, au sens propre, *oriente* ce commerce par la demande qu'elle crée et à laquelle ne répond plus l'offre d'ivoire asiatique, insuffisant en quantité et de plus petit module que l'africain. Il en va sans doute pareillement de l'ambre, « salive de dragon » des Chinois, qu'on ne connaît pas dans la Méditerranée antique, et dont tout indique – les légendes sur son origine, l'histoire du calife – que la curiosité qu'il suscite chez les auteurs arabes est une curiosité nouvelle. C'est une odeur chinoise récemment entrée dans le répertoire olfactif des marchands – qui l'acheminent depuis les lointaines plages d'Afrique.

Note

Le recueil le plus commode de textes se rapportant à la côte de l'Afrique de l'Est est celui de S. P. Freeman-Grenville, *The East African Coast. Select Documents from the First to the Earlier Nineteenth Century*, Oxford, Clarendon Press, 1962. Pour le texte d'al-Maṣûdî, l'édition critique et la traduction la plus communément utilisée sont en français : Maçoudi, *Les Prairies d'or*, édition et traduction par Charles Barbier de Meynard et Abel Pavet de Courteille, Paris, Imprimerie nationale, 1861-1877, 9 vol. Sous l'égide de la Société asiatique, Charles Pellat a livré une traduction révisée et corrigée de ce texte (même titre, Paris, 1962-1997, 5 vol.). La notice sur al-Masûdî (al-Masᶜūdī), également due à Charles Pellat, dans l'*Encyclopédie de l'Islam* (2e éd.), contient toutes les précisions biographiques et bibliographiques nécessaires sur l'auteur. Un très bon aperçu sur les navigations persanes en mer d'Arabie, en relation avec la côte est-africaine, est fourni par Thomas M. Ricks, « Persian Gulf Seafaring and East Africa, Ninth-Twelfth Centuries », *African Historical Studies*, 3 (2), 1970, p. 339-357, mais on peut également se reporter à George F. Hourani, *Arab Seafaring*, Pinceton, Princeton University Press, 1995, p. 61-68. Un bon dossier sur les mythes arabes et européens entourant l'ambre gris a été réuni par Karl H. Dannenfeldt, « Ambergris: The Search for Its Origin », *Isis*, 73 (3), 1982, p. 382-397.

CHAPITRE 3

Aspects d'une frontière

Qasr Ibrîm, Basse-Nubie (actuelle Égypte, à la frontière du Soudan), à partir du VIIe siècle

L'Égypte est un don du Nil, disait Hérodote. En déroulant un étroit tapis de verdure au travers du désert, le fleuve y a permis l'essor et le maintien de la civilisation. Navigable depuis son embouchure jusqu'à Assouan, il a rendu possible l'unification culturelle et politique de ce territoire longiligne et en a fixé les bornes. Il y eut certes des incursions égyptiennes lancées au sud des cataractes, des garnisons qui y furent postées, mais ce ne fut jamais tout à fait l'Égypte ; là commence la Nubie. Ce n'est pas que ces cataractes soient très impressionnantes ; ce ne sont que des successions de rapides qui font chuter le niveau du fleuve de quelques mètres, quelques dizaines de mètres tout au plus, et encore avec peu d'accidents, répartis sur plusieurs dizaines de kilomètres. Mais soudainement la plaine alluviale se transforme en paysage austère et minéral, tandis que le fleuve, divisé en torrents, se fraie un chemin à travers la masse rocheuse. Les cataractes sont des portes fermées le long du corridor du fleuve.

On a pris l'habitude de numéroter les cataractes ; on le fait en partant de l'aval. La première est au sud d'Assouan ; la seconde, en amont de Ouadi Halfa. C'est déjà le Soudan actuel. Ces deux cataractes sont aujourd'hui englouties sous les 30 mètres d'eau du lac artificiel appelé lac Nasser du côté égyptien, lac de Nubie du côté soudanais, gigantesque réservoir retenu par le barrage d'Assouan. Quatre autres cataractes barrent le fleuve le long de la double boucle qu'il dessine jusqu'à Khartoum. Cette région des cataractes est appelée la Nubie depuis l'Antiquité. La voisine méridionale de l'Égypte s'était, sous son influence, faite chrétienne au VIe siècle. Il y eut plusieurs royaumes chrétiens de Nubie qui furent indépendants jusqu'au XIVe siècle, et l'on entend encore mention de quelques communautés chrétiennes au XVIe siècle, dans une région, le nord du Soudan actuel, dès lors largement soumise à l'islam (les chrétiens du Soudan du Sud d'aujourd'hui sont issus d'un mouvement d'évangélisation entamé au XIXe siècle). La basse Nubie est aujourd'hui entièrement sous les eaux du lac. Ce fut le territoire du royaume nubien de Nobadia, brièvement indépendant avant de devenir la province septentrionale d'un autre royaume chrétien, celui de Makouria, dont la capitale était Dongola, entre les troisième et quatrième cataractes. La Nubie chrétienne profita peu de temps de l'ombre bénéfique de l'Égypte byzantine : celle-ci fut prise en 642 par les armées arabes qui y installèrent un gouverneur. Toujours soumis à leur patriarche égyptien, chef de l'Église copte dont le siège est à Alexandrie, les Nubiens ont dès lors pour voisine une puissance islamique.

En 1972, des fouilles menées à Qasr Ibrîm, à l'extrême sud de l'Égypte actuelle, pendant la montée des eaux du lac, livrèrent *in extremis* plusieurs rouleaux de papyrus qui intéressent l'histoire de la Nubie. L'un porte un texte en arabe, langue du pouvoir égyptien. Les autres sont en copte, langue du peuple d'Égypte et peut-être langue administrative du royaume nubien. Le texte arabe est daté du mois de râjab de l'année 141 du calendrier hégirien employé par les musulmans, c'est-à-dire 758 de l'ère commune, soit un peu plus d'un siècle après la conquête de l'Égypte. C'est un courrier du gouverneur d'Égypte au roi de Nubie ; il a sans doute été remis au gouverneur chrétien de basse Nubie résidant à Qasr Ibrîm, lequel dut en transmettre la teneur au souverain à Dongola. Les trois autres documents n'ont pas encore été édités ; on sait qu'ils ont été écrits par un Nubien établi en Égypte et qu'ils se rapportent de près ou de loin à la même question. On ne possède pas d'autres témoins de ces documents et l'on ne connaît pas la réponse du roi nubien.

La lettre du gouverneur arabe au souverain de Nubie, qui d'ailleurs l'appelle du titre de « seigneur » (*ṣāḥib*) et non de « roi », affiche un ton très ferme, à la limite de la correction diplomatique. Le souverain est rappelé au respect du serment par lequel fut scellé un accord, portant le nom de *baqt* (*baqṭ*), entre les deux parties. Les marchands nubiens, écrit le gouverneur, sont libres d'aller et venir en Égypte : leurs vies sont sauves, leurs déplacements libres, leurs biens protégés. Mais les engagements de la partie nubienne ne sont pas respectés, ajoute-t-il : les livraisons d'esclaves qui doivent être faites ne le sont pas (à l'exception d'une poignée de vieillards et de borgnes) ; les esclaves cherchant asile en Nubie ne sont pas expulsés ; les marchands égyptiens sont harcelés et leurs biens confisqués ; les émissaires dépêchés pour régler les contentieux ne jouissent d'aucune immunité, contrairement à tous les usages, et sont emprisonnés. Pour finir, la lettre exige l'acquittement immédiat et rétroactif des obligations non respectées au cours des récentes années, la restitution de biens spoliés aux marchands et la reprise de bonnes relations régulières. Aux termes de cet accord, avait rappelé le gouverneur en commençant, la vie et les biens du roi nubien avaient été épargnés. « Si vous n'obéissez pas », conclut-il en menaçant d'une façon à peine voilée, « j'en tirerai les conséquences, selon la volonté de Dieu ».

La lettre fait donc allusion à un accord passé, auquel le souverain nubien avait semble-t-il consenti. Nous n'avons pas ce document. Fut-il seulement mis par écrit ? C'est probable, compte tenu de son caractère contraignant : comment faire valoir rétrospectivement l'assentiment des parties, comment en imposer l'application aux administrations des deux États autrement qu'avec le support de l'archive, dont les papyrus de Qasr Ibrîm nous sont du reste un témoignage ? Mais nous ne possédons pas ce document, ou plutôt nous en possédons une série de mentions, rencontrées chez différents chroniqueurs arabes jusqu'au XVe siècle. Situation paradoxale : on n'a cessé, dans le cours de l'histoire des relations de l'Égypte avec la Nubie, de faire référence à cette pièce perdue. Quand s'est-elle perdue ? Quand le vieux document diplomatique a-t-il disparu des archives pour laisser place chez les auteurs égyptiens à une antienne d'autant plus vaine que son contenu précis n'était plus garanti par l'écrit ?

Au temps d'al-Maqrîzî, historien égyptien de la première moitié du XVe siècle, les royaumes chrétiens de Nubie n'étaient déjà plus qu'un souvenir. Mais il rapporte les clauses du traité qui aurait été conclu en 652, après une expédition menée par le général arabe Abd Allâh ibn Saad contre Dongola. C'est en premier lieu un traité d'armistice par lequel chacune des deux parties s'engage à ne pratiquer ni la guerre ni la razzia à l'encontre de l'autre, ni le soutien aux ennemis de l'autre partie, mais sans toutefois requérir d'assistance mutuelle en cas de conflit avec une tierce partie. Selon al-Maqrîzî, le document prescrit la libre circulation des individus dans le territoire de l'autre partie, assortie d'un droit de libre installation pour les musulmans d'Égypte en Nubie. Il fait obligation d'expulser les esclaves et les ennemis des musulmans qui auraient trouvé refuge en territoire chrétien et ordonne la conservation et l'entretien de la mosquée de Dongola, capitale du royaume nubien. Il requiert enfin la livraison annuelle, par la partie nubienne, de 360 esclaves des deux sexes, exempts de défauts physiques.

On a souvent pensé, avec al-Maqrîzî, que ce texte imposait purement et simplement un statut de tributaire et les lourdes contraintes afférentes à une population vaincue. Mais les historiens modernes ont relevé qu'une obligation de protection s'exerçait aussi sur la partie égyptienne, à l'endroit du respect des droits des Nubiens – on pense aux marchands ou aux pèlerins – qui seraient amenés à transiter par le pays d'Égypte. On a été tenté d'interpréter le texte comme un traité commercial bilatéral. On y a vu parfois la simple tentative de codifier des échanges diplomatiques et économiques informels. À vrai dire, toutes ces lectures sont possibles, sur la base du texte fourni par al-Maqrîzî ou bien d'autres sources. Un auteur du milieu du IXe siècle nous dit : « Les deux parties convinrent de ne plus s'attaquer mutuellement et décidèrent que les Nubiens fourniraient chaque année aux musulmans tant d'esclaves contre tant et tant en blé et en lentilles de la part des musulmans. » Un autre établit la liste des denrées fournies par les Égyptiens : froment, orge, vin, huile, étoffes. Ici, régulation du commerce par des clauses impératives. Un autre auteur, au XIIe siècle, croit pouvoir préciser que les Nubiens devaient livrer, en plus des esclaves, singes dressés, girafes, peaux de félins, ivoire. Là, présents d'ambassade : les girafes ont toujours fait partie des cortèges diplomatiques accompagnant les ambassadeurs africains auprès des souverains du monde islamique.

Ces lectures, parmi d'autres, sont possibles, on l'a dit, mais elles le sont seulement à tour de rôle. Car force est de reconnaître qu'elles ne sont pas vraiment compatibles les unes avec les autres, sauf à chercher un point d'équilibre improbable entre le traité de soumission, le contrat commercial et la convention de libre circulation des biens et des personnes. Puisqu'à vrai dire les différentes mentions que l'on a de cette pièce capitale qu'est le *baqt* peuvent difficilement être conciliées, elles apparaissent plutôt comme des versions différentes, échelonnées au cours du temps. Il faut croire que tous les auteurs qui en ont parlé n'avaient pas le document original – ou peut-être n'avaient-ils pas tous le *même* document – sous les yeux. Si le *baqt* fut un traité, peut-être fut-il en effet sujet à de nombreux amendements, reflets juridiques de l'évolution du rapport de force entre les deux parties au cours des siècles – un rapport de force souvent favorable aux Égyptiens, parfois aux Nubiens. La version d'al-Maqrîzî ne serait donc que le cri de victoire de la partie égyptienne, tardif mais précisément pour cela mieux à même de nous avoir été conservé.

À travers ses avatars et ses transformations, le *baqt* a cependant toujours conservé, autant qu'il est possible d'en juger, deux caractéristiques essentielles : d'une part il soustrait la Nubie à la guerre sainte, et ce pendant plus de six siècles, alors que dans le même temps l'islam sera porté par l'épée jusqu'aux Pyrénées, à la Sicile et à l'Indus ; d'autre part il institue un système d'obligations très dissymétrique en faveur de l'Égypte. Si le témoignage indirect des papyrus de Qasr Ibrîm reflète le point de vue islamique, peut-être biaisé, on ne peut cependant nier, en effet, le caractère gravement contraignant du *baqt* pour les Nubiens. Autrement, comment comprendre qu'un prince nubien du milieu du IXe siècle ait fait le déplacement auprès du calife à Bagdad pour négocier (et obtenir) l'annulation des arriérés de livraisons d'esclaves et la renégociation du *baqt* en vue d'un paiement triennal ? Si le *baqt* avait été avantageux aux Nubiens, cette renégociation n'aurait pas eu de sens.

Ces dispositions d'apparence contradictoire donnaient au traité entre l'Égypte et la Nubie un air inhabituel, en tout cas assez étranger au droit islamique pour qu'on ait voulu lui donner un nom spécial, *baqt*, venu du latin (*pactum*) *via* le grec hellénistique (*pakton*). Curieux traité en effet, qui n'impose pas de paiement immédiat pour la défaite prétendument subie par les Nubiens ; qui semble ne leur imposer un tribut que pour le soumettre à des conditions de réciprocité ; qui décrète la Nubie terre de prélèvement d'esclaves mais se garde de les y prélever de force… Les nouveaux maîtres musulmans d'Égypte auraient-ils renoncé aux bénéfices immédiats d'une bataille à leur avantage, préférant un pacte à la durée de validité indéfinie, partant virtuellement infinie ? Se déclarer de la sorte vainqueur perpétuel est pourtant toujours très imprudent, au regard des aléas de l'histoire. Mais avouons que les conditions de signature de ce traité, enveloppées dans les limbes de la conquête de l'Égypte, nous échappent. Faut-il d'ailleurs forcément croire que le *baqt* fut signé en 652, dont quelques sources suggèrent que ce fut une victoire nubienne et non pas une défaite ? En ce temps, il ne pouvait en tout cas y avoir de mosquée à Dongola. Bel anachronisme, donc. Mais al-Maqrîzî est-il coupable d'avoir inventé sa version du document ou bien d'avoir antidaté un document plus ou moins authentique découvert par lui dans des papiers de chancellerie ?

Nous voici donc aux prises avec une lettre sur papyrus au ton peu amène, qui n'est peut-être qu'une facette d'un arrangement juridique qui épousa plusieurs formes sans jamais cesser d'intriguer les commentateurs. Faute de ce document original, l'histoire ne peut être que le commentaire des commentaires auxquels il donna lieu. Ce corpus intriguant n'est peut-être finalement que la somme des regards portés sur une frontière. Une frontière assez évidente, assez profondément inscrite dans le paysage naturel pour faire obstacle au désir de conquête, et en même temps assez humaine, assez politiquement déterminée pour laisser prise à des clauses de droits portant sur ce qui peut passer d'un côté à l'autre et ce qui ne peut pas, ou ce qui peut passer dans un sens et pas dans l'autre : le droit de libre installation accordé aux Égyptiens en Nubie n'est pas réciproque, et de même, l'obligation faite de l'entretien de la mosquée de Dongola ne s'applique pas aux lieux de culte chrétiens d'Égypte. L'étrangeté du *baqt* vient peut-être de cela : les musulmans voulaient une vraie frontière, mais qui fût étanche aux Nubiens et poreuse aux Égyptiens.

Note

Sur le processus d'islamisation en Afrique consécutif à la conquête arabe de l'Égypte, voir le chapitre de Julien Loiseau, « L'Afrique, nouvelle terre d'Islam (VIIe-XVe siècle) », dans François-Xavier Fauvelle (dir.), *L'Afrique ancienne, de l'Acacus au Zimbabwe*, Paris, Belin, 2018, p. 113-141. Dans le même ouvrage, le chapitre de Robin Seignobos, « La Nubie, des royaumes chrétiens à la domination islamique (VIe-XVIe siècle) », p. 227-253, constitue une excellente introduction à l'histoire nubienne. Une première version du texte du papyrus arabe de Qasr Ibrîm a été donnée par J. Martin Plumley, « An Eight-Century Arabic Letter to the King of Nubia », *Journal of Egyptian Archaeology*, 61, 1975, p. 241-245. L'édition critique (fac-similé, transcription et traduction du document de Qasr Ibrîm) par Martin Hinds, « A Letter from the Governor of Egypt to the King of Nubia and Muqqura concerning Egyptian-Nubian relations in 141/758 » (dans *Studia arabica et islamica. Festchrift for Iḥsan 'Abbās on his Sixtieth Birthday*, Beyrouth, American University of Beirut, 1981, p. 9-29), a été réimprimée dans un volume de *varia* de cet auteur, intitulé *Studies in Early Islamic History*, édité par Jere Bacharach, Lawrence I. Conrad et Patricia Crone (Princeton, Darwin Press, 1996). William Y. Adams, *Qasr Ibrîm. The Earlier Medieval Period* (Londres, Egypt Exploration Society, 2010, p. 245), apporte des éclairages sur l'auteur et la destination des documents en copte. Les autres sources citées ou mentionnées dans ce chapitre le sont d'après Joseph Cuoq, *Islamisation de la Nubie chrétienne*, Paris, Geuthner, 1986. Voir également les précisions de Jean-Claude Garcin, *Qūṣ. Un centre musulman de la Haute-Égypte médiévale*, Le Caire, IFAO, 2005, 2e éd., p. 39-43. Une approche historiographique et critique, qui cependant semble accorder peu d'importance aux documents de Qasr Ibrîm, est présentée par Jay Spaulding, « Medieval Christian Nubia and the Islamic World: A Reconsideration of the *Baqt* Treaty », *The International Journal of African Historical Studies*, 28 (3), 1995, p. 577-594. L'ouvrage le plus synthétique sur la Nubie médiévale est celui de Derek A. Welsby, *The Medieval Kingdoms of Nubia*, Londres, British Museum Press, 2002. Robin Seignobos, « La frontière entre *bilād al-islām* et le *bilād al-Nūba* : enjeux et ambiguïtés d'une frontière immobile (VIIe-XIIe siècle) » (*Afriques. Débats, méthodes et terrains d'histoire*, 2, 2010 [en ligne]), a livré de très utiles éléments d'analyse sur le caractère paradoxal de la frontière entre Égypte islamique et Nubie chrétienne.

Chapitre 4

Chassé-croisé diplomatique à la cour de Georges II de Nubie

Faras, actuelle Égypte, et Dongola, actuel Soudan, dernier quart du xᵉ siècle

La fresque est très abîmée ; plus de la moitié de la surface en a été emportée par le temps. On n'y distingue plus le visage du personnage au premier plan, qui se tient de face, plus grand que nature. Devant la poitrine, la main droite, à la peau noire, sort de la manche à la bordure brodée d'une tunique blanche, elle-même ornée d'une fine résille jaune, peut-être de fils d'or, et de points verts ou rouges, peut-être des pierres précieuses. La tunique est fermée d'une ceinture rouge et jaune incrustée d'or. Ce personnage porte, par-dessus sa tunique, une longue cape blanche. Sa main tient une croix d'or. Au bas de la cape est suspendu un pendant formé de trois sphères jaunes accolées (de l'or encore) et serti de pierres vertes et rouges, un insigne rencontré sur des figurations royales. De la tête on n'aperçoit qu'une oreille et une barbe. La couronne, ornée de pierres précieuses et de croix, est formée d'une coiffe verte et d'arceaux en forme de mitre, et est surmontée

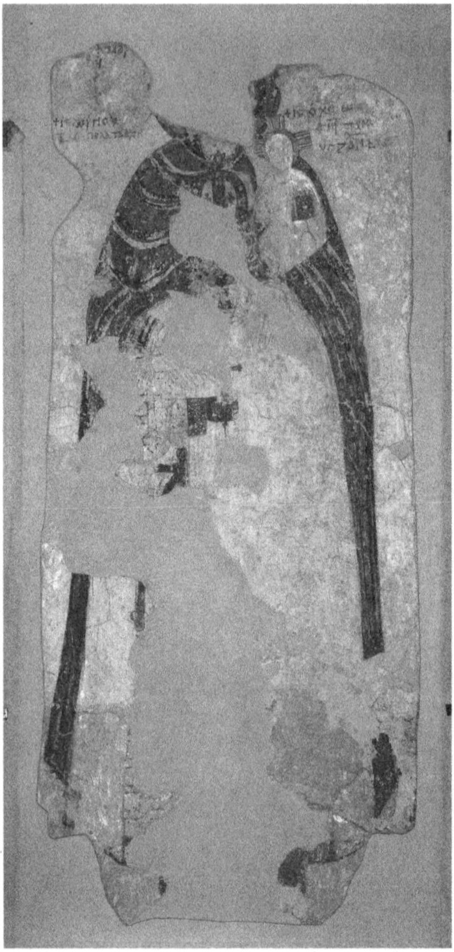

Fresque prélevée sur les murs de la cathédrale nubienne de Faras avant son ennoiement sous les eaux du lac Nasser. Très abîmée, elle comporte néanmoins une inscription grecque et suffisamment de détails qui permettent de reconnaître un roi du nom de Georges (probablement Georges II) protégé par une Vierge à l'Enfant qui se tient derrière lui. Hauteur de la fresque : 2,52 m.

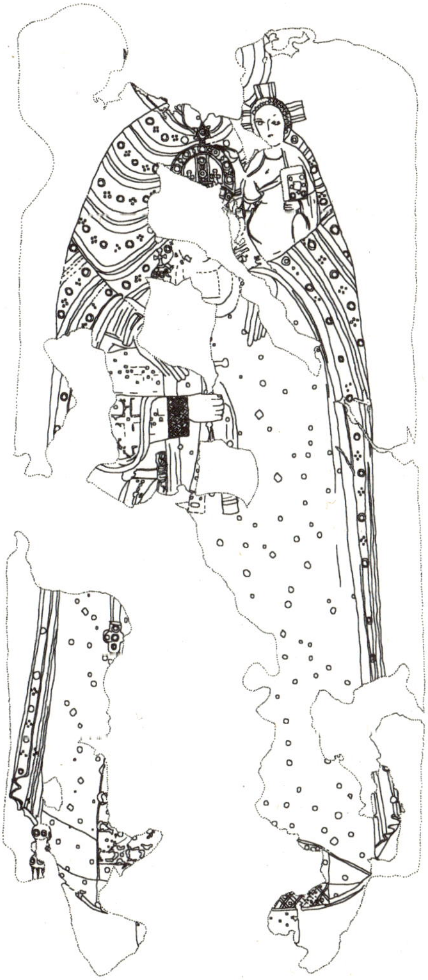

Relevé interprétatif de la fresque de Georges II de Nubie. Sur ce dessin réalisé par Magdalena Wozniak, on distingue nettement la très grande richesse des vêtements du roi et de la Vierge, l'enfant Jésus à la gauche du souverain et la couronne de celui-ci.

d'une étoile à six branches. Dans le dos de cet homme, également de face et le dominant de sa hauteur tutélaire, se dresse une Vierge à l'Enfant enveloppée d'un manteau rouge aux ondulations brunes. La légende, en grec, langue liturgique de l'Église nubienne, court de part et d'autre de l'image. Elle nous dit que le souverain ainsi placé sous la protection de Marie et de son fils Jésus-Christ Emmanuel, sauveur du monde, est le roi Georges (Georgios), fils du roi Zacharie. On pense qu'il s'agit de Georges deuxième du nom, et des éléments de contexte permettent de croire que la fresque fut réalisée aux alentours de 975.

Entre 1954, date de la pose de la première pierre du haut barrage d'Assouan en Égypte, et 1972, date où le lac ainsi créé atteignit son niveau maximum, furent lancées de nombreuses missions archéologiques d'urgence dans toute la région nubienne qui allait se retrouver sous les eaux. La « Campagne de Nubie » menée à cette fin, de 1960 à 1970, sous l'égide de l'Unesco, permit de conduire quelques-unes des opérations de sauvetage les plus spectaculaires jamais réalisées, en particulier le découpage bloc par bloc des temples égyptiens pharaoniques d'Abou Simbel et de Philae et leur remontage sur les nouvelles berges. Ces circonstances permirent de publiciser planétairement la notion de « patrimoine » et de sauver quelques joyaux architecturaux promis à une mise en valeur touristique ; elles offrirent aussi les moyens à plusieurs équipes internationales de réaliser prospections et fouilles, et ainsi d'accroître la documentation archéologique sur toutes les civilisations qui s'étaient succédé en Nubie depuis des millénaires. C'est ainsi qu'une mission archéologique polonaise fut chargée de la fouille du site de Faras, dans la partie soudanaise de la Nubie.

On sait depuis longtemps que la petite localité soudanaise de Faras avait très probablement été l'antique Pakhoras, capitale du royaume chrétien de Nobadia, brièvement indépendant au VIIe siècle, puis chef-lieu du ressort épiscopal de Marîs, province du royaume de Makouria. Avant les fouilles polonaises, avait été repéré un énorme *kôm*, terme arabe égyptien désignant une butte anthropique, d'une quinzaine de mètres de hauteur, au sommet duquel s'élevaient les murs ruinés d'une citadelle ottomane et d'un monastère copte. Les niveaux sous-jacents du tertre livrèrent, sous le sable et les gravats des bâtiments tardifs, une fois démantelées les constructions supérieures, un vaste complexe religieux daté du VIIIe au XIVe siècle. Le centre en est la cathédrale, bâtiment à trois nefs en blocs de grès et briques cuites d'une vingtaine de mètres de longueur. Bâtie au début du VIIIe siècle, elle repose sur les fondations d'une basilique antérieure en briques crues. Au chevet de la cathédrale, au sud-est, s'élève une petite chapelle commémorative abritant les dépouilles d'évêques nubiens des XIe et XIIe siècles. À main gauche de l'entrée de la cathédrale, le quartier nord du site livre le palais de l'évêque, celui de l'éparque (le gouverneur), l'ancien monastère et quelques habitations. À main droite, au sud du site, ont été préservées une autre église ainsi que les tombes des premiers évêques.

La découverte de la cathédrale de Pakhoras causa parmi les fouilleurs un émoi auquel firent écho de nombreux médias de l'époque. Le bâtiment avait pratiquement conservé ses élévations d'origine et une partie de ses voûtes. Après son abandon au XIVe siècle, il n'avait dû sa préservation qu'à son enfouissement sous une accumulation de sable et de débris des parties supérieures, un *kôm* qui bientôt fut immobilisé par l'installation de

Profil en coupe (est-ouest) du *kôm* de Faras au terme des fouilles. L'église est conservée au niveau inférieur, bâtie sur une petite éminence, orientée vers l'est (le sanctuaire est à droite de l'image). Au cours des siècles, sans doute dès avant son abandon définitif, le bâtiment a connu la ruine de ses parties supérieures et son ensablement. Sur cette colline anthropique est venu s'installer un bâtiment plus tardif.

nouveaux bâtiments au sommet. Peut-être plus impressionnant encore, en tout cas plus précieux pour l'histoire, la cathédrale préservait ses fresques. Elles furent étudiées et reproduites sur place avant d'être détachées de la paroi, découvrant le plus souvent des figurations antérieures. Hormis les scènes de la vie du Christ (l'Ancien Testament n'a guère inspiré les artistes nubiens, à l'exception notable des « Trois Hébreux dans la fournaise »), les œuvres affichent une prédilection pour les figures protectrices que sont la Vierge, les archanges, les saints et les apôtres. Mais d'autres ensembles iconographiques sont clairement conçus comme un programme officiel de préservation de la mémoire des évêques de Pakhoras, ou encore celles des rois, reines mères et grands dignitaires. C'est ainsi qu'une salle latérale à la nef droite de l'église est dédiée à quelques-uns de ces personnages, au rang desquels un évêque du nom de Kollouthos, l'évêque Pierre (Petros) de Pakhoras protégé par saint Pierre, ou encore Georges II et la Vierge.

La cathédrale fut engloutie sous les eaux du lac en 1964. Presque exactement mille ans plus tôt, les tout nouveaux maîtres fatimides de l'Égypte avaient dépêché en Nubie un ambassadeur. Celui-ci, Ibn Sulaym al-Uswânî, « l'Assouanais », tira de sa mission, effectuée sans doute aux alentours des années 972-973, un récit intitulé *Histoire des Nubiens*, ouvrage perdu mais dont de larges extraits ont été conservés par des auteurs arabes postérieurs. Ce qu'il en reste constitue l'unique témoignage *de visu* sur la Nubie chrétienne provenant d'un voyageur ; il est pétri d'informations qui concernent la géographie, l'organisation territoriale et administrative, les ressources du royaume nubien de Makouria, toutes données que l'auteur, espion bien sûr autant qu'ambassadeur, se fit fort de mettre par écrit.

Al-Uswânî était envoyé auprès du roi Jirjis, graphie arabe de Georgios. Il était porteur de deux demandes. La première était de renouer avec les termes commerciaux du *baqt*, traité en vigueur entre les deux États depuis plus de deux siècles, mais dont on comprend à cette occasion que l'application concrète en était interrompue depuis quelque temps (→ 3) ; les Nubiens acceptèrent, signe que le pouvoir se pensait assez puissant pour assumer les conséquences de la reprise de cet échange contraignant – mais peut-être pas assez pour la refuser. La deuxième était que le roi de Nubie se convertisse à l'islam. Après avoir réuni son conseil, le roi nubien déclina la demande et la retourna à l'envoyeur, l'invitant à se convertir au christianisme. L'ambassadeur se contenta de cette réponse – signe que le pouvoir égyptien se sentait assez fort pour formuler une telle exigence – mais pas assez pour s'attendre à ce qu'elle fût suivie d'effet.

Les chroniqueurs coptes ont pieusement consigné les vies de leurs « papes », qui siégeaient à Alexandrie. Siècle après siècle, ils ont produit un monument littéraire, l'*Histoire des Patriarches*. Ils ont parfois incorporé à cette biographie continue de l'Église d'Égypte, appelée Église jacobite par les auteurs musulmans, des informations sur les autres Églises d'Orient soumises à la juridiction d'Alexandrie. Ainsi rencontre-t-on parfois des détails cruciaux, inconnus par ailleurs, concernant l'Éthiopie ou la Nubie chrétiennes. Le rédacteur de la vie du patriarche Philothée, chef de l'Église copte de 979 à 1003, nous donne ainsi la relation d'une histoire dont nous n'avons pas d'autres témoins ; elle se déroule quelques années après la visite d'al-Uswânî à Dongola : le roi d'Éthiopie adresse une lettre au roi de Nubie, du nom de Jirgis (il s'agit encore de Georges), le priant d'intervenir auprès du patriarche en vue d'obtenir son absolution et de mettre ainsi un terme à la malédiction qui frappe son royaume. Investi en somme d'une mission de bons offices, Georges est prié d'obtenir de Philothée la consécration d'un nouveau métropolite à la tête de l'Église éthiopienne. Le souverain nubien, apprend-on par la chronique, donna une suite favorable à cette demande et joignit sa lettre à celle du roi son voisin. L'intervention fut bénéfique puisque le patriarche désigna un certain Daniel, moine égyptien du monastère de Saint-Macaire, et l'envoya en Éthiopie. L'affaire était urgente puisque, par suite d'un épisode trouble faisant intervenir usurpation ecclésiastique et crise dynastique, le souverain éthiopien avait été contraint de remettre les destinées de son Église à un homme qui n'avait sans doute qu'une seule des qualités requises, et tout à fait insuffisante, celle d'être égyptien, et ne reçut en tout cas jamais la confirmation de ces fonctions des mains du patriarche. Dès lors, tous les patriarches successifs s'étaient refusés à cautionner cette situation de presque schisme. Depuis plusieurs décennies, les chrétiens d'Éthiopie vivaient donc sans métropolite canoniquement consacré. Sans chef, des prêtres avaient-ils été ordonnés ? On ne sait. En tout cas, à l'heure où le roi d'Éthiopie écrit à celui de Nubie, la situation de la religion chrétienne, explique-t-il, y est catastrophique et laisse présager son extinction prochaine. Tout aussi gravement, une reine païenne a pris le pouvoir, dit-il, elle a brûlé des villes et des églises, et elle sème la terreur. Ces épreuves, écrit l'Éthiopien, ont été causées par les erreurs passées ; par la voix du Nubien, il prie humblement le patriarche d'y mettre fin.

Quelques années après avoir été l'objet d'une demande de conversion à l'islam par un pouvoir musulman nouvellement installé en Égypte, Georges II de Nubie est donc saisi d'une demande non moins singulière d'intercession entre l'Éthiopie et le patriarcat de l'Église copte siégeant en Égypte. Suggérons qu'il y a dans ces relations triangulaires autre chose que de simples coïncidences d'une diplomatie « multilatérale ». Demande-t-on à un pouvoir voisin, en guise de premier contact, de se convertir à sa religion au simple prétexte que cela ne coûte rien d'essayer, surtout si l'on n'a pas les moyens de l'imposer ? Et prie-t-on un souverain voisin, avec lequel on n'a guère d'autres relations, d'intercéder auprès d'une commune tutelle pour faire flancher sa sévérité, quand il risquerait, si cette sévérité était fondée, d'y perdre quelque crédit ? Car l'ombrageuse sévérité des patriarches avait ses raisons : l'autorité religieuse, investie divinement, ne se partage ni ne se discute. Sur ce point de droit canonique, ils n'auraient certainement pas flanché : si l'Éthiopie ne revenait pas dans la plus stricte obédience, alors elle méritait de retomber dans le paganisme. Mais il faut croire qu'en ces années le roi de Nubie pouvait en imposer, tant face au pouvoir politique du Caire que face à l'autorité religieuse d'Alexandrie. Devait-il cette grâce à la protection de la Vierge, qui par-dessus son épaule faisait bénéficier la Nubie d'une bienveillance divine refusée à l'Éthiopie ? Al-Uswânî, en tout cas, a pu constater que le pays était prospère ; et s'il était aussi en paix, le roi s'est chargé de lui rappeler que les armées y étaient nombreuses.

En 997, vers la fin du règne de Georges II, un évêque d'une autre Église chrétienne, dite melkite, que nous appelons « orthodoxe », est nommé à Pakhoras et prend ses fonctions dans la cathédrale. Dans la lutte d'influence que se livrent les deux Églises, les Melkites viennent de remporter une victoire, dont on ne sait d'ailleurs précisément quelles furent ses répercussions en Nubie. Mais on devine au moins son arrière-plan. Un parti melkite intrigue au palais des maîtres musulmans de l'Égypte : la propre épouse du calife al-Azîz, mère de son successeur al-Hâkim, est une chrétienne, d'obédience melkite ; elle a placé l'un de ses frères évêque du Caire. Ce parti veut prendre la place de l'Église copte et le calife voit sans doute ces divisions d'un bon œil, en sorte que l'installation d'un évêque melkite en Nubie ne peut qu'avoir l'aval de la diplomatie égyptienne. On n'a pu convertir le roi à l'islam, mais on fait mieux en soumettant son royaume au régime de la concurrence chrétienne. Al-Azîz aura retenu la leçon ; c'était à son intention qu'était rédigé le compte rendu de mission diplomatique d'al-Uswânî. Quant au patriarche copte, peut-il vraiment, dans ce contexte, refuser une faveur au souverain de Nubie ? Car il y a pire que de perdre une Église au profit des païens ou des musulmans. Ce serait de voir passer la Nubie chez d'autres chrétiens.

Note

La fresque de Georges II fut, comme tout l'ensemble iconographique de Faras, détachée des murs de la cathédrale avant l'engloutissement du site ; elle est aujourd'hui conservée au Musée national de Pologne à Varsovie ; d'autres sont au musée de Khartoum. Cette fresque a été publiée à plusieurs reprises, en particulier dans le catalogue de Kazimierz Michałowski, *Faras. Wall Paintings in the Collection of the National Museum in Warsaw*, Varsovie, Wydawnictwo Artystyczno-Graficzne, 1974, n° 34, p. 173-176. C'est de cet ouvrage que sont tirés les éléments se rapportant à la découverte du site et aux conditions de travail et de prélèvement des fresques. L'inscription grecque a été éditée par Stefan Jacobielski dans le même ouvrage, p. 291-292, sous le numéro 18. Les fouilles de Faras ont été publiées en plusieurs volumes : K. Michałowski, *Faras. Fouilles polonaises 1961* [= Faras I], Varsovie, Éditions scientifiques de Pologne, 1962 ; K. Michałowski, *Faras. Fouilles polonaises 1961-1962* [= Faras II], Varsovie, Éditions scientifiques de Pologne, 1965 ; Stefan Jakobielski, *Faras III. A History of the Bishopric of Pachoras on the Basis of Coptic Inscriptions*, Varsovie, Éditions scientifiques de Pologne, 1972 ; Jadwiga Kubińska, *Faras IV. Inscriptions grecques chrétiennes*, Varsovie, Éditions scientifiques de Pologne, 1974 ; Janusz Karkowski, *The Pharaonic Inscriptions from Faras* [= Faras V], Varsovie, Éditions scientifiques de Pologne, 1981 ; Włodzimierz Godlewski, *Faras VI. Les Baptistères nubiens*, Varsovie, Éditions scientifiques de Pologne, 1979 ; Małgorzata Martens-Czarnecka, *Les Éléments décoratifs sur les peintures de la cathédrale de Faras* [Faras VII], Varsovie, 1982 ; Tadeusz Dzierżykray-Rogalski, *Faras VIII. The Bishops of Faras. An Anthropological-Medical Study*, Varsovie, Éditions scientifiques de Pologne, 1985. Une synthèse de ces recherches a été publiée par K. Michałowski, *Faras. Die Kathedrale aus dem Wüstensand*, Cologne, Benziger Verlag, 1967. Au sujet de la campagne de Nubie orchestrée par l'Unesco, voir l'article de Fekri A. Hassan, « The Aswan High Dam and the International Rescue Nubia Campaign », *African Archaeological Review*, 24, 2007, p. 73-94. C'est à Francis Ll. Griffith, « Pakhoras-Bakharâs-Faras in Geography and History » (*Journal of Egyptian Archaeology*, 11 [3-4], 1925, p. 259-268), que l'on doit l'identification de Pakhoras avec Faras. Un large extrait du récit d'al-Uswânî a été traduit par Gérard Troupeau, « La "Description de la Nubie" d'al-Uswānī (ɪvᵉ/ xᵉ siècle) », *Arabica*, tome 1, fascicule 3, 1954, p. 276-288. Quelques détails sur sa mission à Dongola sont fournis par Joseph Cuoq, *Islamisation de la Nubie chrétienne*, Paris, Paul Geuthner, 1986, p. 56-57. Pour une étude sur l'intention du voyage et l'histoire du récit d'al-Uswânî, accompagnant une édition arabe et traduction anglaise commentée de tous les extraits préservés par al-Maqrîzî, voir Hamad Mohammad Kheir, « A Contribution to a Textual Problem: Ibn Sulaym al-Aswānī's *Kitāb aḫbār al-Nūba wa l-Maqurra wa l-Beǧa wa l-Nīl* », *Annales islamologiques*, 21, 1985, p. 9-72. La lettre du roi éthiopien à Georges II et d'autres éléments du contexte sont présentés par Stuart Munro-Hay, *Ethiopia and Alexandria. The Metropolitan Episcopacy of Ethiopia*, Varsovie/Wiesbaden, Archeobooks, 1997, p. 130-138. Concernant le programme iconographique des fresques de la cathédrale de Faras, voir Włodzimierz Godlewski, « Bishops and Kings. The Official Program of the Pachoras (Faras) Cathedrals », *Between the Cataracts. Proceedings of the 11th Conference for Nubian Studies, Warsaw University, 27 August-2 September 2006*, première partie, Varsovie, Archeobooks, 2008, p. 263-282. À noter que l'auteur désigne Georges II sous le nom de Georges III ; cela est dû à une révision de la chronologie des rois nubiens faite par lui mais qui n'a pas engendré le consensus parmi les spécialistes. De son côté, Martin Krause, « Bischof Johannes III von Faras und seine beiden nachfolder » (dans *Études nubiennes*, Le Caire, 1978, p. 153-164), a contesté la réalité de l'épisode melkite à Faras.

Chapitre 5

« Y a-t-il encore quelqu'un au-delà de vous autres ? »

Sahara central, actuels Libye et Niger, VIIe-IXe siècle

Il est notoire que les sources se rapportant à la conquête de l'Afrique du Nord par les armées arabo-musulmanes, compilées tardivement, ne sont pas très fiables. Une tradition égyptienne rapporte que Uqba ibn Nâfi, l'un des commandants arabes de la conquête du Maghreb et le fondateur de Kairouan en 670, effectua plusieurs raids en direction du Sahara. On lui prête, dès 642, alors qu'il est encore le lieutenant du général Amr ibn al-Âs, le vainqueur de l'Égypte byzantine, une première percée jusque dans le Fezzan, le désert libyen. Vingt ans plus tard (vers 666-667), on l'y retrouve : il prend une à une les villes fortifiées des oasis, dont Jarma, l'antique cité des Garamantes. Parvenu à la dernière, nous dit le chroniqueur, il aurait demandé aux gens du pays : « Y a-t-il encore quelqu'un au-delà de vous autres ? » On lui répond qu'il y a bien, à quinze jours de marche en direction du sud, les gens du Kawâr. C'est au nord du Niger actuel. Il s'y rend et prend tous les *ksour* (pluriel de *ksar*, unité politique et village fortifié), finissant par la capitale du pouvoir politique local. Là, même question : « Y a-t-il encore quelqu'un au-delà de vous autres ? » On répond qu'on n'a là-dessus aucune information. Alors, nous dit le chroniqueur, le conquérant rebroussa chemin, sans doute convaincu d'avoir atteint une extrémité du monde habité. En 670, Uqba soumet Ghadamès, Gafsa, Kastîliya (région de Tozeur, dans le Djérid), villes de la province romaine d'Africa, c'est-à-dire plus ou moins la Tunisie actuelle, qui devient l'Ifrîqiya arabe. Il est le conquérant de l'Algérie et du Maroc. Partout, il fait des esclaves parmi les populations berbères vaincues. On prête encore à Uqba, mais avec moins de crédit, une expédition jusque dans le Souss marocain, qui est également la destination du raid d'un de ses petits-fils et successeur, en 734, qui en aurait rapporté une grande quantité d'or ainsi que deux captives.

Ces récits sont teintés de légendes : le cheval d'Uqba fait jaillir des sources sous ses sabots et les filles marocaines n'ont qu'un seul sein. Mais la séquence de la conquête, de la steppe aux oasis du Sahara oriental, et la question « Y a-t-il encore quelqu'un au-delà de vous autres ? », dubitative et finalement déboutée dans le Kawâr, une oasis barrée au sud et à l'ouest par l'austère Ténéré, révèlent que l'épopée du chef arabe n'est que l'emprunt de pistes antiques mal connues, d'ailleurs peu fréquentées dans l'Antiquité, et de toute façon terminées en cul-de-sac par le milieu du grand désert, encore loin des savanes arrosées par le lac Tchad ou le fleuve Niger. En ce premier temps, non, croit-on savoir, il n'y a décidément rien de l'autre côté de l'immensité aride du Sahara.

Les populations rencontrées par les conquérants arabes, outre les élites romaines et chrétiennes, ou plutôt, devrait-on dire, romanisées et christianisées, installées autour des villes des plaines côtières, sont des Berbères, une grande famille de peuples établis, au moins depuis la protohistoire, de la Cyrénaïque jusqu'à l'Atlantique. Les sources antiques leur connaissent des territoires relativement bien définis : les Maures au Maroc et en Algérie actuels, les Numides en Algérie et Tunisie. Ce sont des agriculteurs, sédentaires ou pratiquant une transhumance de moyenne amplitude. Les Libyens de Cyrénaïque, les Garamantes du Fezzan, les Gétules sont, quant à eux, d'authentiques pasteurs qui, sans complètement méconnaître le dromadaire, introduit au tournant de l'ère, vont à dos de cheval ou de bœuf ; ils peuplent les grandes étendues de steppes entre la plaine méditerranéenne et le désert. C'est à cheval qu'ils guident les raids vers les oasis sahariennes où, comme au Kawâr, résident alors des agriculteurs noirs.

Les Berbères sont les premières victimes des raids esclavagistes. Animés d'un farouche esprit d'indépendance, ils sont d'abord aussi rétifs à l'islamisation qu'ils l'avaient été, quelques siècles plus tôt, à la christianisation. Soumis, les Berbères adoptent la religion des conquérants, s'agglomèrent ainsi à la Communauté des croyants mais ne renoncent pas à revendiquer une patrie, préférant le clan, la tribu, l'alliance occasionnelle, à la nation contrainte dans ses obligations et frontières. La patrie, c'est souvent dans l'Islam même qu'ils la trouvent, davantage enclins qu'ils sont à accueillir un missionnaire en rupture de ban qu'à tolérer le pouvoir étranger, véhicule de l'islam orthodoxe, c'est-à-dire sunnite. Dès lors, l'Afrique berbère emprunte les voies des doctrines minoritaires de l'islam, surtout le kharijisme, manière subtile d'accorder loyauté et résistance aux formes de domination politique et de marginalisation sociale nées de la conquête. Les trois premiers siècles de l'Islam en Afrique du Nord voient ainsi sortir de terre et s'épanouir un semis de principautés berbères dissidentes, cependant repoussées peu à peu vers la bordure du Sahara. C'est ainsi l'imam ibadite (un courant kharijite) de Kairouan, suivi de ses adeptes, qui s'éloigne de l'Ifrîqiya arabe en 762, devant l'avancée du sunnisme en Tunisie ; réinstallée à Tahert, en Algérie actuelle, la communauté théocratique s'y maintiendra active jusqu'au déménagement suivant, au début du xe siècle, pour Sedrata, près de Ouargla. Tlemcen, dans le Nord-Ouest algérien, ou Sijilmâsa, dans le Sud-Est marocain, sont d'autres principautés kharijites florissantes durant deux siècles. Aujourd'hui, l'ibadisme est encore vivace dans la pentapole du Mzab, en Algérie. Ailleurs, lorsque les feux de l'ibadisme commenceront à être moins vifs, au xe siècle, des communautés berbères se laisseront tenter par le chiisme. Une secte franchement schismatique, les Barghwâta, parvint même à faire vivre un royaume dans le centre du Maroc du ixe au xiie siècle.

La conquête arabe a profondément transformé les sociétés berbères, notamment celles que leurs conditions socio-économiques rendaient vulnérables aux ruptures d'équilibres écologiques. Or, l'abandon de certaines villes romaines et la réorganisation du territoire consécutifs à la conquête fragilisent la frontière qu'avait stabilisée l'agriculture sous le colonat romain. Abandonnées, les villes, les terres cultivées régressent et ouvrent la voie aux nomades longtemps maintenus à distance. Ceux-ci s'étaient transformés : dans une relation symbiotique avec les agriculteurs, certains, ceux de la Cyrénaïque, habitants d'un désert peu favorisé, avaient fait un choix aussi idéologique qu'économique : la spécialisation chamelière. Ils deviennent, peut-être dès avant la présence arabe, les grands nomades du désert, les seigneurs d'un parc de palmeraies à dattes et d'un cheptel de dromadaires. Alors ils partent à l'assaut d'un Sahara qui devient ce qu'il n'avait jamais été jusqu'alors, un espace unifié par la nécessité de l'habiter et le désir de le dompter ; ils en conquièrent les bastions, ils en organisent la traversée de façon régulière. On suit leur progression depuis la Tripolitaine en direction du sud et de l'ouest. À la fin du IXe siècle, la population du Kawâr est déjà en majorité berbère et assure en direction du nord un trafic d'esclaves achetés chez les *Sûdân*, les « Noirs », les habitants du Sahel, le « rivage » (arabe *sāḥil*) méridional du grand désert. En même temps que se sont mis en place cette activité et ses axes, transsahariens, al-Yaqûbî, vers la fin du IXe siècle, nous livre la première vision du « Pays des Noirs ». Image fugace d'un Nouveau Monde qui vient d'être découvert : « Ils habitent des huttes de roseaux et ne possèdent aucune ville bâtie en dur » ; l'endroit s'appelle le Kanem, en bordure du lac Tchad (→ **26**).

Dans la partie occidentale du Sahara, on rencontre là aussi une population du désert : « ils n'ont pas d'habitations fixes. Ils se voilent le visage [...]. Leur nourriture est tirée des chameaux. Ils n'ont ni céréales ni blé » (al-Yaqûbî). Des éleveurs hyper-spécialisés de dromadaires sont là aussi les maîtres de ce nouveau trafic, depuis Sijilmâsa (→ **17**, **18**), dans le sud-est du Maroc. Parce qu'ils se sont rendus nécessaires à une nouvelle relation économique avec les maîtres du Nord, parce qu'ils ont gagné de la sorte la liberté face au pouvoir islamique, ces nomades n'ont pas hésité à se faire pieux musulmans et à devenir les promoteurs de la nouvelle religion chez leurs partenaires commerciaux de la zone sahélienne, tels que le royaume de Gao, déjà gagné à l'islam à la fin du Xe siècle (→ **11**). Nomades orthodoxes, voire rigoristes ; sédentaires puritains, tentés par l'apostasie et le schisme :

les voies religieuses des Berbères à l'aube de l'islamisation de l'Afrique du Nord reflètent des stratégies diverses, mais au fond un même choix identitaire, qu'affirme avec force la revendication d'indépendance qui accompagne la mise en place du commerce entre zone méditerranéenne et Sahel. L'austère principauté de Tahert ne fut-elle pas, à partir de la fin du VIIIe siècle, la première cité du Nord à contempler les presque deux mois de traversée du désert, et bientôt le premier port et entrepôt d'un commerce florissant ? C'est alors, comme l'écrit un chroniqueur du temps (Ibn al-Saghîr), que « les routes menant au Sûdân », c'est-à-dire littéralement le Pays des Noirs, « s'ouvrirent au négoce et au trafic ».

Note

La tradition égyptienne relative à Uqba ibn Nâfi est consignée par Ibn Abd al-Hakam dans le deuxième tiers du IXe siècle. Les extraits dont il est question ici, ainsi que ceux tirés des écrits d'al-Yaqûbî et d'Ibn al-Saghîr, sont donnés par Joseph Cuoq, *Recueil des sources arabes concernant l'Afrique occidentale du VIIIe au XVIe siècle (Bilād al-Sūdān)*, Paris, Éditions du Centre national de la recherche scientifique, 1985, 2e éd., p. 44-46 et p. 55. J'ai utilisé la notice sur « 'Uḳba ibn Nāfi' » (par Vassilios Christides), *Encyclopédie de l'Islam*, 2e éd. Sur la geste de Uqba, eu égard notamment à la conquête du Fezzan, on se reportera, dès sa parution, au chapitre de Sobhi Bouderbala, « Fusṭāṭ and its Libyan Hinterland in Early Islam: Conquests, Administration and Networks between Egypt, Cyrenaica and Fazzān », dans Julien Loiseau (dir.), *An African Metropolis. Cairo and Its African Hinterland in the Middle Ages*, en préparation. Pour un tableau des populations berbères d'Afrique du Nord dans l'Antiquité, on doit se référer à l'ouvrage toujours essentiel de Jehan Desanges, *Catalogue des tribus africaines de l'antiquité classique à l'ouest du Nil*, Dakar, Université de Dakar, Publications de la section d'histoire, 1962. Sur les Berbères en général, sous les angles tant archéologique qu'ethnographique, il existe un bon ouvrage de synthèse, par Mickael Brett et Elizabeth Fentress, *The Berbers* (Malden, Blackwell Publishing, 1996), à compléter par la lecture des essais réunis par Dominique Valérian, *Islamisation et arabisation de l'Occident musulman médiéval (VIIe-XIIe siècle)* (Paris, Publications de la Sorbonne, 2011). Gabriel Camps, « Comment la Berbérie est devenue le Maghreb arabe » (*Revue de l'Occident musulman et de la Méditerranée*, 35, 1983, p. 7-24), fait la part belle aux transformations identitaires des sociétés berbères ; c'est cette voie que j'ai suivie dans ce chapitre. Mes réflexions sur les Berbères et la spécialisation chamelière de certains groupes sont pareillement inspirées de Gabriel Camps, *Les Berbères. Mémoire et identité*, Arles, Actes Sud, 2007, 1re éd. 1980. Davantage centré sur le Sahara : Tadeusz Lewicki, « Les origines de l'islam dans les tribus berbères du Sahara occidental : Mūsā ibn Nuṣayr et 'Ubayd Allāh ibn al-Ḥabḥāb », *Studia Islamica*, 32, 1970, p. 203-214. Au sujet du rôle des Berbères à l'interface avec le Sahel, voir Nehemia Levtzion, « Berber Nomads and Sudanese States. The Historiography of the Desert-Sahel Interface », dans le recueil d'articles du même, *Islam in West Africa. Religion, Society and Politics to 1800*, Londres, Variorum, 1994, item X. Sur l'imamat de Tahert, voir T. Lewicki, « L'État nord-africain de Tāhert et ses relations avec le Soudan occidental à la fin du VIIIe et au IXe siècle », *Cahiers d'études africaines*, 2 (8), 1962, p. 513-535 ; et sur le site de Sedrata, voir Cyrille Aillet, Patrice Cressier, Sophie Gilotte (dir.), *Sedrata. Histoire et archéologie d'un carrefour du Sahara médiéval à la lumière des archives inédites de Marguerite van Berchem*, Madrid, Casa de Velázquez, 2017. Au sujet du commerce transsaharien avant l'époque islamique, il existe autant d'articles postulant son existence que d'articles dénonçant le mythe de son existence. La thèse la mieux informée plaide en faveur de l'inexistence d'un commerce régulier durant toute l'Antiquité, sans cependant exclure des contacts épisodiques.

Voir en particulier, pour leur valeur historiographique, les articles de John Swanson, « The Myth of Trans-Saharan Trade during the Roman Era », *The International Journal of African Historical Studies*, 8 (4), 1975, p. 582-600 ; Claude Cahen, « L'or du Soudan avant les Almoravides : mythe ou réalité ? », dans Jean Devisse *et al.* (dir.), *Le Sol, la Parole et l'Écrit. Mélanges en hommage à Raymond Mauny*, Paris, Société française d'histoire d'Outre-Mer, 1981, vol. 2, p. 539-545 ; Sonja Magnavita, « Initial Encounters. Seeking Traces of Ancient Trade Connections between West Africa and the Wider World », *Afriques*, 4, 2013 [en ligne]. La question de l'introduction du dromadaire en Afrique est résumée par Roger M. Blench, « African Minor Livestock Species », dans R. M. Blench, Kevin C. MacDonald (dir.), *The Origins and Development of African Livestock*, Londres, Routledge, 2000, p. 315-317.

Chapitre 6

Pour quarante-deux mille dinars

Awdaghust (Mauritanie actuelle), milieu du xᵉ siècle

Ibn Hawqal n'a peut-être pas menti. Le géographe persan (écrivant en arabe) à qui l'on doit un *Livre des Pays et des Royaumes* (*Kitāb al-Masālik wa'l-mamālik*) fondé sur son expérience de voyageur, et dont la dernière retouche date de 988, affirme avoir vu naguère, à Awdaghust, un chèque d'un montant de 42 000 dinars. On sait qu'il était à Sijilmâsa (→ 17) en 951 ; il a donc pu se trouver en 952/953 à Awdaghust, où il dit avoir assisté à l'installation d'un *minbar* (une chaire à l'usage du prédicateur) à l'intérieur de la mosquée de la ville. À tout le moins, vrai souvenir ou embellissement, cette anecdote nous apprend ce que sont les terminaux du commerce transsaharien dans la partie occidentale du Sahara au xᵉ siècle.

C'est un siècle seulement avant l'anecdote du chèque faramineux que l'on rencontre la plus ancienne mention d'Awdaghust : on l'atteint déjà depuis Sijilmâsa dans le sud-est du Maroc actuel, après cinquante jours de marche, près de 2 000 kilomètres. Awdaghust est une oasis dont la population vit alors « sans religion », ce qui signifie simplement, en l'occurrence, qu'elle n'est pas musulmane, et fait des razzias chez les *Sûdân*, ce qui signifie qu'elle-même n'est pas noire. S'il faut en juger par la situation qui prévaut au temps d'Ibn Hawqal, les habitants de cette oasis étaient, comme ceux des environs, des Sanhâja, l'une des grandes confédérations de nomades berbères. On peut conjecturer qu'alors ils sont devenus musulmans, puisqu'on a bâti une mosquée. On connaît même le nom du roi dans les années 960, un certain Tî-n-Yarûtân, qui se flattait de régner sur un pays long de deux mois de marche en tous sens, de commander une armée de cent mille chameaux et d'avoir vingt royaumes noirs qui lui payaient tribut. Ibn Hawqal précise que ce même homme, d'une famille à qui le pouvoir revient depuis toujours, est le roi de tous les Sanhâja, peuple de trois cent mille tentes. Qui sont les habitants de cette oasis en bordure méridionale du Sahara ? Une vieille population mêlée ? Un isolat de Berbères sédentaires ayant, ou pas, délogé des Noirs autochtones ? La capitale d'une vaste population nomade ayant troqué son système traditionnel de confédération tribale pour celui de royaume héréditaire ? Un récent point de fixation ? On ne sait. La résolution de nos sources n'est pas assez bonne et les événements de toute façon trop changeants : trois quarts de siècle après Ibn Hawqal, les habitants de la ville ne sont déjà plus les mêmes. Juste au moment où ils subissent, en 1054 ou 1055, les débordements fanatiques du mouvement almoravide, nous apprenons qu'ils sont dorénavant des Zanâta, l'autre grand groupement de Berbères nomades, et des Arabes. Les déprédations avaient été commises au prétexte que la ville était passée sous la domination d'un royaume des Sûdân, situé à dix jours de là, le Ghâna. Awdaghust se relève mais désormais vivotera.

On pense avoir identifié le site d'Awdaghust avec le *ksar* ou village fortifié de Tegdaoust dans le Hodh mauritanien, région de transition entre le désert et la savane sahélienne. Là, des fouilles ont eu lieu de 1960 à 1976 sous la direction de Denise et Serge Robert et de Jean Devisse. Les données topographiques, les résultats de la fouille sont compatibles avec cette identification. Le site, à l'allure d'un tertre de ruines d'une douzaine d'hectares que semble avoir naguère enserré un oued aujourd'hui désespérément sec, présente une occupation continue du IXe au XIVe siècle. Les niveaux correspondant à la période de notre documentation écrite ont livré une ville avec un réseau de ruelles, parfois flanquées de banquettes, un habitat construit en pains de terre séchés (le banco) ou en pierres, selon les phases d'occupation, des murs où subsistent encore les traces d'un crépi blanc et rouge. La mosquée présente un mihrab, la niche murale qui indique aux fidèles la direction de La Mecque, orienté au sud-sud-est, au lieu de ce qui devrait être l'est à cette latitude ; une aberration apparente qui signale probablement l'origine nord-africaine des premiers fidèles. Les maisons, d'ailleurs, dont les pièces se distribuent autour d'une cour où est parfois creusé un puits, sont de plan méditerranéen. Quant à la céramique importée, une poterie de petit module à engobe blanc ou à glaçure verte, et surtout des centaines de lampes à huile, elle a été produite au Maghreb. Des déneraux, jetons de verre au poids des monnaies arabes, indiquent qu'ici on achetait et on vendait.

Quelques siècles d'occupation attestés par l'archéologie, peut-être même pas deux siècles de grande prospérité vantée par les sources écrites, ont laissé des restes abondants à la terminaison sud du principal axe transsaharien de l'époque. Mais rien n'est plus à même de ressusciter l'image des jardins de dattiers, des figuiers, des vignes d'Awdaghust, des pâtisseries au miel préparées par d'excellentes esclaves noires, ou des jeunes filles blanches

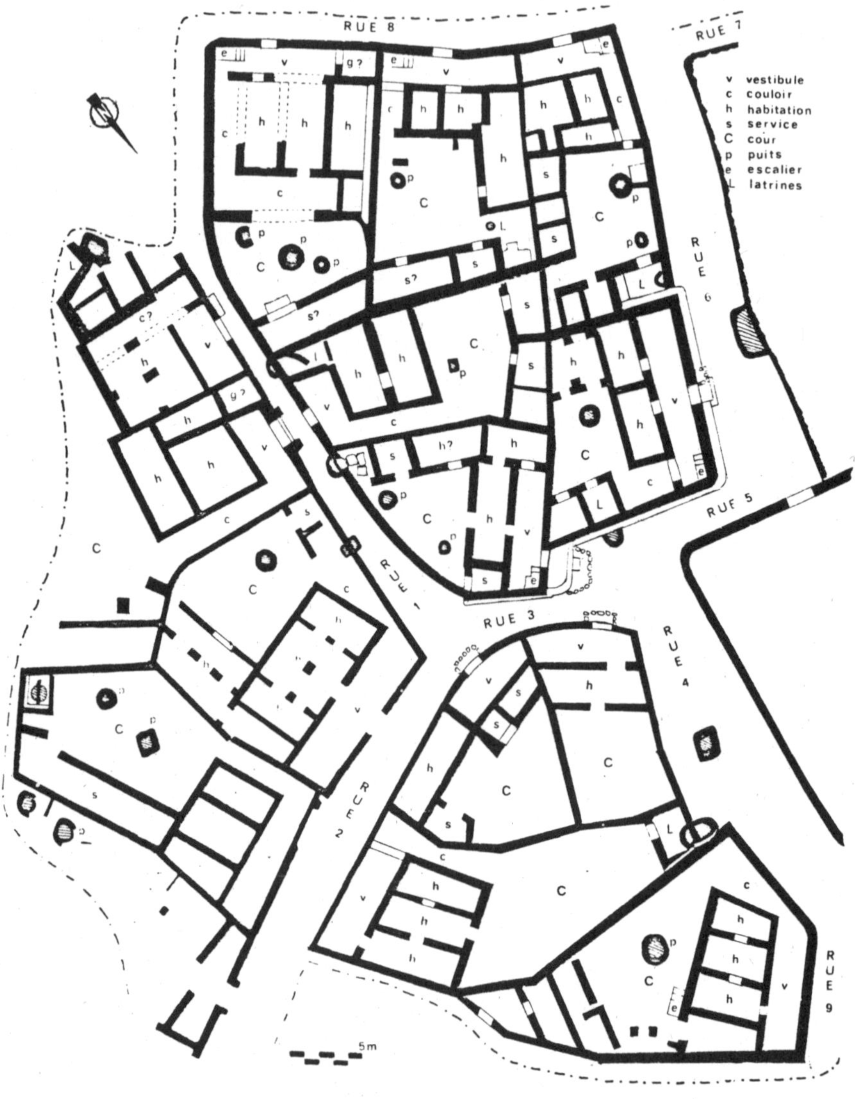

Le quartier oriental de Tegdaoust après sa mise au jour par plusieurs campagnes de fouilles. Ce relevé est celui du niveau III, datant du xe siècle. On voit très nettement un réseau de rues serpentant entre des groupes de « concessions » qui forment des unités d'habitations centrées sur des cours.

aux seins fermes, sans doute également esclaves, dont la simple évocation émouvait al-Bakrî au XIe siècle, que le souvenir du chèque de 42 000 dinars. Nous en connaissons l'émetteur, Muhammad ibn Alî Sadûn, d'Awdaghust, et le récipiendaire, Abû Ishâq Ibrâhîm ibn Abd Allâh, de Sijilmâsa. C'est un chèque, ou avec moins d'anachronisme, une lettre de change ou une reconnaissance de dette (*ṣakk*, terme arabe qui a peut-être justement donné « chèque »), d'un montant extraordinaire, ainsi que le dit Ibn Hawqal, qui avait relaté l'anecdote à des marchands incrédules d'Irak et de Perse.

Pourquoi un tel montant ? Qu'il témoigne de ce que le commerce entre les deux villes est à la fois lucratif et basé sur un niveau élevé de confiance, c'est indiscutable. Mais qu'implique-t-il exactement ? Une telle somme correspond sans doute davantage au remboursement d'une mise de fonds qu'à celui d'un achat de biens ; en tout cas, l'investissement a dû être fait à Awdaghust, et si le chèque est payable en numéraire à Sijilmâsa, il implique l'existence d'une compagnie ou d'une maison de crédit aux assises financières solides. Plus probablement le chèque est-il payable à l'arrivée de la caravane, sur les ventes réalisées des marchandises embarquées à Awdaghust. Nous savons qu'Awdaghust vend du sel aux royaumes du Sud, qui en constituent des réserves ; les esclaves font le trajet inverse. C'est à la mine d'Awlîl, à un mois de marche, sur la côte, que l'on se procure alors le sel nécessaire à cette première transaction. Comment paie-t-on ? On ne sait. Mais les coûts de cet investissement sont sans doute compensés par la revente, au nord, d'autres produits, comme l'ambre gris, réputé sur les rives indo-océaniennes (→ 2) mais présent aussi sur la côte atlantique.

Il reste qu'on ne s'expliquerait pas le montant du chèque s'il ne correspondait qu'à une avance de trésorerie permettant d'acheter les marchandises ensuite revendues, même avec les retours sur investissement de 100 % qui semblent avoir été pratiqués. Les sources écrites nous disent qu'Awdaghust importe (depuis le Nord) du cuivre et exporte (en direction du Nord) de l'or. Le corollaire évident est que l'or est importé du Sud où il est vendu contre du cuivre. Mais l'archéologie permet de comprendre qu'il ne s'agit pas là d'un simple échange de métaux bruts ; la fouille a en effet révélé les traces d'une activité de transformation et de manufacture. Outre les cuivres travaillés qu'on importe, le cuivre arrive des mines du Maroc sous forme de tiges ou lingots que l'on a retrouvés à la fouille. Des dinandiers en font peut-être une vaisselle de luxe ou des parures exportées vers le Sud. Là, l'or est acheté en poudre, cette même poudre qui sert, nous dit-on, à régler les menus achats sur le marché d'Awdaghust. Mais ce n'est pas sous cette forme qu'il est réexporté : on coule en effet des lingots, qui seront refondus à Sijilmâsa pour y être battus en monnaie. La fouille a d'ailleurs livré des lingotières, encore que ces objets aient également pu servir à couler du verre. De l'or on tire du filigrane qui servira en bijouterie. Des orfèvres coulent aussi sur place des boucles, des broches et des anneaux en alliage de cuivre ; on a des fragments de bijoux ainsi que des creusets et des moules. À côté des peaux d'oryx dont on fait des boucliers réputés dans tout le Sahara et le Maghreb, de la céramique et de la verrerie locales, des perles de coquillages et de coquille d'œufs d'autruche, qui illustrent l'existence d'un véritable « centre d'artisanat », Awdaghust est aussi, déjà, un centre « industriel » qui bénéficie de sa situation privilégiée d'entrepôt et de port commercial. C'est cette réalité, nécessitant de lourds investissements, qui expliquent peut-être le montant du chèque vu par Ibn Hawqal.

Note

La version de ce chapitre publiée en 2013 émettait des doutes sur l'authenticité du souvenir d'Ibn Hawqal. Je suivais alors l'avis de Nehemia Levtzion, « Ibn Ḥawqal, the Cheque, and Awdaghost », *Journal of African History*, 9, 1968, p. 223-233 ; je me suis, depuis, rangé à celui de Jean-Charles Ducène, « Philologie arabe », *Annuaire de l'École pratique des hautes études, section des sciences historiques et philologiques. Résumés des conférences et travaux*, 150, 2019 (cours de l'année 2017-2018), p. 45-55, qui apporte des précisions nouvelles et probantes sur ce point (p. 54-55). L'ouvrage d'Ibn Hawqal existe en français : *La Configuration de la terre*, édition et traduction par Johannes Hendrik Kramers et Gaston Wiet, Paris, Maisonneuve et Larose, 1964-1965, 2 vol. ; réédition en fac-similé chez le même éditeur, en 2001, avec une préface d'André Miquel. Les extraits évoqués ici sont repris par Joseph Cuoq, *Recueil des sources arabes*, Paris, Éditions du CNRS, 1985. L'hypothèse de l'identification d'Awdaghust avec Tegdaoust fut d'abord posée par le lieutenant Boëry, « Le Rkiss (Mauritanie). Essai de monographie locale », *Bulletin du Comité d'études historiques et scientifiques de l'Afrique occidentale française*, X, 1927, p. 353-367, avant d'être reprise et développée par Raymond Mauny, « Les ruines de Tegdaoust et la question d'Aoudaghost », *Notes africaines*, X, 48, 1950, p. 107-109. Les campagnes archéologiques à Tegdaoust ont donné lieu à la publication de plusieurs volumes : Denise Robert, Serge Robert, Jean Devisse (dir.), *Tegdaoust I. Recherches sur Aoudaghost*, Paris, Recherche sur les civilisations, 1970 ; Claudette Vanacker, *Tegdaoust II. Fouille d'un quartier artisanal*, Nouakchott, Recherche sur les civilisations, 1979 ; J. Devisse (dir.), *Tegdaoust III. Recherches sur Aoudaghost. Campagnes 1960-1965. Enquêtes générales*, Paris,

Recherche sur les civilisations, 1983 ; Jean Polet, *Tegdaoust IV. Fouille d'un quartier de Tegdaoust (Mauritanie orientale)*, Paris, Institut mauritanien de recherche scientifique, 1985 ; D. Robert-Chaleix, *Tegdaoust V. Une concession médiévale à Tegdaoust*, Paris, Recherche sur les civilisations, 1989. Deux très bonnes synthèses sur l'état des fouilles en 1970, fournissant un état des lieux fiable (puisque seule une campagne, en 1976, eut lieu après leur parution) sont celles fournies respectivement par Denise Robert, « Les fouilles de Tegdaoust », *Journal of African History*, XI (4), 1970, p. 471-493, et Serge Robert, « Fouilles archéologiques sur le site présumé d'Aoudaghost (1961-1968) », *Folia Orientalia*, XII, 1970, p. 261-278. Ce dernier article constitue un rappel de l'historique de la mission et des contraintes logistiques qui s'exercent sur un tel terrain. D. Robert-Chaleix a par ailleurs livré une étude descriptive et typologique des lampes à huile, dans « Lampes à huile importées découvertes à Tegdaoust : premier essai de classification », *Journal des africanistes*, 53 (1-2), 1983, p. 61-91. Raymond Mauny, « Notes d'archéologie sur Tombouctou », *Bulletin de l'Institut français d'Afrique noire*, XIV (3), 1952, p. 899-918 (ici p. 903, note 1), indique que la *qibla* des mosquées anciennes du Maghreb est généralement réglée sur celle de la mosquée de Kairouan, dont le mihrab est orienté à 115 degrés par rapport au nord géographique. Une étude sur l'histoire du peuplement historique de la zone à partir du cas de Tegdaoust est donnée par Ann McDougall, « The View from Awdaghust: War, Trade and Social Change in the Southwestern Sahara, from the Eighth to the Fifteenth Century », *Journal of African History*, 26 (1), 1985, p. 1-31.

Chapitre 7

Une ville faite de deux villes : la capitale du Ghâna

Région de l'Aouker (Mauritanie actuelle), vers 1068

Il faut rappeler pour commencer, afin de lever toute ambiguïté, que le Ghâna du Moyen Âge n'est pas le pays du même nom, république du Ghana, pays situé entre Côte d'Ivoire et Togo, qui lui a seulement emprunté son nom au temps des indépendances, d'une manière tenant à la fois de la captation de prestige et de l'hommage. Il est même possible, d'ailleurs, que toute l'histoire du Ghâna et de ses avatars ne soit que celle d'un nom, rai de lumière qui depuis sa première apparition désigne et surexpose une formation politique du Sahel dont on sait au reste assez peu de choses. Si ce n'est, au témoignage d'al-Bakrî, que Ghâna fut d'abord, avant d'être le nom de la ville capitale, puis celui du royaume, le titre que portait le souverain du pays, dont le nom lui-même serait Awkâr.

Abû Ubayd al-Bakrî aurait pu succéder à son père, unique souverain d'une modeste principauté islamique de Huelva-et-Saltès, sur la côte atlantique de la péninsule Ibérique. Mais outre que la carrière politique en al-Andalus était, au XIe siècle, incertaine, al-Bakrî eut la bonne idée de se faire connaître, depuis son asile de Cordoue, comme le plus éminent géographe de son temps, en même temps qu'il acquit une réputation de philologue, de buveur et de collectionneur de livres. C'est à cet homme, érudit et jouisseur, qui n'avait probablement jamais voyagé au-delà de son Ibérie natale mais qui avait accès aux archives officielles et à des écrits antérieurs perdus depuis, que l'on doit, parmi les pages de son *Livre des itinéraires et des États* relatives aux itinéraires suivis par les marchands en Afrique sahélienne, la description, magnifique et isolée, de ce que, par suite de contresens et d'approximations, on n'a cessé d'appeler Ghâna, et dans lequel on voit le premier moment d'une histoire glorieuse des royaumes africains. C'est du reste pour cette raison même que la colonie britannique de Gold Coast, accédant à l'indépendance en 1957, lui emprunta son nom.

Le Ghâna n'était ni le premier royaume africain un peu significatif, ni même le seul, ni peut-être même le plus important de son temps ; mais voilà, il fut décrit par al-Bakrî, auteur toujours précis et qui n'éprouve pas le besoin de convaincre son lecteur que les Africains sont des êtres inférieurs. Il nous dit que le roi actuel (nous sommes vers 1068) est un certain Tankâminîn ; il règne depuis 1062, date à laquelle il a succédé à son oncle maternel. Un tel mode de succession avait de quoi surprendre un auteur arabe : la filiation utérine n'existe en effet nulle part en Afrique du Nord, sauf chez un groupe berbère atypique, les Touaregs, mais elle est commune en Afrique subsaharienne. C'est ce roi qui exporte de l'or vers les pays d'Islam et prélève un droit sur les charges de sel et de cuivre qui entrent dans son pays. Il a un palais et des habitations entourés d'un mur de ceinture. On veut traduire par « huttes » en français la mention de ces maisons à toiture en forme de dôme, laissant parfois imaginer des habitations de torchis sur clayonnage. Mais le texte parle explicitement d'une architecture de pierre et de bois. On voit de semblables habitations tout autour de l'enclos royal, de même que des bosquets et des bois. C'est dans ces lieux interdits aux visiteurs qu'officient les prêtres qui veillent à la religion locale, qu'al-Bakrî appelle « religion des mages » (*madjūsīya*), que la science coloniale aurait appelée « animisme ». Là se trouvent les tombeaux des rois ainsi que les « idoles », selon un terme (*dakākīr*) qui désigne sans doute des statues de bois ou de terre cuite des anciens souverains, auxquelles sont rendus sacrifices et libations de boissons fermentées. L'informateur d'al-Bakrî est un ethnologue de talent, qui de surcroît a laissé son témoignage entre les meilleures mains possibles : nous reconnaissons à sa description un univers familier, celui d'un culte rendu aux ancêtres, déités favorables ou mécontentes, tutelles des familles ou des lignées, abritées dans des bosquets sacrés, et qu'il faut se ménager par des offrandes régulières et appropriées.

Il y a près de l'enclos royal, dit encore al-Bakrî, une salle à coupole, autour de laquelle sont tenus dix chevaux couverts de tissus brodés d'or ; devant l'entrée se tiennent des chiens portant des colliers d'or et d'argent. Les épées et boucliers de cérémonie tenus par les pages derrière le roi sont en or, tandis que l'or est également tressé dans la chevelure des fils de familles princières, à sa droite. Par terre sont assis les ministres et le gouverneur de la ville. Le tambour annonce l'ouverture de la séance. Les requérants se prosternent et jettent la poussière du sol sur leurs épaules. L'audience royale peut commencer ; elle a pour fin de réparer l'injustice que font subir à ses sujets les officiers du roi.

Dans le nom arabe d'Awkâr on reconnaît sans peine l'Aouker, une région naturelle du sud de la Mauritanie actuelle. Il est possible que le pays de Tankâminîn n'ait pas eu d'autre nom que celui-ci. D'ailleurs, faut-il forcément qu'un royaume porte un nom lorsque vous avez déjà un titre dynastique, des familles princières qui admettent votre légitimité, des sujets auxquels s'étend votre justice ? À ces conditions, le nom d'une région, comme d'ailleurs le titre du souverain, peut très bien devenir, par synecdoque, celui du royaume tout entier ; il suffit qu'un visiteur étranger en ait une fois éprouvé le besoin. Mais supposons aussi bien que c'est là le vrai nom du royaume, qui se serait conservé dans la toponymie locale. Aouker est aujourd'hui le nom local d'un grand erg, une étendue sableuse, à peu près vide d'hommes. La région n'est cependant pas complètement stérile ; la nappe d'eau souterraine n'y coule qu'à quelques mètres sous terre et favorise occasionnellement l'apparition soudaine de vastes pâturages. Ces sables sont vivants et ont pu progresser vers le sud au cours du dernier millénaire.

On assure que le site de Kumbi Saleh, sur le seuil méridional de l'Aouker, dans la région du Wagadou, au milieu d'une cuvette fermée par des massifs de dunes fixes, est la capitale du Ghâna d'al-Bakrî. Nous sommes ici à la lisière écologique du domaine sédentaire : une grande mare y apparaît parfois à la saison des pluies ; le premier village d'agriculteurs est à quelques kilomètres seulement en direction du sud. Depuis un siècle, plusieurs repérages et campagnes de fouilles y ont eu lieu et ont livré des éléments d'architecture et de mobilier compatibles avec l'idée que l'on peut se faire d'une ville du Sahel à cette période du Moyen Âge : le tertre archéologique, d'une circonférence de près de quatre kilomètres pour une épaisseur de sept à huit mètres, livre des places, des rues, des îlots carrés bâtis en dallettes de schiste, une grande mosquée ; on trouve dans le mobilier importé, quoiqu'en petite quantité, de la céramique à glaçure, des dénéraux, des perles.

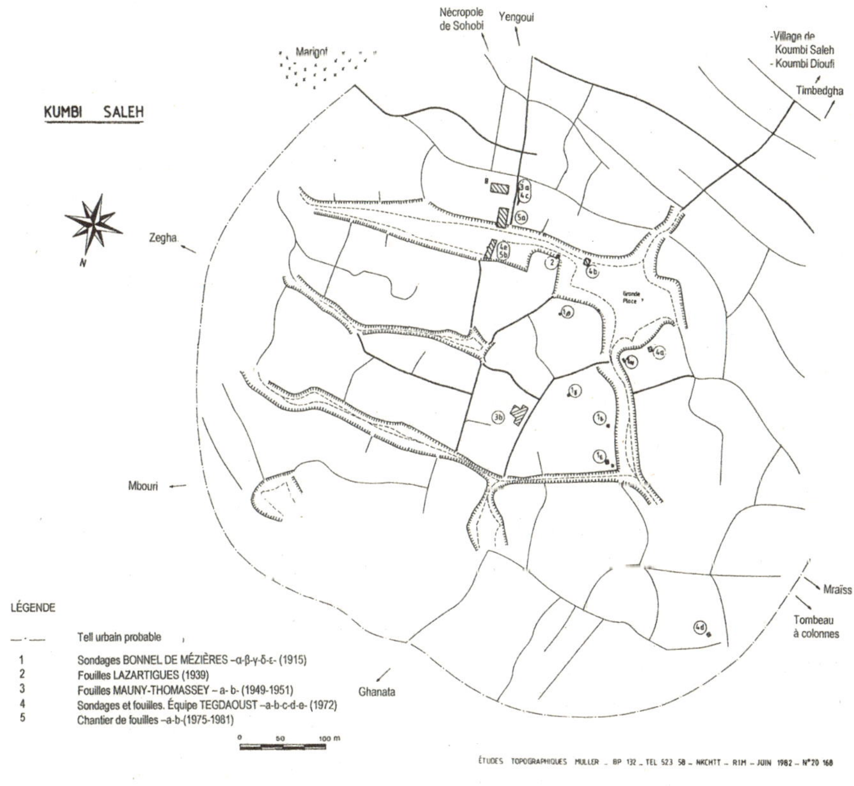

Relevé du tell archéologique de Kumbi Saleh et localisation des secteurs fouillés. Seule une infime partie du site, certainement le plus impressionnant site urbain d'Afrique subsaharienne, a été fouillée.

Cette convergence entre sources écrites et archéologiques suffirait n'importe où ailleurs à décider que le site découvert sur le terrain est bien celui de la capitale mentionnée dans les textes. Mais, bien que Kumbi Saleh soit sans conteste le plus extraordinaire des sites d'Afrique de l'Ouest, ce n'est pas si simple. Al-Bakrî précise que la ville de Ghâna se compose de deux localités séparées de six milles (soit une douzaine de kilomètres), la première habitée par les musulmans, entendons les marchands arabes ou berbères, la seconde étant celle où réside le roi. Cette dernière, on l'a vu, a peut-être l'apparence d'un regroupement assez lâche d'habitations de pierre et de bois d'acacia autour de l'enclos royal où se dressent le palais et ses dépendances, maisons d'habitation et cours. On compte aussi dans le voisinage, outre la salle d'audience, une mosquée destinée aux besoins liturgiques des musulmans venus en relation d'échange ou en représentation. Car ces marchands résident dans l'autre ville, comptant douze mosquées, ce qui n'est pas rien et dénote probablement un ensemble compact de plusieurs centaines d'habitations, le tout entouré de puits et de jardins où sont cultivés des légumes, ce qui veut dire que l'on irrigue. Entre ces deux pôles, existe, dit al-Bakrî, un semis de villages, signe que si le site est bien celui que l'on veut, le désert l'a envahi, ou plutôt l'homme a laissé le désert l'envahir. Car ni les prospections ni la photographie aérienne n'ont permis, sorti de la muraille de terre qui enceint la zone archéologique, de repérer la moindre structure un peu significative dans un rayon de plusieurs kilomètres.

Deux villes en une, dit al-Bakrî. Il y aurait d'autres exemples semblables, dès la même époque, sur le fleuve Sénégal comme sur le fleuve Niger : la ville islamique

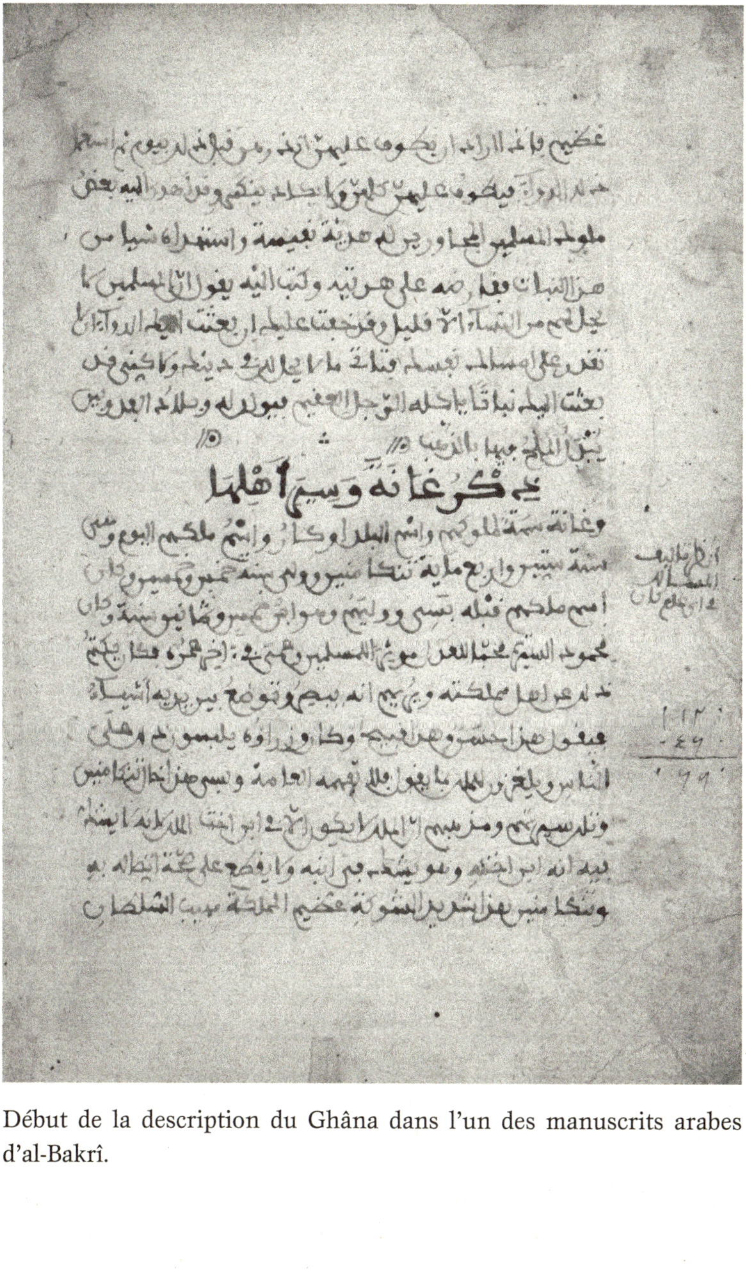

Début de la description du Ghâna dans l'un des manuscrits arabes d'al-Bakrî.

et la ville africaine, assez distantes pour ne pas se corrompre mutuellement, mais assez proches pour voir mise en œuvre une authentique articulation commerciale. Mais n'est-ce pas l'angle d'observation qui impose cette dualité peut-être à son tour un peu réductrice ? Installés, peut-être plutôt confinés à l'écart, les marchands et les clercs de la ville islamique sont sans doute enclins à aborder la ville royale africaine comme l'*autre* pôle d'un dispositif de relations d'échanges et de dépendance mutuelle réduit aux élites. Dans cette logique forcément duale de relation économique, ils restent du même coup aveugles aux autres aspects de la ville. Or, la ville de Ghâna est peut-être bien un espace multipolaire constitué en réalité d'un tissu villageois, lui-même composite, du quartier royal formé d'une variété d'espaces domestiques, religieux et protocolaires, d'un pôle de résidence et de commerce, et sans doute aussi d'autres espaces, d'artisanat, de garnison, des lieux à vocation funéraire ou de dévotion, et puis, comme dans toute agglomération, des quartiers à l'abandon, des friches, des secteurs en cours de transformation. La ville, c'est peut-être cela, cet ensemble éclaté de « quartiers » ou de « villages » aux fonctions distinctes, fait de vides plus que de pleins, un espace de circulation nécessaire plus que de fortes densités d'habitat, qui fait hésiter le visiteur arabe, et nous plus encore, devant ce qu'il convient ou non d'enclore dans l'appellation « ville ». Avec Kumbi Saleh, d'une exceptionnelle puissance sous l'aspect de la stratigraphie, étonnamment dense et étendu sous l'aspect de l'urbain, on a sans aucun doute un site majeur, qui n'est vraisemblablement pas sans lien avec la Ghâna d'al-Bakrî, – sinon avec quoi d'autre ? Mais où étaient les jardins de la ville, où étaient les villages alentour, où était le quartier royal, la nécropole des souverains, le bosquet où au secret les prêtres servaient les ancêtres ? Cela seul, de cette texture invisible, permettrait d'appréhender les relations entre les secteurs, bref la cartographie d'une ville qui fait corps avec son paysage. Cette cartographie, si elle correspondit jamais à une réalité autre qu'idéale ou sentimentale, fut sans doute en large part immatérielle et en tout cas, parce qu'implantée aux marges du désert, désespérée. S'il fallait recommencer, un jour, la quête de Ghâna, il ne faudrait pas d'abord fouiller, mais se promener.

Avant que la tradition historiographique ne jette son dévolu sur Kumbi Saleh, Albert Bonnel de Mézières, aventurier, explorateur, administrateur colonial, avait arpenté la région. Il ne l'avait certes pas fait de façon systématique ni avec le renfort de l'équipement sophistiqué dont nous disposons aujourd'hui. Et pourtant, ces visites lui avaient permis de découvrir, dans un rayon de quelques jours autour de Kumbi Saleh, une dizaine de sites anciens où, presque autant de fois, toujours avec la même bonne foi et le même enthousiasme, il avait cru découvrir Ghâna.

Note

J'ai utilisé la notice « Abū ᶜUbayd al-Bakrī », due à Évariste Lévi-Provençal, dans l'*Encyclopédie de l'Islam* (2e édition). Pour un point récent sur l'importance historiographique d'al-Bakrî, on peut également se référer à Emmanuelle Tixier, « Bakrî et le Maghreb », dans Dominique Valérian (dir.), *Islamisation et arabisation de l'Occident musulman médiéval (VIIe-XIIe siècle)*, Paris, Publications de la Sorbonne, 2011, p. 369-384. La description de la ville faite dans ce chapitre est paraphrasée sur le texte publié par Joseph Cuoq, *Recueil des sources arabes* (Paris, Éditions du CNRS, 1985), parfois modifié d'après la traduction anglaise donnée par

Nehemia Levtzion et John F. P. Hopkins (dir.), *Corpus of Early Arabic Sources for West African History* (Princeton, Markus Wiener, 2000, 1re éd. 1981). Le terme *dakâkîr* (singulier *dakkûr*) n'est pas arabe mais appartient plus peut-être à une langue du Sahel ; il est employé dans une autre occurrence par al-Bakrî dans le sens d'idole (*ṣanam*). Une tentative d'interprétation à trois voix des itinéraires ouest-africains d'al-Bakrî a été faite par John O. Hunwick, Claude Meillassoux et Jean-Louis Triaud, « La géographie du Soudan d'après al-Bakri. Trois lectures », dans Jean Devisse *et al.* (dir.), *Le Sol, la Parole et l'Écrit. Mélanges en hommage à Raymond Mauny*, Paris, Société française d'histoire d'Outre-Mer, 1981, vol. 1, p. 401-428 ; les trois auteurs ont pour point commun d'accepter l'identification de la Ghâna d'al-Bakrî avec Kumbi Saleh, ce qui oriente quelque peu la lecture du texte. À cet égard, une voix discordante et bienvenue est celle de Vincent Monteil, qui dans son édition remarquablement commentée du texte, « Al-Bakrî (Cordoue 1068). Routier de l'Afrique blanche et noire du Nord-Ouest », *Bulletin de l'Institut fondamental d'Afrique Noire*, tome XXX, série B, n° 1, 1968, p. 39-116, pose la question (p. 111) : « Si Koumbi-Sâleh est bien cette ville [de Ghâna décrite par al-Bakrî], que sont devenues les ruines des onze autres mosquées [que signalent l'auteur] ? » Il faut cependant préciser que seule une toute petite proportion du site a été fouillée et qu'il reste donc peut-être plusieurs mosquées à découvrir. J.-L. Triaud a livré une étude de la construction historiographique du Ghâna depuis le Moyen Âge jusqu'à la décolonisation : « Le nom de Ghana. Mémoire en exil, mémoire importée, mémoire appropriée », dans J.-P. Chrétien, J.-L. Triaud (dir.), *Histoire d'Afrique. Les enjeux de mémoire*, Paris, Karthala, 1999, p. 235-280. La région où se trouve le site de Kumbi Saleh est très bien décrite par Jean Devisse et Boubacar Diallo, « Le seuil du Wagadu », *Vallées du Niger*, Paris, Réunion des musées nationaux, 1993, p. 103-115. Une note rédigée d'après un télégramme de Bonnel de Mézières fait état de nombreuses découvertes effectuées par lui dans cette région en 1914 : [Albert Bonnel de Mézières], « Notes sur les récentes découvertes de M. Bonnel de Mézières, d'après un télégramme officiel adressé par lui, le 23 mars 1914, à M. le gouverneur Clozel », *Comptes rendus de l'Académie des inscriptions et belles-lettres*, 58 (3), 1914, p. 253-257. Les fouilles réalisées à Kumbi Saleh n'ont pas été complètement publiées ; on se reportera, en dernier lieu, à Sophie Berthier, *Recherches archéologiques sur la capitale de l'empire de Ghana. Étude d'un secteur d'habitat à Koumbi Saleh, Mauritanie. Campagnes II-III-IV-V, (1975-1976 - 1980-1981)*, Oxford, Archaeopress, 1997. Signalons aussi l'heureuse initiative de la revue *Afrique. Archéologie et arts* de publier le rapport resté inédit de D. Robert-Chaleix, S. Robert, B. Saison, « Bilan en 1977 des recherches archéologiques à Tegdaoust et Kumbi Saleh (Mauritanie) », dans son numéro 3, 2004-2005, p. 23-48. Le même numéro de cette revue livre plusieurs autres articles constituant des études de structures ou de mobilier découverts à Kumbi Saleh.

Chapitre 8

Ghâna, cent ans après

Rives d'un fleuve du Sahel, entre 1116 et 1154

Aux environs de 1154, date à laquelle il entame la réalisation de sa célèbre carte du monde habité que lui a commandée le souverain normand Roger II de Sicile, le géographe arabe al-Idrîsî décrit « la plus grande des cités des Sûdân », c'est-à-dire des Noirs, « la plus peuplée et la plus commerçante ». « Là, écrit-il, se rendent d'opulents commerçants de tous les pays environnants et de tous les pays du Maghreb al-Aksâ », ce « Maghreb lointain » ou extrême occident de l'Islam et du monde habité qu'est le Maroc. Le roi, écrit encore al-Idrîsî, y possède un palais, « solidement bâti et d'une construction soignée, [dont] l'intérieur est orné de diverses sculptures ou peintures, de petites garnitures en verre ». La construction de ce palais date, nous dit-il, de 510 de l'hégire, c'est-à-dire 1116-1117, ce qui fournit le *terminus post quem* des informations qu'il relate. Quant à savoir de qui al-Idrîsî tient ses informations, la réponse est probablement celle-ci : des Maghrébins qui commercent de part et d'autre du Sahara. Ceux-là, à en croire l'auteur, « connaissent tous et fort bien que le roi possède dans son château un bloc d'or pesant trente livres ; c'est une pépite d'or, telle qu'elle a été créée par Dieu, ni fondue en lingot au feu ni travaillée avec un instrument ; on y a cependant pratiqué un trou et on y attache le cheval du roi. C'est vraiment une des choses curieuses que l'on ne trouve pas ailleurs et dont il n'est permis à personne de faire usage à l'exception du roi, qui s'en glorifie auprès des autres rois des Sûdân ».

Cette ville s'appelle Ghâna. Si elle est connue de tous les marchands d'Afrique du Nord, c'est sans doute parce qu'elle est, en ce milieu du XIIe siècle, la place sahélienne où s'effectuent les achats d'or en poudre. Le roi du lieu ne se dispense d'ailleurs pas des manifestations d'ostentation qui permettent de le faire savoir : l'anecdote du licou de la monture royale passé au travers d'une colossale pépite d'or n'est ni plus ni moins qu'une réclame à l'adresse des grands commerçants de l'Afrique du Nord. Le roi est richement paré de vêtements de soie, il fait porter les étendards pour ses sorties officielles, il défile derrière des girafes, des éléphants « et diverses bêtes sauvages ». L'ordonnancement est voulu : il se veut le témoignage de la domestication, de la civilisation d'une nature africaine nue, brutale et impulsive tant redoutée par les gens du Nord.

Ce roi, dont nous ne connaissons pas le nom, est musulman. Ce n'était pas le cas un siècle plus tôt (→ 7). Au prix de cette conversion, le royaume africain a su consolider la position dominante qu'il avait déjà acquise vers le milieu du siècle précédent, quand al-Bakrî décrivait avec force détails l'apparat d'un roi de religion traditionnelle, « païen » disait l'auteur andalou. Nous ne savons ni quand, ni par quel processus s'est faite la conversion ou (si le roi n'est pas de la même lignée que son prédécesseur) l'arrivée au pouvoir d'une lignée musulmane. Ni pourquoi. Peut-être est-ce par suite des troubles causés par l'essor du mouvement almoravide, ce courant musulman devenu juridisme et censure, dont on a longtemps cru qu'il avait rasé Ghâna et converti de force ses habitants. Ou bien est-ce par suite de la mise en exploitation de nouveaux gisements aurifères, ceux du Bouré, au Mali actuel. Mais on en mesure les aboutissants : la dynastie, comme toutes les dynasties, s'est choisi une nouvelle généalogie, réelle ou imaginaire. Le souverain d'il y a quelques décennies avait encore à son service des prêtres chargés d'assurer le culte des esprits des ancêtres ; celui d'aujourd'hui se donne pour lointain ascendant et figure de tutelle Ali ibn Abî Tâlib, cousin et gendre du Prophète. Cette adhésion nouvelle du roi de Ghâna à la foi musulmane, cette appartenance à la communauté des croyants, est une caution pour les marchands, la garantie de l'application, dans ces contrées lointaines, d'un droit commercial reconnu comme équitable. Le sultan, du reste, n'est-il pas réputé juste ? Deux fois par jour, au-devant de ses officiers, « il va par les rues de la ville, faisant le tour de la cité. Si quelqu'un a subi une injustice ou quelque malheur, il lui ordonne de s'approcher et il reste là avec lui jusqu'à ce que l'injustice soit réparée ». La description d'al-Idrîsî nous permet de mesurer l'évolution idéologique qu'a connue Ghâna au cours des quelques décennies écoulées depuis celle d'al-Bakrî.

Nous avons cependant un problème : la Ghâna du XIe siècle était située dans l'Aouker, l'extrême sud mauritanien, et l'on dispose d'un bon candidat archéologique, Kumbi Saleh, pour identifier cette capitale. Mais voilà : la Ghâna du XIIe siècle serait, d'après al-Idrîsî, située au bord d'un fleuve, à cheval sur les deux rives. Plusieurs détails donnent crédit à cette version : les habitants « ont des barques solidement construites pour pêcher ou se rendre d'une ville à l'autre », et le palais du sultan lui-même, précise al-Idrîsî, est bâti au bord du fleuve.

Au prétexte qu'al-Idrîsî est parfois peu fiable, certains congédient cette partie de sa description, tout en conservant celle qui concerne la conversion du royaume, ou du moins de son souverain, à l'islam. On cherchera donc les traces archéologiques de la ville d'al-Bakrî, mais on n'a jamais vraiment cherché celle d'al-Idrîsî. Il y a pourtant de très bonnes raisons de penser qu'elle a existé : elle est d'abord formée de deux villes, respectivement situées sur les deux rives du fleuve, comme celle de l'Aouker était formée de deux principales entités, la ville commerçante et la ville royale. Le fleuve aura ici favorisé et maintenu la bipolarité spatiale et culturelle de la capitale tout en rapprochant physiquement les communautés installées sur ses rives. Nous connaissons ensuite la date de construction du palais près du fleuve : elle est récente (au temps d'al-Idrîsî). À soi seul cet indice plaide pour une nouvelle fondation, acte royal ; autant dire pour une relocalisation de la capitale : à une ville nouvelle il aura fallu un nouveau palais. Appelons la ville d'al-Bakrî Ghâna I, celle d'al-Idrîsî, Ghâna II. Entre Ghâna I et Ghâna II, ce n'est tout compte fait qu'un glissement de quelques jours vers le sud, dans la zone de savane, qui aura emporté le nom du royaume dans le même mouvement. Il reste que ce mouvement soulève plusieurs séries de questions : au bord de quel fleuve – le Sénégal ou le Niger – et dans quels parages exactement que n'auraient pas prospectés les archéologues – est située la seconde Ghâna ? Et qu'est devenue la première ? Sous quel nom a-t-elle survécu qu'auraient peut-être conservé les sources écrites sans nous avertir de son statut d'ancienne capitale ? Et, plus important : qu'est-ce qui s'est exactement transporté entre l'une et l'autre capitale : un siège royal et des officiers ? Toute une population ? Le titre seulement de souverain de Ghâna qu'un vassal riverain d'un fleuve aurait conquis sur un suzerain affaibli ? Seule certitude, qu'a retenue al-Idrîsî et avec lui les commerçants maghrébins : dans l'ombre de la protection royale se trouve toujours le grand marché du Pays des Noirs.

Note

Les extraits du texte d'al-Idrîsî sont tirés de Joseph Cuoq, *Recueil des sources arabes* (Paris, Éditions du CNRS, 1985), p. 133-134. Nehemia Levtzion, « Ancient Ghana. A Reassessment of Some Arabic Sources » (dans Jean Devisse *et al.* [dir.], *Le Sol, la Parole et l'Écrit. Mélanges en hommage à Raymond Mauny*, Paris, Société française d'histoire d'Outre-Mer, 1981, vol. 1, p. 429-437), a déjà émis l'hypothèse que le déménagement de la capitale aurait pu être une conséquence du raid almoravide de 1076. Mais le même auteur, comme beaucoup, émet des doutes sur la fiabilité d'al-Idrîsî sur la question de Ghâna. Par ailleurs, la réalité du raid almoravide et, partant, de la destruction de la ville de Ghâna, en 1076, a été mise en doute par David Conrad et Humphrey Fisher, « The Conquest that never was: Ghana and the Almoravids, 1076. I – The External Arabic Sources », *History in Africa*, 9, 1982, p. 21-59, et « The Conquest that never was: Ghana and the Almoravids, 1076. II – The Local Oral Sources », *History in Africa*, 10, 1983, p. 53-78. L'opinion critique émise dans ces derniers travaux a aujourd'hui conquis un assentiment presque général. Cependant, Nehemia Levtzion, sans aucun doute l'un des meilleurs spécialistes du sujet, et jamais en panne de critique des sources, n'a pas caché que les arguments lui paraissaient peu convaincants ; voir son article « Berber Nomads and Sudanese States. The Historiography of the Desert-Sahel Interface », dans le recueil de *varia* de cet auteur, *Islam in West Africa. Religion, Society and Politics to 1800*, Londres, Variorum, 2004, item X.

CHAPITRE 9

Conversions en chaîne

Diverses régions du Sahel, XIe-XIIe siècle

Que leur est-il arrivé à tous ? Entre le deuxième tiers du XIe siècle et la première moitié du XIIe, on assiste à une vague de conversions à l'islam parmi les souverains de plusieurs formations politiques du Sahel, de l'Atlantique à la boucle du Niger. D'abord Takrûr et Silla, deux villes situées le long du fleuve Sénégal. Les habitants, c'est-à-dire peut-être seulement les plus notables d'entre eux, renoncent à leurs « idoles » et se font musulmans à l'imitation d'un souverain du nom de Wâr-Djâbî ibn Râbîs, qui décède vers 1040. Vers la même époque, le royaume de Malal, le futur Mâli (→ **28, 29**), ou peut-être l'une des composantes de ce futur empire, endure une sécheresse doublée d'une sévère disette. On offre des bœufs en sacrifice, sans parvenir cependant à faire tomber la pluie. Un musulman du nom de Alî se trouve dans l'entourage du roi. « Si tu acceptes de croire en Dieu Très-Haut », lui dit le musulman, « en son unicité, en la mission prophétique de Muhammad et si tu observes les prescriptions de la Loi islamique, je suis sûr que tu obtiendras la délivrance de tes malheurs et que la miséricorde divine descendra sur tous tes sujets au point de rendre jaloux tes ennemis ». Alors le roi se laisse convaincre de recevoir les premiers rudiments d'une éducation musulmane. Alî lui enseigne quelques passages du Coran ainsi que « les obligations et les traditions que nul croyant ne peut ignorer ». Un vendredi, à l'écart sur une colline, le musulman initie son royal disciple à la prière, le premier prononçant les incantations, le second imitant ses gestes et scandant la récitation, une nuit durant, d'« amen ». On nous dit que la pluie commença de tomber au petit jour et dura sept jours et sept nuits. La conversion du roi fut sincère, disent les sources. Elle entraîna celle de sa famille et de sa suite, mais pas celle de ses sujets, qui lui dirent en substance : « Nous sommes tes serviteurs, ne change pas notre religion. » À Gao, Kawkaw dans les sources arabes, le roi était sans doute musulman depuis la fin du xe siècle. Au milieu du xie, en tout cas, c'était le siège d'un royaume où « seul un musulman peut être investi de la royauté » (→ **11**). Le souverain du Ghâna (→ 8), lui, était un musulman au milieu du xiie siècle.

Ces conversions touchent le sommet des sociétés africaines concernées : c'est en effet le roi qui se convertit, puis son entourage, en attendant peut-être le reste des sujets. Ces conversions sont obtenues par des religieux musulmans, des oulémas, littéralement des « savants » versés dans diverses sciences religieuses et capables d'exercer diverses fonctions de prédication, d'enseignement ou de justice. En terre « païenne », comme l'est le *Bilad al-Sûdân*, le Pays des Noirs au Moyen Âge, on rencontre ainsi d'authentiques missionnaires musulmans venus du Maghreb et qui, dans l'entourage des souverains, attendent ou provoquent le moment opportun. La conversion, nous dit-on, est sincère ; il n'y a pas de raison d'en douter. Dans nos sources, encore que leur faible résolution interdise toute certitude absolue, elle apparaît en tout cas irrévocable : aucun royaume converti en la personne de son roi n'a semble-t-il fait marche arrière. Au contraire, la conversion du roi enclenche partout un processus de conversion des élites et de familiarisation avec la nouvelle religion, même si les cultes traditionnels resteront partout dominants jusqu'au XIXe siècle. En cela, la conversion des souverains noirs des XIe-XIIe siècles est un moment qui fait date.

Du point de vue des sociétés, cependant, la conversion à l'islam des souverains ne constitue pas vraiment une rupture ; l'adhésion à la foi musulmane est sincère mais elle n'est pas exclusive. D'ailleurs, l'apprentissage du roi de Malal comprend les prescriptions de base, mais point les interdits de l'islam. C'est sans doute ce qui permet au souverain converti, quand bien même il rejette les idoles pour son propre compte, d'entendre ses sujets lui dire « Ne change pas notre religion », c'est-à-dire, ce qui revient au même, de rester à leurs yeux le garant des cultes traditionnels. Point de contradiction ici, ni pour lui ni pour la population restée « païenne » : car c'est précisément, dans le cas du Malal, l'intercession efficace du Dieu des musulmans qui permet au roi de préserver son rôle traditionnel de garant de la pluie et des récoltes. La légitimité du souverain étant l'affaire de tous, et chacun étant juge des effets tangibles de sa piété, il importe en effet à ses sujets qu'il soit bon musulman, même si l'islam n'est pas leur religion.

On a pu dire que les souverains africains ainsi convertis à l'islam durant le Moyen Âge occupaient une position « médiane » entre l'islam religion officielle en Afrique du Nord et les religions traditionnelles des régions subsahariennes. C'est parfaitement exact si l'on entend par là que ces rois participaient ainsi pleinement tout à la fois de leur société locale et de la religion musulmane qui interconnecte les provinces les plus éloignées du monde. Ce modèle dut assez satisfaire leurs sujets car l'islam n'enregistra qu'une très lente progression au cours des siècles suivants, restant confiné aux villes et aux élites politiques et économiques. En attendant les mouvements djihadistes du XIXe siècle qui transformeront les pays du Sahel en pays majoritairement musulmans.

L'histoire de la conversion du roi du Malal est peut-être imaginaire, quoiqu'elle soit relatée avec des détails distincts par deux auteurs arabes. Mais, davantage que sur le fait de la conversion, elle nous renseigne sur son processus. Elle nous parle en effet d'une conversion pratiquée par des religieux de profession, non pas des marchands, et visant des souverains, non pas le petit peuple. Assez systématique, ce fait nous renseigne sans doute sur la « stratégie » qui animait les oulémas : convertir le roi pour convertir le royaume. Ce fut de ce point de vue un relatif échec. L'histoire nous suggère aussi que l'islam ne sut sans doute pas s'y prendre, en ce temps-là, avec les sociétés qui n'étaient pas fortement centralisées. Petites chefferies, sociétés segmentaires restèrent hors de portée des nouveaux courants religieux, et d'ailleurs on se complut à les y maintenir, pour mieux les faire servir de réservoirs de captifs. Pour être « bonnes à convertir », il fallait des sociétés qui eussent l'apparence d'être civilisées, et pour paraître civilisées, il fallait qu'elles eussent des rois. Ce faisant, l'islam offrait aussi aux élites africaines un point d'ancrage dans le monde extérieur. Et c'est cela sans doute qui explique son succès auprès d'elles. En introduisant les rudiments d'une langue commune (l'arabe) aux élites saheliennes et aux marchands nord-africains, en donnant accès aux mêmes références spirituelles, au même Livre, aux mêmes pratiques religieuses (à commencer par les prières quotidiennes), au même cadre moral et juridique, l'islam offrait en partage un *langage* commun aux nouveaux convertis et au monde islamique. Le roi de Malal acquérait de la sorte toutes les ressources auxquelles lui donnait accès son appartenance à une communauté « mondialisée ».

Dès lors, il y a peut-être aussi, dans ce mouvement à peu près synchrone de conversion des rois de la région sahélienne, autre chose que l'action simultanée des mêmes ressorts sociologiques au sein de chacune des sociétés concernées. Il y a sans doute aussi de la politique. Par un simple calcul rationnel, la conversion à l'islam, à condition d'être publique et d'avoir toute l'apparence de la sincérité, constituait pour les marchands du monde islamique une assurance morale et juridique, ne serait-ce que parce qu'elle supposait la présence d'agents religieux actifs dans l'entourage du roi, d'hommes ayant l'oreille du souverain et s'employant à faire régner un climat de justice. La nouvelle de la conversion d'un roi des Sûdân contient par conséquent un message subliminal disant : le pays est bon pour le commerce. En ce sens la conversion du roi, parce qu'elle était susceptible de procurer au royaume un avantage économique en détournant à son profit tout ou partie des routes commerciales régionales, offrait un avantage décisif dans la compétition que se livraient les royaumes. La conversion en chaîne des souverains de la région peut être vue comme une réponse politique à cette situation de concurrence.

Note

Joseph Cuoq, *Recueil des sources arabes* (Paris, Éditions du CNRS, 1985), fournit les textes se rapportant aux différents cas cités : p. 77 (Gao, par al-Muhallabî), p. 96 (Takrûr et Silla, par al-Bakrî),

p. 102-103 (Malal, par al-Bakrî), 108-109 (Gao, par al-Bakrî), p. 195-196 (Mâli, par al-Dardjînî). Les deux auteurs relatant la conversion du roi du Malal/Mâli sont al-Bakrî et al-Dardjînî. Jean-Louis Triaud, « Quelques remarques sur l'islamisation du Mali des origines à 1300 » (*Bulletin de l'Institut fondamental d'Afrique noire*, XXX, série B, n° 4, 1968, p. 1329-1352), exprime des doutes sur la réalité de la conversion du roi de Malal de même que sur l'identification de Malal avec Mâli ; il semble cependant minimiser le témoignage d'al-Dardjînî, qui offre à mon avis un renfort à ces deux hypothèses. Les études sur le processus d'islamisation en Afrique sahélienne sont légion. En premier recours, on lira avec profit l'article de Nehemia Levtzion, « Islam in the Bilad al-Sudan to 1800 », dans N. Levtzion, Randall L. Pouwels (dir.), *The History of Islam in Africa*, Athens, Ohio University Press, 2000, p. 63-91, et, du même auteur, cet article essentiel sur le rôle des oulémas : « Merchants versus Scholars and Clerics in West Africa: Differential and Complementary Roles », dans N. Levtzion, Humphrey J. Fisher (dir.), *Rural and Urban Islam in West Africa*, Boulder, Lynne Rienner Publishers, 1987, p. 27-43, réimprimé dans *Islam in West Africa. Religion, Society and Politics to 1800*, Londres, Variorum, 2004, item V. Les quelques réflexions émises dans ce chapitre au sujet de la compatibilité entre l'islam et les religions traditionnelles sont empruntées à Jean Boulègue qui, dans *Le Grand Jolof* (Blois, Façades, 1987), p. 98, exprime en ces termes la contradiction seulement apparente entre la foi entière du souverain et la prégnance des cultes locaux : « La différence constatée entre la pratique du peuple et celles des cours royales renvoie peut-être simplement à la répartition des rôles sociaux : l'islam étant perçu comme un savoir supérieur, et comme étant lié au pouvoir, était destiné à être d'abord pratiqué par les détenteurs du pouvoir, mais au nom de tous. »

Chapitre 10

Le roi de Zâfûn entre à Marrakech

Maroc et Sahel occidental, vers le second quart du XIIe siècle

Marrakech, Marrâkush en arabe, la ville qui a donné son nom au Maroc dans l'onomastique occidentale, fut fondée dans la plaine de l'oued Tensift, alors simple aire de pâturages, vers 1070. Campement-capitale devenu ville, Marrakech est la création des Almoravides. Yûsuf ibn Tâshfîn, commandant des troupes berbères sanhâja, la voulut pour disposer d'un relais entre l'Adrar de Mauritanie, berceau du mouvement, et le royaume de Fès, au nord. Il dota le lieu d'une mosquée et sans doute d'un château, et des nomades par milliers vinrent s'y agréger. Son fils et successeur, Alî ibn Yûsuf, construisit en 1126 une enceinte autour de ce qui était alors une ville de tentes qui comptait – estimation peut-être exagérée – cent mille feux.

La fondation de Marrakech est en quelque sorte l'acte de sortie du désert d'un mouvement religieux jusqu'alors consacré au renforcement et à la rectification de la foi des tribus sahariennes de l'ouest. Conquérants d'Awdaghust (→ **6**) en 1054 ou 1055, appelés la même année par les habitants de Sijilmâsa (→ 17) pour se débarrasser de leurs maîtres du moment, puis à nouveau en 1056, les hommes du *ribât* (*ribāṭ*), monastère fortifié voué à la discipline spirituelle, ou *al-murâbitûn* (d'où viennent les noms Almoravides et marabouts), désormais maîtres des routes de l'or, résistent mal à la tentation d'étendre la guerre sainte aux plaines prospères – et donc, jugent-ils, corrompues. Ils commencent à battre monnaie, à Sijilmâsa même, et cette frappe abondante alimente leur effort de guerre. Le Souss et le Draa, régions du sud marocain, sont pris en quelques années, le Maroc central, d'Aghmat à Fès, conquis entre 1063 et 1069, la côte méditerranéenne, de Ceuta à Alger, incorporée à l'empire naissant entre 1081 et 1083, comme enfin l'Espagne islamique en 1086.

Vers 1220, Yâqût al-Rûmî, un ancien esclave chrétien de Byzance (ce que révèle son surnom, « le Romain »), compile en arabe des notices de synthèse sur les savoirs géographiques parvenus jusqu'en Irak et Syrie. Il rapporte à propos de Marrakech, sans doute puisé dans une autre source, ou bien d'après un témoignage déjà de seconde main, le souvenir d'un habitant de la ville. Un jour, un roi des Sûdân arriva au Maghreb. Il se rendait en pèlerinage à La Mecque. Il rendit visite au « roi voilé de la tribu Lamtûna », le « Commandant des musulmans ». « Celui-ci accueillit le roi à pied tandis que le [roi de] Zâfûn ne descendit pas de son cheval [pour le saluer]. » On put l'observer lorsqu'il entra dans Marrakech : « C'était un homme grand, au teint noir et même très noir, dont le visage était couvert d'un voile ; les blancs de ses yeux étaient rouges et pareils à deux charbons ardents, et ses paumes jaunes comme si elles avaient été teintes au safran. Il portait des robes coupées et était enveloppé d'un manteau blanc. Il entra à cheval au château du Commandant des musulmans, tandis que celui-ci le précédait à pied. »

Si le mystérieux roi de Zâfûn fait ici, en majesté équestre, une unique et brève apparition à la lumière de l'histoire, on est mieux placé pour découvrir qui est le roi vassal qui entre à pied dans son propre château. Le titre de « Prince des musulmans » était en effet porté par le chef almoravide, un membre de la tribu sanhâja des Lamtûna au sein de laquelle se recrutait l'élite militaire de l'empire. Et si l'on comprend mal que ce chef berbère prête de la sorte hommage, jusqu'en sa capitale, à un souverain étranger, c'est que l'empire almoravide était alors déclinant. Pliant devant la force montante d'un autre mouvement réformateur à visée expansionniste, descendu quant à lui des montagnes de l'Atlas, celui des Almohades, les Almoravides furent contraints, vers la fin, à rechercher des soutiens, qui pouvaient bien se monnayer contre des hommages. Cette hypothèse permet de dater l'épisode du second quart du XIIe siècle, c'est-à-dire de la dernière partie du règne d'Alî Ibn Yûsuf (il repousse une première attaque almohade devant Marrakech en 1128, il meurt en 1143) ou des quelques années de troubles politiques qui suivirent la prise de la ville par les Almohades en 1147.

On sait fort peu de choses du royaume de Zâfûn. C'est sans doute à ce même royaume, quoique le nom en soit corrompu, que se rapportent les propos d'al-Bakrî au milieu du XIe siècle : « Ce sont là des Sûdân, écrit-il, qui adorent un serpent ressemblant à un énorme python. Cet animal a une crinière, une queue et la tête du chameau de Bactriane. Il vit dans une caverne dans le désert. À l'entrée de cette caverne, on voit un berceau de feuillage, quelques pierres et une maison habitée par les adeptes du culte du serpent. » Exemple classique, pour cette région d'Afrique, de culte rendu à un monstre souterrain, ici un serpent chimérique, à qui sont présentés, dans de grandes écuelles et des vases, du lait et des boissons fermentées, qui font sortir cette déité de son trou.

Un motif de la faire sortir est fourni par la mort d'un chef. Lorsque cela arrive, on réunit les prétendants à la succession. « Le serpent s'approche, écrit al-Bakrî, les flaire l'un après l'autre sans arrêt. Enfin, il frappe l'un d'eux avec son nez et se retire aussitôt vers la caverne. Celui qui a été frappé court immédiatement après lui de toute sa vitesse pour arracher du cou et de la queue de la bête le plus de poils possible. On dit en effet que le règne durera autant d'années que de poils arrachés : un an pour un poil, c'est infaillible à ce qu'ils prétendent. » Revenus à notre rationalité du XXIe siècle, on ne saurait dire, à imaginer les prétendants réunis devant tel sanctuaire dédié à l'animal mythologique, comment s'effectuait au vrai la cérémonie présidant au choix du souverain. Tout au plus y perçoit-on une configuration originale dans laquelle l'accession au pouvoir, ou peut-être la confirmation de la lignée, est confiée à une ordalie lors de laquelle intervient une puissance à la fois animale et divine, et la faveur du règne, soumise à une épreuve d'augure.

C'est à peu près tout ce que l'on pourra reconstituer de l'histoire ancienne du Zâfûn, ou disons plutôt de son ambiance idéologique. Saura-t-on mieux le localiser ? Sans doute – il y a de bons arguments philologiques à cela – correspond-il au Diafounou, que connaissent les récits oraux des Soninké, habitants du Sahel occidental et probables héritiers de plusieurs formations politiques de la région au Moyen Âge. Si c'est bien le cas, il faut alors le placer dans la région du même nom, sur le cours supérieur de la Kolimbiné, tributaire à main droite du fleuve Sénégal, dont la confluence avec ce fleuve est vers Kayes. Mais il manque encore le site correspondant à la capitale du Zâfûn. Faut-il croire qu'il n'y en eut pas ou qu'il y en eut plusieurs, deux façons opportunes et sans véritable à-propos de prédire qu'on ne trouvera pas ce qu'on cherche ? Mais si l'on convient de chercher d'abord, avant de renoncer le cas échéant, on tentera de repérer sur le terrain un site présentant des ruines et une culture matérielle du XIIe siècle ; une ancienne mosquée puisque le roi est musulman ; un quartier d'habitations en dur de marchands des pays d'Islam, assez vaste puisque le roi est puissant, et qu'il est assez riche pour pouvoir entreprendre le pèlerinage.

Sur la foi de l'entrée du roi noir à Marrakech, on a cru pouvoir dire que les gens du Zâfûn avaient été « influencés » par les Berbères. Le roi est en effet musulman, il monte à cheval, il porte un voile sur le devant du visage, selon la coutume, indépendante de l'islam, que pratiquent plusieurs tribus sahariennes et que l'on rencontre encore chez les Touaregs d'aujourd'hui. Cette coutume leur vaut au Moyen Âge, chez les auteurs arabes, le surnom de *Mulaththamîn*, littéralement les « Porteurs du lithâm », c'est-à-dire le voile couvrant la bouche des adultes, hommes et femmes. D'autres ont vu dans la même scène l'indice d'un temps où les Noirs « dominaient » les Arabes, autant dire les Blancs. Vocabulaire symétrique, jugements velléitaires. Ce n'est pas là le propos des rois en présence, qui ont sans doute tous deux besoin de la représentation qu'ils jouent, devant le même public qui du reste nous en a transmis la teneur sans l'alourdir de préjugés, pour réactiver les modes de légitimation de leur pouvoir respectif. Il est bien temps, pour le roi à pied, de renouer avec l'humilité, lui le descendant des ascètes guerriers sortis du désert, bientôt assiégé, aujourd'hui menacé par l'ascension d'une nouvelle doctrine pourfendeuse des compromissions mondaines. Quant au roi cavalier, d'une couleur de peau encore assez rare en ce temps pour que les témoins maghrébins aient noté le safran de la paume des mains, tout dans son port désire montrer, en ces temps de rigueur, qu'il est possible d'être noir et bon musulman.

Note

On doit à Tadeusz Lewicki, « Un État soudanais médiéval inconnu : le royaume de Zāfūn(u) » (*Cahiers d'études africaines*, 11 [44], 1971, p. 501-525), d'avoir présenté le dossier relatif au royaume de Zâfûn. Ce chapitre lui est largement tributaire. La traduction du texte de Yâqût lui est également empruntée, modifiée d'après la version de Nehemia Levtzion, John F. P. Hopkins, *Corpus of Early Arabic Sources for West African History*, Princeton, Markus Wiener, 2000, p. 170-171. Le texte d'al-Bakrî est cité ou paraphrasé d'après Joseph Cuoq, *Recueil des sources arabes* (Paris, Éditions du CNRS, 1985), p. 97-98, également modifié d'après l'ouvrage de N. Levtzion et J. F. P. Hopkins, p. 78-79. Au sujet des Almoravides, voir, avant d'autres références, la notice de H. T. Norris, P. Chalmeta, « Murābiṭūn (al-) », dans l'*Encyclopédie de l'Islam*, 2e éd.

Chapitre 11

Service funéraire global

Gao, épaule orientale de la Boucle du Niger dans l'actuel Mali, début du XIIe siècle

« Au nom d'Allah, le Miséricordieux, le Compatissant
– Et qu'Allah bénisse Muhammad et sa famille
Et leur accorde la paix et le salut – Loué soit Allah
Seigneur de l'univers, Héritier des cieux
et de ce qu'ils contiennent et de [...]
[...] "jouissance d'illusion". Ceci est la tombe de
La reine [*al-malika*] S.wâ. Qu'Allah ait pitié d'elle
et fasse resplendir sa face
Et fasse du Paradis sa résidence et son abri.
[Elle est morte] le samedi, alors que dans le mois de
Rabî' premier, trois jours étaient passés,
En l'année cinq cent deux. Et elle
Porte témoignage qu'il n'y a de Dieu qu'Allah dans Son unicité,
Sans associé, et que Muhammad [...]
[...] afin de "faire prévaloir celui-ci sur
la religion en entier", quelque réticents que soient les idolâtres.
Et elle porte témoignage
que le Paradis et l'Enfer sont vrais [...]
[...] [Allah] "ressuscitera les hôtes des tombeaux". »

Ce texte a été trouvé gravé sur une pierre. Il porte le numéro 3a dans le grand œuvre que l'érudit brésilien Paulo Fernando de Moraes Farias a consacré aux inscriptions médiévales en arabe et en tifinagh (l'alphabet qui sert à écrire les parlers berbères) découvertes sur le territoire de l'actuelle république du Mali. Cette inscription est en arabe. Elle est gravée suivant une technique appelée la taille d'épargne, consistant à repousser la surface du support (en l'occurrence une dalle de marbre) pour laisser saillir en léger relief le motif recherché (en l'occurrence les caractères arabes). Ce texte a été gravé dans un style calligraphique appelé le coufique. Aujourd'hui, la pierre qui porte cette inscription est fichée dans le mur extérieur, au chevet du mihrab de la mosquée du quartier de Juula Bugu à Gao, sur l'épaule orientale de la boucle du fleuve Niger, dans l'est du Mali.

Un examen de la photographie révèle que l'objet n'est pas d'un seul tenant mais qu'il est constitué de plusieurs fragments habilement assemblés qui procurent l'illusion d'un texte entièrement restauré. Mais, comme l'a montré Moraes Farias, les pièces ont été forcées, comme il arrive que le fassent les amateurs de puzzle. Il faut donc se défaire de la fausse image qu'est la photographie et produire, comme l'a fait le chercheur brésilien, un relevé, qui fait apparaître que les cinq premières lignes et les sept suivantes appartiennent respectivement au début et à la fin de l'inscription d'origine, dont il manque une importante partie centrale (environ neuf lignes). Les dernières lignes du texte correspondent au texte gravé sur le bandeau périmétrique de la pierre. C'est un officier colonial français qui, en 1941, a reconstitué l'inscription telle qu'elle figure sur la photo et l'a cimentée contre la mosquée de Juula Bugu, qui avait été construite une quinzaine d'années plus tôt.

Cette inscription a été beaucoup étudiée par des spécialistes qui soit ont vu la pierre ainsi reconstituée, soit avaient précédemment vu les fragments qui la composent, soit encore ont vu cette photo ou une autre, soit enfin ont vu telle ou telle transcription du texte arabe. Bizarrement, l'une de ces transcriptions comprend la signature « Travail de Ya'îsh le marbrier » qui ne figure pas sur la pierre. La bizarrerie s'explique par le fait qu'il existait une autre inscription, appelée 3b, dont les fragments laissent supposer qu'elle était jumelle de la précédente, si ce n'est qu'elle contenait la signature de l'artisan lapicide qui avait réalisé l'inscription 3b, ou peut-être même les deux. Ces fragments d'un second puzzle presque identique au premier se sont malheureusement tous perdus entre leur découverte dans les années 40 et aujourd'hui ; il n'en reste que des photos, des relevés et des transcriptions. En somme, si le passé est un puzzle, l'histoire ne consiste pas simplement à travailler à partir de l'inventaire des pièces à notre disposition, mais à connaître toutes les pièces – parfois perdues ou mélangées, parfois disponibles sous la seule forme d'une copie ou d'une interprétation – de tous les puzzles qu'ont reconstitués ou cru reconstituer nos prédécesseurs.

Pierre inscrite fichée au chevet de la mosquée de Juula Bugu à Gao. Les fragments de la pierre ont été mal remontés avant d'être scellés, laissant croire, à tort, que l'inscription est complète.

Relevé de l'inscription de la pierre de la mosquée de Juula Bugu à Gao. Ce relevé par Paulo Fernando de Moraes Farias révèle l'état fragmentaire du texte.

L'inscription 3a est une inscription funéraire musulmane, comme en témoignent l'invocation d'Allah, la mention du prophète Muhammad, les citations tirées du Coran ou encore l'emploi du calendrier hégirien. Le 3 du premier mois de Rabî' de l'année 502 dans le calendrier islamique correspond au 11 octobre 1108. S.wâ était donc musulmane, comme l'était la communauté de Gao qui l'inhuma et honora sa mémoire par cette inscription. Du reste, on ne sait de S.wâ rien d'autre que ce qu'en dit cette inscription funéraire. Le point au milieu de son nom est une technique d'épigraphiste pour signaler qu'il y avait peut-être à cet emplacement une voyelle courte (Suwâ, Siwâ, Sawâ...) que la graphie arabe ne marque pas ; on pense cependant que cette femme s'appelait Suwâ (le prénom Suwâ se rencontre ainsi vocalisé sur une autre inscription de Gao). Elle était reine, dit l'inscription, par quoi on ne sait s'il faut entendre épouse de roi ou souveraine. Toujours est-il que la date de sa mort, ainsi que le matériau, la technique et le style de son inscription funéraire autorisent à voir en Suwâ un membre d'une dynastie royale dont d'autres membres sont connus par de semblables inscriptions pareillement trouvées à Gao : un *malik* (roi) du nom de Muhammad (inscription 1), mort en 1100, descendant de Zâghî ou Zâghay ; *malik* Abû Bakr (inscription 4), mort en 1110 ; *malik* Yâmâ, « également connu sous le nom de Umar », disent ses deux inscriptions funéraires (13a et 13b), lui aussi descendant de Zâghay et mort en 1120 ; et enfin un autre *malik* du nom de Fandâ (inscription 23) mort en 1203, également descendant de Zâghay. Il semble donc que nous ayons, avec la *malika* Suwâ et les quatre *mulûk* (pluriel de *malik*) masculins, plusieurs des membres d'une dynastie descendante d'un certain Zâghay, dynastie qui régna à Gao entre, au plus tard, la fin du XIe siècle et, au plus tôt, les premières années du XIIIe. Comme l'a fait remarquer Moraes Farias, rien n'indique que le dénommé Zâghay, qui n'est pas désigné comme *malik* dans les généalogies funéraires de ses descendants, ait régné ; il ne fut peut-être que l'ancêtre, peut-être aussi non musulman (son nom n'est pas islamique) de la lignée. On ne sait pas grand-chose de plus au sujet de cette dynastie des Zâghaides de Gao. Quelques éléments d'onomastique laissent supposer qu'ils étaient de langue songhay, la langue parlée aujourd'hui encore dans cette partie de la vallée du fleuve Niger.

L'inscription de Suwâ et celles des autres membres de la dynastie ont été découvertes entre 1939 et 1941 par des membres de l'administration française, à l'intérieur d'un monument ruiné appelé, depuis, « grand caveau » ou « caveau royal ». Cette structure est située au sein d'une vaste nécropole qui a livré des dizaines d'autres inscriptions funéraires de facture moins prestigieuse. Elle se trouve à six ou sept kilomètres après la sortie de Gao en empruntant la route qui file en direction de l'est puis oblique au nord vers l'Algérie. Cette nécropole musulmane est située à quelques centaines de mètres du tertre urbain de Gao-Saney, une impressionnante butte d'une quarantaine d'hectares de superficie pour 7 à 8 mètres de hauteur. Celle-ci a fait l'objet de plusieurs fouilles professionnelles au cours du XXe et du début du XXIe siècle, qui restent malheureusement trop limitées par comparaison avec l'ampleur du pillage qu'elle a subi. Cette ville, comprenant maisons d'habitation et ateliers (le site livre beaucoup de creusets de bijoutier) construits en banco, grosses mottes d'argile mêlée de dégraissant naturel (sable ou gravier), était située le long de l'oued Gangaber, un cours d'eau aujourd'hui non pérenne mais qui fut sans doute, il y a un millénaire, un affluent permanent du fleuve Niger.

Dans Gao même, c'est-à-dire sur la rive de ce fleuve, le secteur appelé Gao ancien a livré d'impressionnants vestiges bâtis, fouillés dans les années 2000 par l'archéologue malien Mamadou Cissé et son collègue japonais Shoichiro Takezawa. Il s'agit, d'une part, d'une structure appelée le « Long bâtiment », construction d'environ 35 mètres de longueur bâtie en moellons de schiste et de latérite. L'intérieur est constitué de pièces étroites et très étirées en longueur (morphologie compatible avec une couverture en tronc de palmier, dont la portée utile n'excède pas 3 mètres) et les montants latéraux de la porte d'entrée sont parementés de briques cuites dans une fonction clairement décorative. D'autre part, attenant au Long bâtiment sur son côté nord, a été mis au jour une structure beaucoup plus compacte. Robustes, ses murs sont soigneusement appareillés en dallettes équarries de schiste, tandis que l'espace intérieur de la pièce principale, relativement vaste (une cinquantaine de mètres carrés), est équipé de huit piliers de même appareil que les murs, qui supportaient sans doute une toiture plus ample. À cette salle principale sont annexées plusieurs petites pièces. Les archéologues désignent cette structure comme le « palais » ou « résidence royale ». La découverte de grandes quantités de perles de verre (plus de 23 000) ainsi que d'autres artefacts importés tels que bouteilles en verre, céramique glaçurée, cauris, cornaline et porcelaine, ou encore des jarres à col long ornées de décors polychromes, militerait plutôt en faveur d'une structure du type entrepôt, peut-être une maison forte, peut-être la salle du trésor si le « Long bâtiment » était la partie résidentielle du complexe palatial. Cependant, l'affectation de l'une des pièces annexes à la

fonction de salle de bains (avec vidange et siphon sous un sol de galets) ne laisse pas d'intriguer. Les trois sites principaux de Gao (la nécropole, Gao-Saney, Gao ancien) n'ont pas tous la même amplitude chronologique, mais à coup sûr ils ont fonctionné de façon synchrone entre le Xᵉ/XIᵉ et le XIIIᵉ siècle.

La plupart des inscriptions funéraires de Gao sont gravées sur des dalles de schiste, la roche qui forme le substrat local. Mais l'inscription 3a de *malika* Suwâ, de même que les inscriptions (1 et 4 dans le même ouvrage de Moraes Farias) de deux autres *mulûk* de sa parentèle, une autre (inscription 2) présentant un poème funéraire et encore une autre (inscription 5) appartenant à un juge musulman (*cadi*) de Gao, sont gravées sur des dalles de marbre d'Espagne. Il a donc fallu que les pierres funéraires soigneusement taillées fussent importées. Elles ont traversé la Méditerranée sur des navires, puis ont cheminé à dos de dromadaire à travers les plaines côtières du Maghreb, serpenté à travers l'Atlas et redescendu vers les piémonts méridionaux de ce massif en longeant les oueds ; puis elles ont traversé le Sahara. Ont-elles été importées « nues » pour être gravées à Gao par un artisan lapicide ? Ce serait envisageable : après tout, l'inscription funéraire de *malik* Umar est gravée sur une dalle de chloritoschiste local et l'a donc sans doute été à Gao même. Mais les épigraphistes reconnaissent dans le coufique des inscriptions sur marbre de Gao un style caractéristique de la production lapicide d'Almeria, alors en al-Andalus islamique. Ainsi donc, Ya'îsh le marbrier aurait réalisé son œuvre dans un atelier d'Espagne pour répondre à une commande qui concernait une reine d'un pays du Sahel. Comme il faut un peu de temps pour qu'un tel service funéraire global réceptionne la commande, réalise l'objet puis l'achemine, il aura fallu que deux ans au moins s'écoulent entre le décès de Suwâ et la réception de sa pierre. C'est peut-être à cause de ce délai que le jour de la semaine indiqué sur la pierre de Suwâ est erroné : le 11 octobre tombait un dimanche, pas un samedi. Et puisque plusieurs des inscriptions sur marbre trouvées à Gao sont tout de même très similaires par le matériau et le style, on est obligé de se demander si ce ne sont pas toutes les pierres tombales en marbre qui auraient été commandées ensemble quelque temps après 1210, date du décès du dernier personnage dont la pierre funéraire est en marbre, à la faveur d'un programme de commémoration de plusieurs membres de la dynastie.

Le bloc de marbre et l'épitaphe de la reine Suwâ n'illustrent pas seulement la méharée d'une dalle funéraire. Pour qu'elle et les autres blocs de marbre épigraphiés des descendants de Zâghay fussent placés à l'intérieur du caveau dans le cimetière médiéval de Gao, il fallait de multiples traversées dans les deux directions – d'une foi transportée par des marchands et des clercs, d'un livre et d'une langue, l'arabe, d'un système d'écriture, d'un calendrier – mais également de la volonté active d'être partie prenante d'une communauté mondiale de croyants, de participer d'une certaine manière d'honorer et d'orner la mémoire des plus nobles défunts, d'un goût partagé des élites, de Gao à Almeria, pour certains décors entourant les vivants et les morts – ou encore d'une commande envoyée par courrier de Gao, comprenant : matériau et taille souhaitée, épitaphes soigneusement rédigées, autres stipulations contractuelles et telle quantité d'or confiée au porteur.

Le site rupestre de Lalibela, sur les hauts plateaux d'Éthiopie, porte le nom du roi de la dynastie des Zagwé (fin XIIe-début XIIIe siècles), qui commanda la réalisation de plusieurs églises entièrement sculptées dans la roche, à l'instar de l'église de Marie. Depuis, le site n'a jamais cessé d'être un haut lieu du christianisme éthiopien, chaque église faisant l'objet d'une dévotion particulière. Lalibela est aujourd'hui classé au Patrimoine mondial. Les recherches historiques et archéologiques révèlent que ces églises ont connu des états successifs et des fonctions différentes au cours du temps, qui ont laissé des reliques architecturales (par exemple sur les façades de l'église Gabriel-et-Raphaël).

Église Saint-Georges,
Lalibela, Éthiopie, 2011.
© John Elk III/Alamy

Église de Marie, Lalibela (Éthiopie). © Giovanni Lami

Église Gabriel-et-Raphaël, Lalibela (Éthiopie) : façade sud. © François-Xavier Fauvelle

Même s'il est beaucoup moins bien documenté que le christianisme, l'islam a lui aussi été présent dans l'Éthiopie médiévale. En témoignent des sites archéologiques qui présentent des caractères distinctement urbains. Plusieurs d'entre eux sont situés dans l'escarpement du haut plateau, que surplombe la « brèche de Gragn ». Gragn, « le Gaucher », est le surnom de l'imam qui lança l'assaut contre l'Éthiopie chrétienne dans les années 1530. Son souvenir hante le paysage et occulte la mémoire de l'islam éthiopien médiéval. Les sites urbains, tel celui de Nora, en constituent des témoignages matériels.

« Brèche de Gragn », Éthiopie.

Site archéologique de Nora (Éthiopie): la grande mosquée. © François-Xavier Fauvelle

Site archéologique de Nora (Éthiopie): rue le long des ruines d'habitations. © François-Xavier Fauvelle

Page de droite: Le christianisme est présent sur les hauts plateaux d'Érythrée et d'Éthiopie depuis le IVe siècle. Les plus anciens témoignages de la présence de l'islam dans ces pays remontent au VIIe siècle. Mais les religions chrétienne et musulmane ont évidemment longtemps cohabité, comme elles l'ont fait partout ailleurs, avec des religions autochtones. L'archéologie montre que des pratiques religieuses traditionnelles ont été très dynamiques jusqu'au XIVe siècle dans les régions centrales d'Éthiopie. Le site de Tätär Gur, comme plus généralement les sites de la culture médiévale Shay, s'illustre par des sépultures collectives en contradiction avec les croyances dans le salut individuel. Cependant, le mobilier qui accompagne les défunts suppose une interaction commerciale avec l'islam.

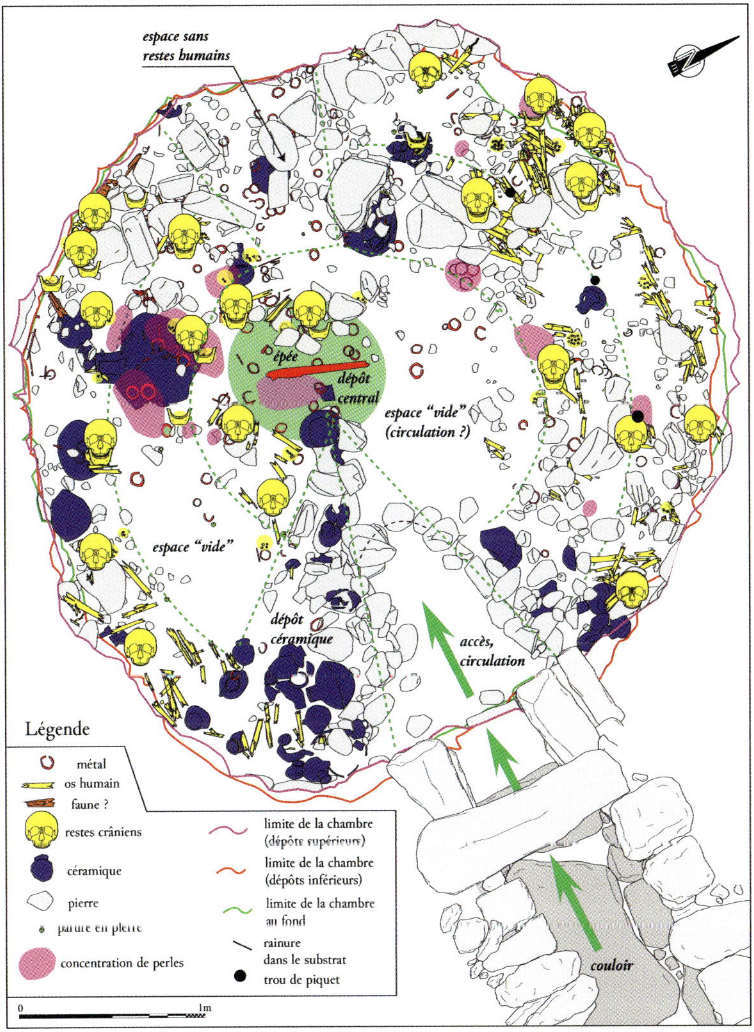

Relevé du tumulus de Tätär Gur (Éthiopie), 2012.
© Régis Bernard et Bertrand Poissonnier

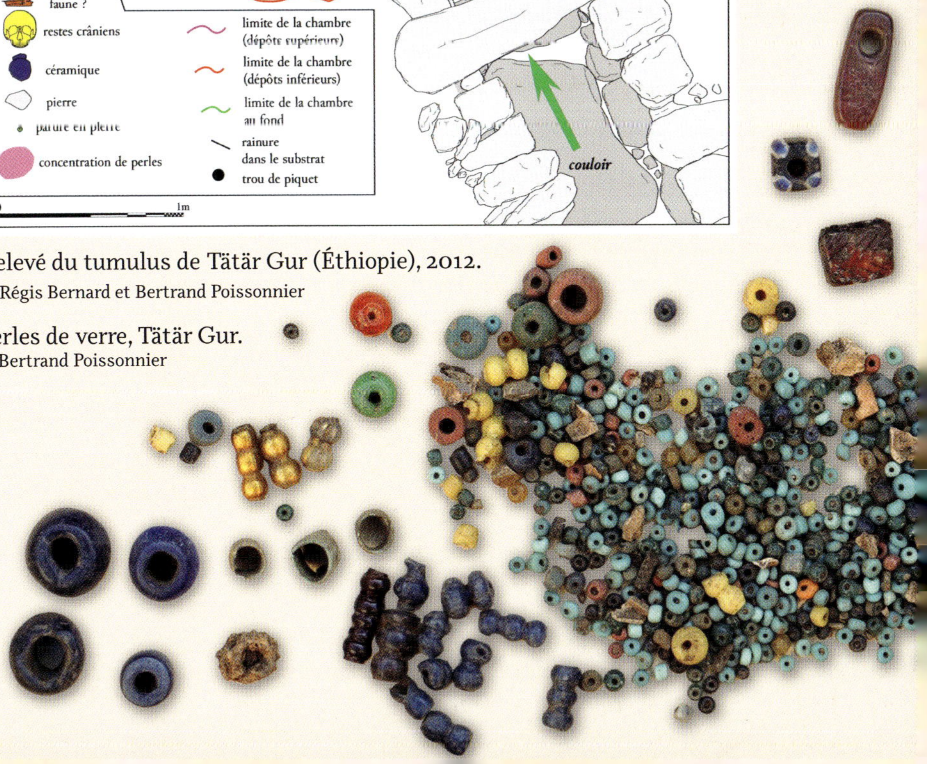

Perles de verre, Tätär Gur.
© Bertrand Poissonnier

La Nubie, portion de la vallée du Nil située dans l'extrême sud de l'Égypte actuelle et au Soudan, a connu, comme l'Érythrée et l'Éthiopie, une chrétienté africaine, qui ne s'est cependant pas maintenue au-delà du XVe siècle. Mais elle a laissé, outre des témoignages chez ses voisins égyptiens, d'abondants vestiges archéologiques et iconographiques. Le site de Faras, aujourd'hui englouti sous les eaux du lac Nasser, a livré, lors des fouilles réalisées pendant la montée des eaux, de semblables vestiges remarquablement bien conservés. Les fresques, démontées, sont aujourd'hui conservées dans les musées de Khartoum (Soudan) et de Varsovie (Pologne).

L'évêque nubien Petros sous la protection de saint Pierre, fresque (h. 225 cm), Faras (Égypte actuelle), dernier quart du Xe siècle.

Fouille de Faras par l'équipe de l'archéologue et historien de l'art polonais Kazimierz Michalowski, 1960.

De nombreux sites urbains musulmans, aujourd'hui le plus souvent abandonnés à la mangrove, jalonnent la côte orientale d'Afrique et les îles. Ils sont le témoignage de la formation et de l'expansion de la civilisation swahilie. L'île de Kilwa Kisiwani en Tanzanie livre les vestiges d'une cité-État qui contrôla les échanges commerciaux entre l'océan Indien et l'Afrique continentale aux XIVe et XVe siècles. On y repère un puissant complexe palatial et commercial et une mosquée coiffée de coupoles, tous deux bâtis en moellons de calcaire corallien.

Complexe palatial et commercial de Husuni Kubwa, Kilwa Kisiwani, Tanzanie, XIIIe-XIVe siècles.

Grande mosquée de Kilwa, Kilwa Kisiwani, Tanzanie, XIVe-XVe siècles.

Vue intérieure de la Grande Mosquée de Kilwa, XIVe-XVe siècles.

Note

L'ouvrage auquel sont empruntés les éléments épigraphiques fournis dans ce chapitre est celui de Paulo Fernando de Moraes Farias, *Arabic Medieval Inscriptions from the Republic of Mali. Epigraphy, Chronicles and Songhay-Tuareg History*, Oxford, Oxford University Press, 2003. La monographie issue des fouilles conduites par les archéologues malien et japonais est l'ouvrage suivant : Shoichiro Takezawa, Mamadou Cissé (dir.), *Sur les traces des grands empires. Recherches archéologiques au Mali*, Osaka, musée national d'Ethnologie, et Bamako, Direction nationale du patrimoine culturel, 2016.

Chapitre 12

Les riches défunts des tumulus

Éthiopie, Mali, Sénégal, entre le VIII*e et le* XIV*e siècle*

L'Éthiopie est sans aucun doute le premier pays au monde par le nombre de mégalithes (on entend par là toutes les variétés de pierres dressées ainsi que les monuments de pierres assemblées). On y compte par milliers des stèles sculptées ou gravées, qui sont le plus souvent des marques funéraires, par centaines des tumulus. En dépit de quelques travaux, ces monuments, leur typologie et leur chronologie, leur distribution spatiale, restent à étudier.

Il y a sur les hautes terres basaltiques et froides des plateaux central et oriental du pays, de part et d'autre de la vallée du Rift qui s'évase ici en direction de la mer Rouge, c'est-à-dire dans ces montagnes sur les pentes desquelles se développeront des royaumes islamiques à partir des XIIe et XIIIe siècles (→ **34, 35**), des tumulus diversement situés, isolés en pointe d'éperon dominant des rivières encaissées, ou en grappes au centre des vallées. Ils sont souvent pillés, soit qu'ils l'aient été plus ou moins anciennement, parfois la semaine précédant votre visite, et depuis lors abandonnés à l'érosion, soit comme carrières à ciel ouvert, réservoirs assez commodes de matière première pour la confection du ballast des chaussées ou la réparation des pistes après la saison des pluies. Les plus massifs de ces monuments, qui peuvent atteindre une vingtaine de mètres de diamètre, ou ceux qui par chance sont hors de portée des habitats actuels ou au contraire se sont trouvés fixés dans les murs des enclos domestiques, ont été préservés, à moins que leur profil d'apparence intacte soit dû à un remploi comme tas d'épierrage, en lisière de champs. Ce sont des cônes de pierres recouvrant une chambre funéraire où furent déposés des morts, à plusieurs reprises – ce qui suppose plusieurs occurrences d'ouverture et de fermeture du monument. Les défunts sont accompagnés de leurs armes – épées de fer, flèches – et de leurs parures – bracelets de fer ou d'argent, perles d'argent ou d'or, milliers de perles en pâte de verre jaune, vert, orange, rouge, bleu, ainsi que de grandes perles à facettes en cornaline, agate ou cristal de roche, et des fibules et des bagues. Quelques-uns de ces monuments seulement ont été fouillés ; les dates s'échelonnent entre le VIIIe et le XIe siècle.

Il y a au Mali actuel, en rive gauche du Niger, depuis la région du Méma, qui était il y a plusieurs siècles irriguée par un défluent du fleuve, jusqu'à la Zone lacustre, des centaines de buttes anthropiques pouvant atteindre 150 mètres de diamètre et plus. Il s'agit souvent d'anciennes buttes d'habitat ; elles datent du IIIe au XIIIe siècle et témoignent de l'existence d'une alors dense population sédentaire et agricultrice, pratiquant la métallurgie du fer. Certaines de ces buttes sont des tumulus. Elles sont pillées avec régularité par les habitants des environs quand elles n'ont pas été soumises, pour les plus remarquables d'entre elles, aux fouilles sauvages d'officiers coloniaux. Peu ont fait l'objet d'une fouille digne de ce nom et ont été datées ; elles semblent appartenir à la fin de la période, du VIIe au XIIe siècle, cette dernière date étant celle à partir de laquelle l'islam a commencé à toucher les élites de la région. Pour ce qui semble ressortir des quelques sites documentés, ces monuments consistent en une chambre funéraire dont la structure est un échafaudage de troncs de palmiers. La chambre, reliée à la surface par un puits d'accès, est surmontée d'un épais dôme de sédiment bloqué en surface par une calotte d'argile cuite de l'intérieur. Le tumulus d'El-Oualadji (du nom d'un petit sanctuaire de saint musulman qui se trouve à une centaine de mètres), fouillé en 1905 par le lieutenant d'infanterie Desplagnes, a livré, dans la chambre située dix mètres sous la surface du monument, deux squelettes qui avaient été déposés sur un lit de branchages, parmi des débris abondants de poteries et d'ossements d'animaux, des armes telles que lames de sabres, couteaux et pointes de flèches et de sagaies, des parures telles que bracelets, bagues et autres ornements de cuivre, perles de cuivre et de jaspe, figurines d'animaux en argile. La surface du tumulus présentait elle aussi des restes archéologiques : ossements et débris de harnachements de chevaux, perles, objets de cuivre et de fer, statuettes plus grossières d'animaux en terre cuite, qui font penser à des restes d'offrandes. Ce monument a été daté des XIe-XIIe siècles. Le tumulus voisin de Koï Gourey (la « butte du chef » en langue songhay), fouillé par le même quelques années plus tôt, non daté mais très probablement de la même époque à en juger par le mobilier céramique comparable, présentait semble-t-il une structure similaire ; il a livré les restes d'une trentaine de squelettes humains accompagnés de lampes, d'armes et d'ornements, ainsi que des perles de verre, des cauris et des figurines de laiton représentant un calao, un lézard et un crocodile.

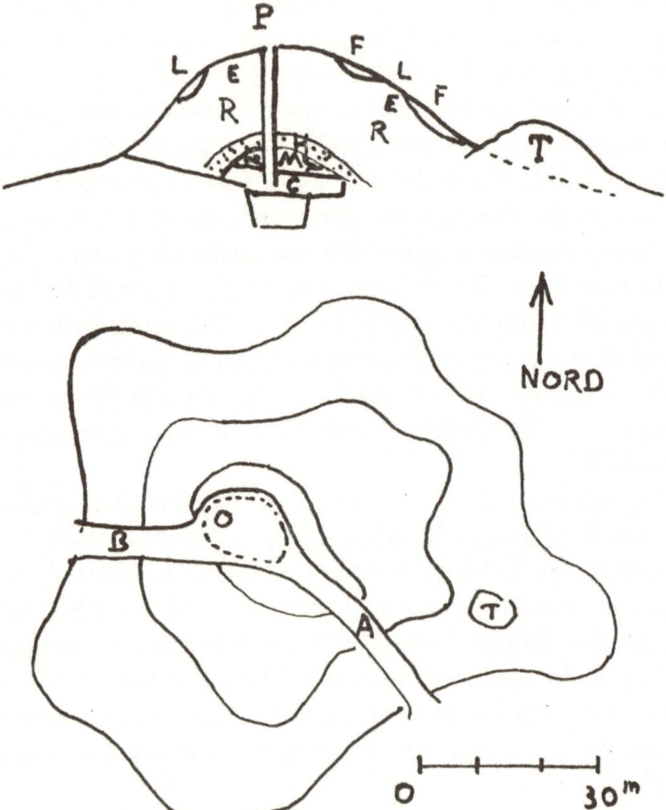

Hypothèse de restitution du tumulus d'El-Oualadji, Mali. Le dessin, par Raymond Mauny, est établi d'après un croquis antérieur du lieutenant Desplagnes, auteur de la fouille en 1904. A. B. Tranchées d'accès ; C. Chambre funéraire ; E. Argile cuite ; F. Foyer de sacrifices ; H. Toiture en paille ; L. Débris de poteries, offrandes ; M. Massifs de bois formant dôme ; P. Puits ; R. Masse argileuse ; T. Tertre de scories.

Il y a au Sénégal, dans la basse vallée du fleuve et plus généralement dans tout le quart nord-ouest du pays, de petits tertres sableux qui dissimulent des sépultures ; ce sont des tumulus, qui étaient initialement ceints d'un fossé aujourd'hui comblé. On en a dénombré jusqu'à dix mille. Plusieurs d'entre eux ont été fouillés à Rao aux environs de Saint-Louis en 1941-1942. Ils ont livré, associé aux squelettes, du mobilier funéraire constitué d'armes (épée de fer, armatures de sagaie) et de parures de prestige : pendeloques en or, anneaux de cheville et de poignet en bronze, cuivre et argent, bagues en or, colliers d'argent ou de perles en cornaline, parmi des débris de bijoux non reconnaissables, des plaques de cuivre ayant pu servir d'ornements à un caparaçon de cheval, des tessons de poterie. Le tumulus P, d'un diamètre de 40 mètres pour une hauteur de 4, est le plus remarquable du groupe ; on en a sorti, accompagnant les restes d'un homme jeune, un collier de boules de filigrane d'argent, des anneaux d'argent et de bronze, un pendant d'or quadrilobé, une chaîne de cou en or, enfin un pectoral d'or massif comprenant des registres concentriques de bossettes et de motifs d'arabesques et de losanges en filigrane et en fils torsadés. On connaît de semblables pectoraux parmi les objets d'apparat de plusieurs souverains actuels en Afrique, mais dans ce contexte la technique évoque un savoir-faire islamique. Les traditions orales du pays disent que dans cette région est né le royaume jolof, que les historiens voient émerger vers le début du XIVe siècle et que les navigateurs portugais, au XVe, découvriront alors en cours d'islamisation (→ **38**). On date le tumulus P des environs de 1300. D'autres datations, en malheureusement trop petit nombre, semblent confirmer l'appartenance de ce type de monuments à la première moitié du second millénaire de notre ère. La Sénégambie compte d'autres monuments mégalithiques, construits en bauge ou en pierres dressées, en nombre considérable.

Il y a dans le nord du Nigeria actuel des tertres recouvrant des sépulcres dans lesquels ont été enterrés, là encore, de riches défunts – plusieurs dans chaque monument. Le site de Durbi Takusheyi, datant des alentours du XIVe siècle, a ainsi livré des sépultures de femmes qui ont été inhumées avec leurs parures de cauris et de perles de verres cousues sur des pièces de vêtements ou des ceintures, des bracelets et fuseaux de cheville en laiton, de la dinanderie produite en Égypte mamelouke, des bijoux en or tels que pendants et boucles d'oreilles.

Laissons de côté un faux point commun à tous ces monuments pris dans plusieurs régions d'Afrique éloignées les unes des autres, celui qu'implique leur désignation sous le nom « tumulus ». Leur ressemblance est en effet superficielle, se limitant au profil extérieur. À part cela, tout, de l'appareillage d'ensemble au dispositif funéraire, des matériaux employés aux contraintes techniques, est différent. Mais cette apparence similaire attire tout de même l'attention sur ce qui unit à distance des formes de sépultures et des pratiques funéraires concernant des individus qui, à en juger par leur mode d'inhumation, ne sont pas des musulmans, mais évoluent cependant dans un même contexte historique, celui des débuts de la présence de l'islam. Dans chacune de ces régions en effet, dans le Sahel malien au Xe-XIe siècle, sur les hautes terres éthiopiennes au XIIe-XIIIe, dans le Sénégal atlantique ou le Sahel nigérian au XVe, l'islam gagne à sa foi et à sa cause les élites africaines qui se trouvent dès lors contraintes, à ce qu'on peut supposer, de respecter parmi les prescriptions islamiques celles qui concernent en tout premier lieu l'inhumation des défunts, fussent-ils de haut rang, et d'abandonner à leur décès les manifestations ostentatoires qui les accompagnaient de leur vivant.

Mais si l'on peut aisément comprendre que l'arrivée de l'islam modifie brutalement les pratiques funéraires et cause l'abandon des tumulus au profit d'un type de sépulture plus en accord avec l'exigence d'humilité que professe l'islam, comment expliquer l'apparent phénomène de convergence qui voit les « tumulus » se multiplier au cours des premiers siècles d'interaction avec l'islam dans ces diverses régions d'Afrique ? Précisons que certaines traditions tumulaires, comme c'est le cas, parmi les exemples cités, des monuments maliens, apparaissent clairement antérieures au VIIe siècle. Mais l'intéressant est l'apparent renforcement somptuaire des traditions funéraires dans plusieurs régions d'Afrique au cours de la période de plusieurs siècles qui s'écoule entre la mise en contact avec l'Islam et la conversion des élites locales à la religion musulmane.

Dans chacun des cas évoqués, les tumulus sont des monuments imposants dont la réalisation a nécessité une mobilisation importante de main-d'œuvre (on a estimé nécessaires jusqu'à 25 000 jours-homme dans le cas des plus gros tumulus sénégalais). Il y a là l'indice d'un statut social important permettant une accumulation de richesses dont témoigne le mobilier funéraire. Le nombre et la distribution des monuments, dessinant une maille serrée sur le territoire, plaident en faveur d'une élite de type aristocratique en cours de formation, déjà bien différenciée du reste de la société, mais encore peu centralisée. Les dynasties royales ne sèment pas ainsi des tertres dans le paysage ; allergiques à l'éparpillement, représentation spatiale de la dispersion politique, elles regroupent leurs morts dans des nécropoles compactes (→ 11). On est donc plutôt tenté de voir dans ces élites encore multiples les matrices politiques des pouvoirs plus concentrés et plus incontestés qui bientôt se développeront dans ces mêmes régions. Déjà, on en aperçoit certains traits. Voici en effet des individus qui aiment à rejoindre leur dernière demeure dans un apparat de cavalier et de guerrier, mais veulent être accompagnés des objets qui signalent ce que leur rang doit aussi à un pouvoir économique : perles facettées de roches translucides probablement produites en Inde ou au Pakistan actuels, perles de verre égyptiennes ou dites « indo-pacifiques » produites au Sri Lanka ou en Indonésie, coquillages de type cauris venus de l'archipel des Maldives, pièces d'orfèvrerie islamique, tout cela dans une abondance nouvelle qui indique l'existence d'un commerce organisé. Bien avant de se faire musulmanes, les élites locales ont été capables de capter à leur profit les bénéfices d'un commerce à longue distance pratiqué, au travers de multiples intermédiaires, avec le monde islamique alors en expansion. Les tumulus sont les marqueurs de cette onde de choc avant-coureuse de l'islam qu'a engendré le commerce. Ces vestiges archéologiques sont en somme un cliché « instantané » d'un moment historique bref et qui n'a laissé que peu d'autres traces : celui qui s'écoule entre la mise en connexion de chacune de ces régions d'Afrique avec le monde islamique et les premiers effets de l'islamisation.

Vers le milieu du XIe siècle, le géographe andalou al-Bakrî décrit ainsi les funérailles du souverain du Ghâna : « À la mort d'un roi, ils dressent un immense dôme en bois d'acacia au-dessus de l'endroit où sera sa tombe. On y apporte le corps que l'on place sur un lit garni de quelques tapis et coussins. Ils posent près du mort ses parures, ses armes, les récipients pour manger et boire emplis de mets et de boissons. On enferme avec lui les gens qui lui servaient ses plats. Une fois la porte fermée, on dispose sur le dôme des nattes et des toiles. Toute la foule assemblée recouvre de terre le tombeau, qui devient peu à peu comme un gros monticule. On creuse ensuite un fossé tout autour, en laissant un passage pour accéder au tombeau. Ils ont, en effet, la coutume d'offrir à leurs morts des sacrifices et des libations de boissons enivrantes. »

Note

L'ouvrage de Francis Anfray, *Les Anciens Éthiopiens* (Paris, Armand Colin, 1990, p. 215-257), constitue la meilleure présentation synthétique du mégalithisme éthiopien. Au sujet plus spécifique des stèles, les travaux de Roger Joussaume sont particulièrement recommandables. Mentionnons seulement : Roger Joussaume (dir.), *Tuto Fela et les stèles du sud de l'Éthiopie*, Paris, Éditions recherche sur les Civilisations, 2007. En ce qui concerne les cultures à tumulus d'Éthiopie, voir F.-X. Fauvelle, Bertrand Poissonnier (dir.), *La Culture Shay d'Éthiopie. Archéologie et histoire d'une élite païenne*, Paris, De Boccard et Centre français des études éthiopiennes, 2012 ; F.-X. Fauvelle, Bertrand Poissonnier, « The Shay Culture of Ethiopia (10th to 14th Century AD) : "Pagans" in the Time of Christians and Muslims », *African Archaeological Review*, 33 (1), 2016, p. 61-74 ; Alebachew Belay Birru, « The "Shay Culture" revisited. Overview of Recent Archaeological Fieldworks in the Central Highlands of Ethiopia », *Nyame Akuma*, 93, 2020, p. 11-16. Concernant les tumulus du Mali, voir le bilan tiré par Raymond Mauny, *Tableau géographique de l'ouest africain d'après les sources écrites, la tradition et l'archéologie*, Dakar, Institut français d'Afrique Noire, 1961, p. 92-111, spécialement p. 96-97 pour le monument d'El-Oualadji, p. 95-96 et 106 pour celui de

Koï Gourey. La fouille de Desplagnes n'échappe pas à la critique d'une intervention archéologique brutale ; mais les deux tumulus de la région de Goundam fouillés par lui comptent parmi les rares monuments significatifs qui aient fait l'objet d'une publication. Voir Louis Desplagnes, *Le Plateau central nigérien*, Paris, Émile Larose, 1907, p. 57-66 ; et du même : « Étude sur les tumuli du Killi dans la région de Goundam », *L'Anthropologie*, 14, 1903, p. 151-172, et « Fouilles du tumulus d'El-Oualadji (Soudan) » (édité et annoté par R. Mauny), *Bulletin de l'Institut français d'Afrique noire*, 13 (4), 1951, p. 1159-1173. L'étude des figurines animales en laiton de Koï Gourey a été réalisée par Laurence Garenne-Marot, Caroline Robion, Benoît Mille, « Cuivre, alliages de cuivre et histoire de l'empire du Mali. À propos de trois figurines animales d'un tumulus du Delta intérieur du Niger (Mali) », *Technè*, 18, 2003, p. 74-85. La collection Desplagnes, constituée des éléments de mobilier collectés lors de ces fouilles, est conservée au musée du Quai Branly à Paris. Ces lectures doivent être complétées par une prise en considération des rapports de prospection, qui offrent la meilleure idée de l'ampleur du phénomène mégalithique au Mali. Voir à ce sujet l'ouvrage de Michel Raimbault, Kléna Sanogo (dir.), *Recherches archéologiques au Mali. Les sites protohistoriques de la Zone lacustre* (Paris, Karthala, 1991), ainsi que l'article de Téréba Togola, « Iron Age Occupation in the Méma Region, Mali » (*African Archaeological Review* 13 [2], 1996, p. 91-110), qui présente un état de la recherche archéologique sur le Méma et un compte rendu de la fouille du site d'Akumbu. On se référera à l'annexe 1 de l'ouvrage de Raimbault et Sanogo pour la présentation systématique des datations, très nombreuses, qui ont été effectuées. La fouille de Rao au Sénégal est présentée par Jean Joire, « Archaeological Discoveries in Senegal », *Man*, 43, 1943, p. 49-52, et « Découvertes archéologiques dans la région de Rao (Bas-Sénégal) », *Bulletin de l'Institut français d'Afrique noire*, série B, tome XVII, 3-4, 1955, p. 249-333. La datation au carbone 14 (1300 ± 50) est mentionnée par Bruno Chavane, *Villages de l'ancien Tekrour* (Paris, Karthala, 1985), p. 46, qui évoque également, mais rapidement, des fouilles plus récentes. Je n'ai pu identifier la publication originale de cette datation. Susan Keech McIntosh et Roderick J. McIntosh, « Field Survey in the Tumulus Zone of Senegal » (*The African Archaeological Review*, 11, 1993, p. 73-107), présentent les résultats de prospections plus récentes ; c'est à ces auteurs que sont empruntées les estimations chiffrées du nombre de monuments tumulaires au Sénégal et du travail que représente la construction de tumulus. Concernant les traditions mégalithiques de Sénégambie, on se référera en premier lieu à l'ouvrage d'Augustin Holl et Hamadi Bocoum, *Les Traditions mégalithiques de Sénégambie* (Paris, Errance, 2013). Enfin, concernant les monuments funéraires du Nigeria et notamment celui de Durbi Takusheyi, voir Detlef Gronenborn (dir.), *Gold, Sklaven & Elfenbein. Mittelalterliche Reiche im Norden Nigerias / Gold, Slaves & Ivory. Medieval Empires in Northern Nigeria*, Mayence, Verlag des Römisch-Germanischen Zentralmuseums, 2011, p. 72-107; D. Gronenborn, « Zur Repräsentation von Eliten im Grabbrauch. Probleme und Aussagemöglichkeiten Historicher und Ethnographischer Quellen aus Westafrika », dans Markus Egg, Dieter Quast (dir.), *Aufstieg und Untergang*, Mayence, Verlag des Römisch-Germanischen Zentralmuseums, 2009, p. 217-245 ; « Du Kanem-Bornou aux cités haoussa : empires, Islam et commerce au Sahel central (IXe-XVIIe siècle) », dans François-Xavier Fauvelle (dir.), *L'Afrique ancienne, de l'Acacus au Zimbabwe*, Paris, Belin, 2018, p. 203-225. Le texte d'al-Bakrî est tiré de Joseph Cuoq, *Recueil des sources arabes*, Paris, 1985, p. 100, dont la traduction est ici modifiée en regard de celle de Nehemia Levtzion, et John F. P. Hopkins (éd.), *Corpus of Early Arabic Sources for West African History*, Princeton, Markus Wiener, 2000, p. 80-81.

Chapitre 13

Aksum, la ville qui fait les rois

Nord de l'Éthiopie, vers le XIIe *siècle*

Ce que fut Aksum « après Aksum » demeure une question vivace. On sait en effet quel rôle fut celui d'Aksum dans l'Antiquité : la capitale d'une puissance politique qui fut une actrice africaine majeure du commerce en mer Rouge, corridor étroit entre la Méditerranée et l'océan Indien. Autour de 30 ou 40 de notre ère, le *Périple de la mer Érythrée*, un précis de navigation et de commerce rédigé en grec à l'intention de marchands égyptiens désireux de se rendre pour affaires en Inde ou en Azania (la future côte des Zanj des Arabes), mentionne déjà Aksum comme la métropole qui organise le trafic entre l'intérieur et la côte. Au IVe siècle, le royaume d'Aksum, bien que solidement africain, a fait sien tout un « paquet » culturel gréco-romain : le christianisme copte a fait souche sur les hautes terres d'Érythrée et du nord de l'Éthiopie actuelle ; les rois émettent un monnayage d'or, d'argent, de cuivre, de même valeur que celui de Byzance ; on suit la mode romaine et l'on importe des amphores de vin d'Italie. Il reste de cette époque, qui s'étira jusqu'à la veille de l'Islam au VIe siècle, des villes en ruines et des villas émaillées sur le plateau érythréo-tigréen (le Tigré est la province du nord de l'Éthiopie actuelle). À Aksum, on voit des ruines majestueuses de « palais » – les guillemets sont de mise car on ne sait trop qui les habitait ; on butte un peu partout sur des pierres errantes – blocs taillés, fragments de gargouilles ; l'église Sainte-Marie-de-Sion a été plusieurs fois rebâtie sur un gigantesque podium où s'élevait peut-être la basilique primitive ; des pierres funéraires dressées ou tombées au sol se comptent par centaines ; certaines sont des blocs monolithiques de 30 mètres de hauteur entièrement sculptés comme des façades de maisons d'habitation.

À Aksum, l'antique cité du nord de l'Éthiopie, une mission archéologique allemande découvrit en 1906 un ancien piédestal de trône. On en connaît des dizaines dans la ville actuelle mais on ne sait pas leur fonction précise ; l'appellation « piédestal de trône » est du reste assez conventionnelle : on n'a jamais montré que des trônes pouvaient convenablement se ficher dans les encoches aménagées sur les piédestaux. Une face de ce bloc portait deux inscriptions gravées (appelons-les respectivement I et II) et un fragment d'une troisième, réduite à un seul mot (III). Une quatrième inscription (IV) figurait sur une autre pierre gisant à proximité et qui doit avoir appartenu au même monument. Les pierres sont encore à la même place aujourd'hui, mais le déchiffrement des inscriptions est devenu beaucoup plus difficile du fait de leur longue exposition à l'érosion.

Les inscriptions sont en écriture éthiopique, un alphasyllabaire ; leur texte est en guèze, langue des Aksumites de l'Antiquité et langue de l'Église éthiopienne jusqu'à nos jours. On veut généralement que ces quatre textes soient contemporains les uns des autres ; il n'y a pas d'obligation à cela. Les inscriptions III et IV présentent un style d'écriture légèrement différent des autres (aucune voyelle n'est marquée), la gravure en est régulière et le texte fait appel à un vocabulaire spécifique. Tout cela rend très possible leur appartenance à un état antérieur, sans doute antique, du trône. Les inscriptions I et II, que l'on attribue à l'époque « post-aksumite », autre terme conventionnel, c'est-à-dire à un haut Moyen Âge dont on sait peu de choses, auraient donc été gravées sur un support détourné pour l'occasion de sa fonction première, et de toute façon déjà ébréché. Il y a là un « remploi » qu'il faudrait un jour étudier avec attention à la lumière des textes inscrits.

Les inscriptions I et II sont lacunaires et d'interprétation malaisée, mais on en tire tout de même quelques informations. Elles commencent par une formule identique : « Au nom du Père et du Fils et du Saint Esprit ». L'auteur est donc chrétien ; il s'appelle Daniel (Dane'el en guèze), fils de Debre Ferem. Par l'inscription I il relate avoir soumis le potentat local, un certain Karuray, auquel il a pris, à moins que ce ne soit à un autre, un butin de 10 000 vaches et de 130 taureaux, avant de conduire des razzias chez d'autres ennemis. Par la seconde, il tire gloire d'avoir défendu Aksum contre le peuple des Welqayit, dont il tira également un butin de poulains et de bouvillons. Ces deux textes, qui manifestent des intentions différentes de célébrer la légitimité née de la conquête et celle conférée par la protection exercée sur le pays conquis, semblent témoigner de deux moments politiques ; on peut y voir deux inscriptions différentes et successives voulues par le même auteur.

Parce que Debre Ferem pourrait être le nom d'une communauté de moines, on a supposé que Daniel affichait moins la filiation biologique avec son géniteur qu'une filiation spirituelle avec son monastère d'origine ; il serait donc une sorte de moine guerrier ou justicier. On a supposé qu'il avait sa capitale en une localité appelée Kubar mentionnée aux IXe et Xe siècles par quelques auteurs arabes. Tout cela est bien sûr possible, mais d'une pertinence toute relative puisque nous ne savons pas où se trouve Kubar ni, de toute façon, quelle était la structure du pouvoir entre l'effondrement de la royauté aksumite puis l'abandon d'Aksum, au VIIe siècle, et la réapparition dans les sources d'une dynastie chrétienne, les Zagwé, au XIe. Il reste le titre que se donne Daniel, d'ailleurs le même que celui du potentat soumis par lui : *hatsani* (guèze *ḥaśani*). On reconnaît là le même titre porté par Lalibela (→ **25**), un souverain éthiopien de l'aube du XIIIe siècle, ce qui, faute de meilleur argument, plaide pour une date assez proche de cette dernière. Au même terme sont également apparentés ceux de *hatsé* ou *atsé* (guèze *ḥaśe*, *aṣe*) ou *qât* (arabe *qāṭ*) respectivement employés par les souverains chrétiens et musulmans d'Éthiopie à partir du XIVe siècle (→ **34**), tandis que les auteurs arabes emploient hadâni (*ḥaḍāni*) ou hâtî (*ḥāṭī*) pour désigner le souverain chrétien. Mais qu'il y ait là un terme ancestral désignant la royauté suffit-il à convaincre que Daniel est l'ancêtre d'une lignée royale ? Est-il même sûr qu'il était roi dans le sens que ce terme recouvrira plus tard ?

Daniel a donc laissé, sur une modeste pierre d'une ancienne capitale devenue bourg de paillotes, deux inscriptions de victoire. Mais si l'on peine à saisir leur signification et leur contexte historique, faute d'autres documents d'époque, on n'a pas, inversement, tiré toutes les conséquences de l'existence même de ces inscriptions. Or, l'exception documentaire qu'elles représentent pour ces siècles obscurs implique non seulement que nul autre,

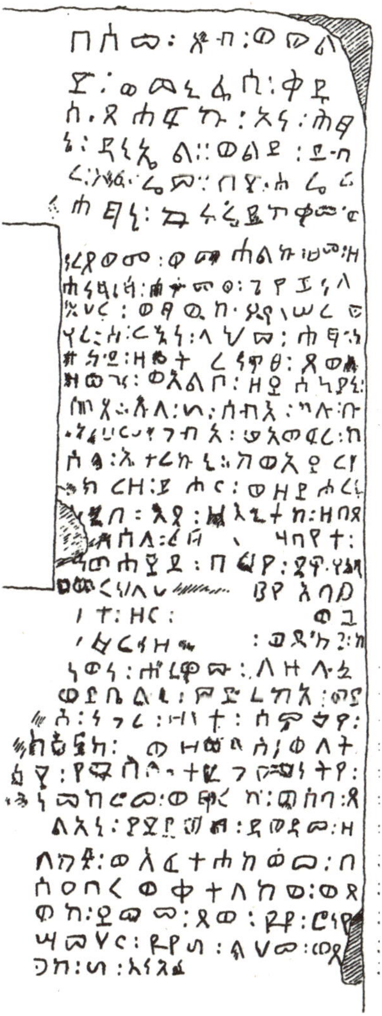

Relevé de l'une des inscriptions gravées sur la face supérieure de la base du « trône » 22 à Aksum. La graphie est le syllabaire éthiopique, la langue est le guèze. Il s'agit de l'inscription d'un certain *hatsani* Daniel.

y compris l'adversaire défait, qui pourtant vivait parmi des ruines où nombre de monuments inscrits étaient encore visibles, n'a laissé de telles traces ; mais aussi, et inversement, que Daniel n'en a pas laissé ailleurs qu'à Aksum. En somme, il fallait que ce conquérant ou quelque clerc chrétien de sa suite, assez imprégné d'une culture du pouvoir qui valorisait l'écrit comme garant de l'authenticité des actes, eût l'idée d'inscrire le souvenir de ses razzias sur une pierre redressée, tout près d'autres qui, au nombre d'une vingtaine dans cette même localité, rappellent, en guèze ou en grec, les actes de souverains aksumites des IVe au VIe siècle, et plus lointainement ceux des souverains dits pré-Aksumites, près d'un millénaire plus tôt. C'est donc la troisième fois dans l'histoire – et ce n'est pas la dernière – qu'Aksum fait les rois. Le séjour qu'y effectue Daniel lui fournit en somme l'occasion de relayer une tradition dont il a des antécédents sous les yeux, consistant à la fois à proclamer des actes victorieux, à pourvoir par l'écrit à la sauvegarde de leur mémoire, à dresser un monument qui en est le support. Mieux que son nom, qui ne nous dit rien, ou son titre, peu disert, c'est la volonté d'inscrire ses actes dans la pierre d'Aksum, trésor d'archives à ciel ouvert, qui révèle le statut ou l'aspiration royale de Daniel.

Note

L'idée selon laquelle c'est Aksum (ou plutôt son clergé et sa cathédrale) qui « fait » les rois d'Éthiopie est présente dans l'article de Manfred Kropp, « Zur Deutung des Titels "Kebrä nägäst" », *Oriens Christianus*, 80, 1996, p. 108-115. Les questionnements sur « Aksum après Aksum » proviennent de cet article publié par Bertrand Hirsch et moi-même : « Aksum après

Aksum. Royauté, archéologie et herméneutique chrétienne de Ménélik II (r. 1865-1913) à Zär'a Ya'qob (r. 1434-1468) » (*Annales d'Éthiopie*, XVII, 2001, p. 57-107), qui analyse les usages royaux d'Aksum depuis le Moyen Âge jusqu'à l'époque contemporaine. Parmi plusieurs monographies archéologiques et des comptes rendus de fouilles publiés pour l'essentiel dans les revues *Annales d'Éthiopie* et *Rassegna di Studi Etiopici*, recommandons deux ouvrages généraux sur la civilisation d'Aksum : Francis Anfray, *Les Anciens Éthiopiens*, Paris, Armand Colin, 1990 et Stuart Munro-Hay, *Aksum: An African Civilization of Late Antiquity*, Édimbourg, Edinburgh University Press, 1991. Les inscriptions de Daniel ont été découvertes et copiées en 1906 par la Deutsche Aksum-Expedition, dont les travaux ont été publiés par Enno Littmann, *Deutsche Aksum-Expedition*, Berlin, G. Reimer, 1913, 4 vols. Le fac-similé, la transcription et la traduction en allemand figurent aux pages 42 à 48 du vol. 4, *Sabäische, Griechische und Altabessinische Inschriften*, sous les numéros 12 à 14. Une nouvelle édition d'après les pierres, mais sans la traduction, a été réalisée par Étienne Bernand, Abraham J. Drewes, Roger Schneider, *Recueil des inscriptions de l'Éthiopie des périodes pré-axoumite et axoumite*, t. 1, *Les Documents* (Paris, De Boccard, 1991), sous les numéros 193 et 194. Ma numérotation reprend celle de cette dernière édition, à l'exception de l'inscription IV qui est éditée sous le numéro 194. Les planches photographiques, cependant presque illisibles, figurent dans le tome 2 du même ouvrage. Pour l'état de la recherche le plus à jour au sujet de la dynastie royale des Zagwé en Éthiopie chrétienne, on doit se reporter aux travaux de Marie-Laure Derat, notamment à son ouvrage *L'Énigme d'une dynastie sainte et usurpatrice dans le royaume chrétien d'Éthiopie du XIe au XIIIe siècle* (Turnhout, Brepols, 2018) et son chapitre « Before the Solomonids: Crisis, Renaissance and the Emergence of the Zagwe dynasty (Seventh-Thirteenth Centuries) », dans Samantha Kelly (dir.), *A Companion to Medieval Ethiopia and Eritrea*, Leyde, Brill, 2020, p. 31-46.

CHAPITRE 14

Les trésors de Debre Damo

Nord de l'Éthiopie, jusqu'au XIIe siècle

Ce n'est pas de sitôt que Debre Damo pourra faire l'objet d'une inspection un peu attentive par des archéologues professionnelles. Non pas seulement que le monastère soit interdit aux femmes, ni qu'il faille entreprendre, pour atteindre le sommet de l'*amba* (la montagne tabulaire où sont établies deux églises en dur et quelques grappes de huttes hébergeant les moines), une ascension de vingt mètres ceinturé d'une corde. C'est aussi que, comme partout en Éthiopie, le clergé chrétien, ombrageux, et les communautés rurales attachées à leurs églises, sont rétifs à toute investigation, vécue comme intrusive. Il faut être patient pour obtenir de se faire montrer une partie cachée d'une église ou un manuscrit, et quelques-uns, n'ayant pas cette patience, qui est d'ailleurs rarement suffisante, ont parfois recours à des expédients pour pénétrer dans les sanctuaires ou mettre la main sur des objets sacrés.

L'histoire de Debre Damo est aussi obscure que les traditions apocryphes sur son origine sont nombreuses. Tout au plus sait-on par les actes de saints éthiopiens et les récits de voyageurs européens qu'il y existe une tradition monastique continue depuis le XIIIe siècle au moins, et suppose-t-on grâce à la présence d'éléments architecturaux (colonnes et chapiteaux de pierre, notamment) remployés dans l'église principale, dédiée à Za-Mikael Aregawi, l'un des saints évangélisateurs du pays – qui put y accéder grâce à l'assistance d'un serpent qui se transforma en corde –, qu'un bâtiment d'époque aksumite (→ **13**) l'y précéda. Quant à savoir de quand date cette église, quelque réfection qu'elle ait subie par la suite, si incertains sont les critères de chronologie que les spécialistes oscillent entre le VIIe et le XVIe siècle, quelques-uns paraissant d'accord pour l'attribuer aux environs du Xe siècle.

Antonio Mordini, chef du service ethnographique colonial de l'Afrique italienne, eut la chance de se rendre à plusieurs reprises à Debre Damo au cours de la brève mais ravageuse occupation de l'Éthiopie par son pays (1936-1941). La tradition orale de la communauté des chercheuses et chercheurs spécialistes de l'Éthiopie affirme que, membre des services de renseignement militaire italiens, c'est à Debre Damo, où on le connaissait bien, qu'il trouva asile quelque temps lorsqu'un honorable *alter ego* britannique se mit à sa poursuite, au milieu de la guerre. Quoi qu'il en soit, c'est à Mordini que l'on doit les principales observations de nature historique et archéologique effectuées sur ce site. C'est peu de dire que celles-ci consistèrent à révéler au monde extérieur l'existence de trésors exceptionnels au moment où ceux-ci allaient être, ou pire encore, venaient d'être, pillés. On vendait alors au Caire, sur le marché des antiquités, des pièces de textile ancien de fabrication égyptienne venant de Debre Damo. Mordini en découvrit d'autres, en 1939, dans la sacristie de l'église principale ainsi que dans une cache oubliée de tous contenant des milliers de feuillets de parchemin ; il s'agissait de pièces d'étoffe islamiques, certaines portant des inscriptions de broderie de soie en arabe, attribuables aux IXe-XIe siècles. Les moines trouvaient alors fréquemment, sur l'*amba*, souvent après les pluies qui lessivaient le sol, des monnaies arabes d'or et d'argent, que le trésorier s'empressait de fondre. Mordini en découvrit de nombreuses autres lors d'une petite fouille qu'il effectua dans l'ancien cimetière de la communauté ; il s'agissait de dirhams et de dinars frappés aux noms de califes omeyyades et abbassides (VIIe-Xe siècle).

Début 1940, un moine de Debre Damo découvre fortuitement un nouveau trésor parmi la charpie d'une petite cassette de bois plaquée d'or cachée dans l'anfractuosité d'une paroi couverte de terre, dans une grotte située à proximité de l'église mineure du site, sur une corniche en contrebas de l'église majeure. Le prieur du monastère, guère mieux alerté que son trésorier sur la valeur historique d'une telle trouvaille, la porte alors chez un orfèvre d'Asmara, qui l'achète pour la céder à son tour à une personne « avertie » (on n'en sait pas plus sur son compte) qui en informe Mordini. C'est ainsi que ce dernier put examiner, avant qu'elles ne disparaissent sur le marché des collectionneurs, un lot de 103 monnaies d'or aux noms de Kadphisès II, Kanishka Ier, Huvishka, Vasudeva Ier. Il ne s'agit pas de rois éthiopiens mais de souverains des Kouchanes, peuple de culture gréco-bouddhique, qui régnèrent sur la Bactriane, aux confins de l'Inde, de l'Afghanistan et du Pakistan actuels, au IIe et au début du IIIe siècle de notre ère.

Les trésors monétaires ont un intérêt paradoxal pour l'historien : ils proviennent souvent de la périphérie de la zone économique considérée et non pas de son centre (les trésors de monnaies romaines viennent de Grande-Bretagne, de Bulgarie ou d'Inde et sont plus rares en Italie) ; ils témoignent moins des ressorts de la circulation marchande que des motifs, qui peuvent être parfaitement irrationnels, de l'accumulation et du retrait monétaire ; l'événement qu'ils datent n'est pas l'activité économique mais son déclin ou son arrêt. En tout cela, ils sont moins l'illustration de la règle, le fonctionnement ordinaire des choses, que l'exception, le contingent, et leur signification n'en est que plus difficile à cerner. Mais au-delà de la difficulté, dans le cas présent, à interpréter la présence de monnaies kouchanes ou arabes à Debre Damo, ce sont les conditions de la découverte desdits trésors qui ont fait se perdre, comme le plus souvent en pareil cas (on pense aux pilleurs du dimanche armés de détecteurs de métaux dans les campagnes françaises), l'essentiel de l'information qui nous eût été utile. Du moment même que la trouvaille est, à quelque titre que ce soit, constituée en « trésor », c'est que sa valeur matérielle (au poids du métal) ou faciale (pour le collectionneur ou même le chercheur) a fait oublier sa valeur historique. On eût pourtant aimé inspecter la cachette et la grotte, examiner et faire analyser les restes du coffret, dater au carbone 14 les fibres du bois, collecter les fragments de céramique qui, nous dit Mordini, lui étaient associés. On eût aimé voir les monnaies kouchanes qu'a vues Mordini et en faire le catalogue, qui ne fut jamais fait. On eût aimé revisiter le débarras contenant les tissus et les manuscrits ; on eût aimé le visiter alors qu'il venait d'être ouvert et ses trésors en passe d'être déparés pour être confiés à des experts et des philologues – qui d'ailleurs ne purent en dire que ce qu'il y avait à dire sur des pièces déparées.

On eût aimé connaître l'inventaire précis des manuscrits du monastère, mais il paraît qu'un incendie les a détruits en 1996. On eût aimé posséder le relevé des fouilles qui livrèrent des monnaies arabes, savoir quels autres restes (sépultures, céramiques, éléments de bâti, parures…) leur étaient associés, quelle était l'extension de la zone des trouvailles, mais aucun relevé ne fut publié. On aimerait prospecter l'*amba*, en visiter librement les cavités, y pratiquer quelques sondages archéologiques et des prélèvements pour analyse.

Faute de toutes ces informations, et en attendant mieux, nous sommes condamnés à ressasser les maigres observations qui nous sont parvenues, pièces éparses et incomplètes d'un puzzle dont nous ne savons pas du reste de quoi il consiste. À tout le moins les questions que l'on peut se poser aident-elles à délimiter quelques-uns des problèmes que pose l'histoire du lieu : pourquoi, parmi tant d'indices de diverses époques présents sur cette montagne, y en a-t-il si peu attribuables aux IVe-VIe siècles, période d'hégémonie du royaume d'Aksum non seulement sur ses terres d'Éthiopie et d'Érythrée mais également dans les régions riveraines de la mer Rouge ? Et comment comprendre la présence de monnaies et de biens de prestige d'origine islamique ? Plaident-ils en faveur de contacts nourris et réguliers entre la communauté de Debre Damo et le patriarcat copte d'Égypte, ou bien renseignent-ils sur l'existence d'une communauté musulmane au voisinage du monastère ?

Mais surtout : pourquoi tant de trésors – ceux-ci, et combien d'autres dont la mise au jour n'a pas eu un Mordini pour témoin ? – ont-ils été enfouis à Debre Damo ? À quoi l'on s'empresse de répondre que, si tant de trésors ont été trouvés en ce lieu, c'est qu'autant de fois on avait oublié ce qui venait d'être déposé ou caché. Conséquences d'interruptions de mémoire, ces découvertes illustrent sans doute l'histoire accidentée qui fut celle de Debre Damo au cours du premier millénaire de notre ère, bien davantage que des relations à longue distance (avec le monde indo-iranien d'abord, avec le monde islamique ensuite) dont on ne saura pas quoi dire. Ces accidents successifs qui ont enfoui des trésors en des points divers du site ne sont-ils pas un meilleur témoignage du statut de ce haut lieu que les trésors eux-mêmes ?

Note

Les pages que Francis Anfray, *Les Anciens Éthiopiens* (Paris, Armand Colin, 1990, p. 169-173), et David Phillipson, *Ancient churches of Ethiopia* (New Haven, Yale University Press, 2009, p. 51-64), consacrées à Debre Damo constituent de bonnes introductions au sujet. La première collecte de données architecturales sur ce site est due à la Deutsche Aksum-Expedition et a été publiée par Enno Littmann, *Deutsche Aksum-Expedition*, Berlin, G. Reimer, 1913, vol. 2, p. 168-194. Une seconde collecte, plus systématique et effectuée à l'occasion d'une campagne de restauration de l'église majeure en 1948, a été faite par Derek Matthews. La plupart des données collectées indépendamment par Mordini et Matthews ont été commodément réunies sous forme monographique : D. Matthews, A. Mordini, « The Monastery of Debra Damo, Ethiopia », *Archaeologia*, 97, 1959, p. 1-58 + 15 planches. Les informations sur la découverte des monnaies kouchanes proviennent de Antonio Mordini, « Gli aurei kushāna del convento di Dabra Dāmmò », *Atti del Convegno Internazionale di Studi Etiopici* (2-4 avril 1959), Rome, Accademia Nazionale des Lincei, 1960, p. 249-254. Quelques fragments de tissu sont décrits par le même auteur dans « Un tissu musulman du Moyen Âge provenant du couvent de Dabra Dāmmò (Tigrai, Éthiopie) », *Annales d'Éthiopie*, II, 1957, p. 75-79. Les parchemins ont été brièvement étudiés par Carlo Conti Rossini, « Pergamene di Debra Dammó », *Rivista degli Studi Orientali*, XIX, 1940, p. 45-57.

Chapitre 15

La carte et les deux géographies

Corne de l'Afrique, avant le milieu du XIIe siècle

Premier climat, cinquième section. Voici un feuillet de l'atlas d'al-Idrîsî, achevé à la fin des années 1150. Un manuscrit ancien, qui n'est pas l'original, perdu, est conservé à la Bibliothèque nationale de France à Paris. Dans la tradition cartographique arabe, qui en cela s'inspire, en même temps qu'elle la transmet, de la cartographie de Ptolémée, astronome et géographe grec d'Alexandrie au IIe siècle de notre ère, le monde sphérique se laisse projeter sous la forme d'une représentation plane entièrement saisie à l'intérieur d'un quadrillage. Les bandes longitudinales définies de la sorte sont appelées « climats » ; les bandes latitudinales, « sections ». L'intersection de la cinquième section et du premier climat nous amène au bord du monde connu ; le cadre en est limité au sud, c'est-à-dire en haut du feuillet, par la ligne de l'Équateur. Le fleuve qui prend naissance au-delà de la ligne et coule vers le nord est un affluent du Nil. On distingue à gauche l'étranglement de la mer Rouge que forme le détroit du Bab-el-Mandeb, et, s'ouvrant au sud, l'océan Indien. Les points en forme de boutons de rose sont des localités. Nous devrions être en terrain familier :

cette carte contient ce qu'al-Idrîsî savait de la région qui constitue pour nous le quart nord-est de l'Afrique.

Et pourtant, nous ne reconnaissons rien ou presque. Est-ce la géographie humaine qui a tellement changé que seuls le nom d'Allâqî, une montagne du sud-est égyptien connue pour ses mines d'or, qu'entaille un oued homonyme, le nom des Bedja, un peuple pastoral du Soudan et d'Érythrée, ou encore le nom d'Abyssinie au-dessus des montagnes, nous évoquent encore quelque chose ? Ou bien les informations de cette carte sont-elles simplement fantaisistes ? Il est vrai qu'al-Idrîsî, d'ascendance andalouse et maghrébine, qui n'a sans doute jamais voyagé plus loin que l'Espagne, le Maroc, peut-être encore la Provence et l'Italie, cartographe au service d'un souverain chrétien d'Occident (→ 8), n'est pas forcément bien informé au sujet de ces régions lointaines. On a souvent relevé, à propos d'autres régions, qu'il emploie parfois des sources âgées d'un ou deux siècles ; on a même pensé reconnaître sur ces cartes des déformations de toponymes empruntés à Ptolémée. Il n'empêche, et pourvu que l'on soit en mesure de dater ces interférences, qu'on est curieux de savoir à quelle réalité correspondent les noms portés sur la carte et dans le « Livre de Roger » (*Kitāb Rujār*) qui en constitue en quelque sorte le commentaire.

Deux zones excitent particulièrement l'intérêt : d'une part la région entre fleuve et montagne, où figurent plusieurs noms de localités, d'autre part la frange côtière du golfe d'Aden avec son chapelet de ports. Nul doute que, si l'on parvenait à trouver la « clé » de cette carte, il y aurait matière à éclairer un peu cette région (en gros, ce que l'on appelle aujourd'hui la Corne de l'Afrique) qui, en cette période (disons, du XIe au milieu du XIIe siècle), nous est à peu près complètement obscure.

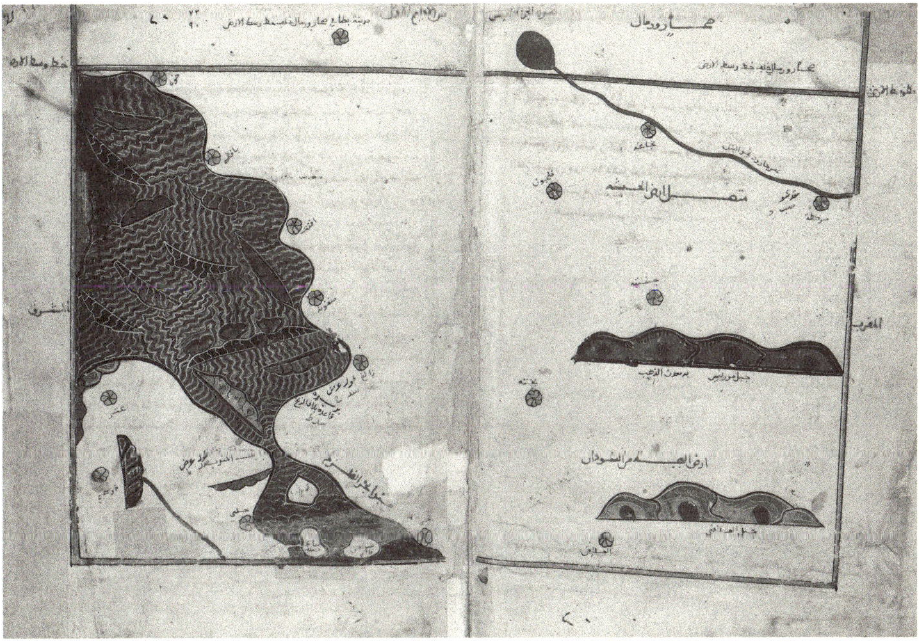

Feuillet de l'atlas d'al-Idrîsî, milieu du XIIe siècle. Ce feuillet est l'un des 68 dont se compose la carte. Il représente l'intersection du premier climat et de la cinquième section. Le nord est en bas de l'image. L'étendue maritime à gauche du feuillet est la mer Rouge (en bas) et l'océan Indien (en haut).

Mais il est rare, en matière de documents historiques, qu'il y ait une clé unique, ou même quelque ustensile intellectuel pouvant véritablement faire office de clé. À défaut, tentons quelques coups de crochet pour forcer la serrure. Dans la partie droite du feuillet, la présence de figurations parallèles de montagnes définit trois régions étagées du nord (en bas) au sud (en haut), qui correspondent respectivement au désert oriental égyptien, à la plaine soudano-érythréenne, et enfin à l'« Abyssinie », terme vague. La présence d'un fleuve barrant l'horizon nord de cette dernière région et s'écoulant vers l'ouest laisse cependant peu de doute sur le fait que nous sommes sur le haut plateau d'Érythrée et d'Éthiopie, justement incliné vers l'ouest et servant de bassin collecteur au Nil. Il ne faut peut-être pas trop prêter attention au lac comme aux déserts mentionnés au-delà de l'équateur, évocations fictives. Pas une localité n'est d'ailleurs mentionnée sur la rive gauche du cours d'eau qui, compte tenu de la logique apparente de la carte, n'est bien sûr pas le Nil soudanais, ni sans doute le Nil bleu, mais plus probablement une représentation du cours supérieur du Takkazé, puissante rivière qui a creusé les canyons les plus profonds d'Afrique et se continue au Soudan sous le nom d'Atbara, affluent du Nil. Parachutés à l'aveugle dans cette portion de la carte d'al-Idrîsî, nous nous découvrons donc dans la province du Tigré éthiopien et des districts immédiatement voisins au sud et à l'est. Nous n'en savons pas plus. C'est dommage, car il faut bien admettre que la période d'où proviennent les informations transmises par le géographe de Palerme est celle des « siècles obscurs » de l'Éthiopie.

Du chapelet de ports qui s'égrènent à partir de Zâligh en direction de l'océan, pas un ne possède un nom (sur la carte) ou des caractères descriptifs (dans l'ouvrage) qui évoqueraient pour nous un lieu précis. Nous suivons pourtant bien la côte du Somaliland actuel, partie septentrionale de la Corne, où chaque bouton de rose, à égale distance du précédent et du prochain, semble évoquer une escale le long d'un itinéraire maritime. C'est donc que l'informateur d'al-Idrîsî, à la différence de la portion précédente, aura été un navigateur. Mais sommes-nous bien où nous croyons être ? Sous le nom de Zâligh, les commentateurs ont voulu lire Zeyla, qui n'était pas encore le port de grand commerce qu'il allait être entre le XIIIe et le XIXe siècle, aujourd'hui village endormi au fond du golfe d'Aden. Identification commode si l'on ne veut voir que les deux lettres (Z, L) communes dans le nom et la position identique au débouché du Bab-el-Mandeb. Mais il y a tout de même quelque chose qui cloche : à se référer au texte qui accompagne la carte, la Zâligh d'al-Idrîsî est parfois clairement située au bord de la mer Rouge, dans le pays bedja, et de cette « ville maritime de l'Abyssinie » on se rend sur les hautes terres en deux semaines, chose qui serait rigoureusement impossible depuis l'actuelle Zeyla.

Pour résoudre ces contradictions, il faut dédoubler Zâligh et désassembler les informations qui lui ont été associées. Il y aura donc deux localités, assez proches par la distance et par le nom pour avoir été confondues par le géographe. L'une est notre Zeyla, première échelle de la navigation dans l'océan Indien en direction de l'équateur. L'autre appartient à la géographie de la mer Rouge, celle des espaces étagés depuis l'Égypte jusqu'à l'Abyssinie ; c'est peut-être Dahlak, un archipel gardant les côtes de l'Érythrée, ou bien quelque porte littorale d'où l'on pouvait alors rejoindre l'Éthiopie intérieure, c'est-à-dire le haut plateau abyssin. En somme, deux géographies distinctes se rencontrent sur ce feuillet : l'une appartient à la mer Rouge, annexe déjà lointaine de la Méditerranée ; l'autre, passé le goulot d'étranglement du Bab-el-Mandeb, est d'un autre monde. Comme il fallait que ces deux géographies fussent mentalement cousues, deux localités qui avaient en commun d'être des ports et de se trouver en bordure de leur monde respectif se sont trouvées confondues dans la couture.

Note

Les feuillets de l'atlas ornent les chapitres de l'ouvrage appelé « Livre de Roger », et intitulé en arabe *Nuzhat al-muštāq fī iḫtirāq al-āfāq* (« L'agrément de celui qui est passionné par les pérégrinations à travers le monde ») ; ce manuscrit, copié vers 1300, est détenu par la Bibliothèque nationale de France sous la cote Mss Arabe 2221. L'édition la plus commode en français est celle de Pierre-Amédée Jaubert, *Géographie d'Édrisi*, Paris, Imprimerie royale, 1836-1840, 2 vol. La partie de ce texte se rapportant à l'Occident (tant européen qu'africain) a été révisée par Annliese Nef pour l'édition suivante : *Idrîsî. La première géographie de l'Occident*, édition présentée et annotée par Henri Bresc et A. Nef, Paris, GF-Flammarion, 1999. L'édition critique de référence du texte arabe est : *al-Idrīsī, Opus geographicum*, Leyde, 1970-1984, 9 fascicules ; il s'agit de l'édition dite de Naples parce qu'elle est due à un collège d'érudits de l'Istituto Universitario Orientale di Napoli. La carte a fait l'objet d'une édition en cédérom sous le titre : *La Géographie d'Idrîsî. Un atlas du monde au* XIIe *siècle*, Paris, Bibliothèque nationale de France, 2000. Jean-Charles Ducène a livré une édition critique de la partie « africaine » de l'ouvrage classiquement appelé « Petit Idrisi », qui constitue selon lui une « refonte complétée du *Nuzhat* » : *L'Afrique dans le* Uns al-muhaǧ wa-rawd al-furaǧ *d'al-Idrīsī*, Louvain, Peeters, 2010. L'interprétation canonique (mais datée) des informations transmises par al-Idrîsî au sujet de la Corne de l'Afrique est celle de Carlo Conti Rossini, *Storia d'Etiopia*, Bergame, Istituto Italiano d'Arte Grafiche, 1928, p. 324-326. Au sujet de Zeyla, la mise au point la plus récente est celle que Bertrand Hirsch et moi-même avons livrée sous le titre « Le port de Zeyla et son arrière-pays au Moyen Âge. Investigations archéologiques et retour aux sources écrites », dans François-Xavier Fauvelle-Aymar, Bertrand Hirsch (dir.), *Espaces musulmans de la Corne de l'Afrique au Moyen Âge*, Paris, De Boccard, 2011, p. 27-74.

Chapitre 16

L'affaire de la concubine

Aydhâb et Berbera (côte du Soudan et du Somaliland actuels), mois de Tevet 4905

Une embarrassante affaire agite le port d'Aydhâb. En ce 21 du mois de Tevet de l'année 4905 du calendrier hébraïque, 19 décembre 1144, un marchand juif de retour d'Inde, Abû Saîd Ibn Jamâhir, s'adresse à l'officier de police musulman de la ville pour lui demander justice. Il estime avoir été diffamé par un certain Sâfî, homme de haute fonction puisqu'il est fondé de pouvoir du chef de la *yeshiva*, haut conseil juif, du Caire, mais cependant de basse condition, puisqu'il est juridiquement esclave, peut-être d'origine éthiopienne (son nom, Ṣāfī, peut s'entendre comme un classique surnom arabe, « le sincère », ou comme un nom éthiopien, « le scribe » en guèze). Ibn Jamâhir a produit des témoins : ses associés musulmans. Le surintendant pare au plus pressé en étouffant ce foyer de désordre qui s'est allumé dans la localité qui est sous sa juridiction : il fait fouetter publiquement Sâfî, le jette en prison et ne l'en sort qu'après plusieurs jours, contre monnaie sonnante.

Il y a cependant d'autres marchands juifs en ville, qui ne l'entendent pas exactement de cette oreille. Ils ne disent pas que les accusations portées par Sâfî sont fondées, ni qu'elles ne le sont pas ; ils trouvent simplement que l'empressement d'Ibn Jamâhir à faire taire Sâfî est suspect. Sans doute savent-ils bien d'autres choses « sur le fond », comme on dirait aujourd'hui, mais ils se contentent de rédiger un mémorandum au sujet des événements survenus à Aydhâb afin que l'affaire soit jugée plus tard au Caire, devant un tribunal juif. C'est ce document que nous avons sous les yeux. Le texte emploie les caractères hébraïques mais la langue est l'arabe. Il n'est pas signé, indice qu'il ne fut finalement pas produit devant le tribunal, peut-être parce qu'un règlement amiable vint sinon réparer la mauvaise manière faite à Sâfî, du moins le blanchir de l'accusation de calomnie. Comme tout document écrit portant le nom de Dieu – et tout document comprenant une salutation ou un serment portait le nom de Dieu –, il ne pouvait être détruit. Il fut donc conservé, comme des dizaines de milliers d'autres, dans une pièce appelée *geniza* de la synagogue des Juifs « palestiniens » (par opposition aux Juifs d'Irak ou de Perse, dits « babyloniens ») du Caire. Il ne revit la lumière du jour qu'en 1890 lorsque, la vieille synagogue étant rasée pour être rebâtie, les documents redécouverts furent achetés par des collectionneurs ou des bibliothèques ; ils sont aujourd'hui dispersés entre Cambridge, Oxford, New York, Philadelphie, Budapest et d'autres lieux. Correspondances privées ou officielles, actes judiciaires, contrats, comptes et autres documents d'affaires fournissent un matériau exceptionnel non seulement sur la société juive mais plus généralement sur la société méditerranéenne médiévale – les documents datent pour l'essentiel des XIe-XIIIe siècles –, et en particulier sur ce domaine sur lequel nous serions, sans eux, mal ou pas du tout renseignés, le commerce avec l'Inde. Les Juifs tenaient une place éminente dans ce grand commerce. Les papiers de la *geniza* nous les montrent achetant et vendant textiles, colorants de teinture, plantes médicinales, épices, bases de parfum, résines odorantes, cuivre et étain. Leur univers commercial s'étend des rives occidentales de la Méditerranée à la côte sud-ouest de l'Inde ; le pivot central en est Le Caire.

Quel que soit le compromis entre les parties auquel l'affaire d'Aydhâb a donné lieu, un crime cependant avait été commis, qui allait probablement rester impuni : celui qu'avait précisément dénoncé Sâfî. C'est contre cette allégation qu'Ibn Jamâhir avait cru bon de jouer la surenchère et de contrefaire la victime outragée. Quelle était la teneur de cette accusation ? Les auteurs de la pétition prennent soin de la replacer dans la bouche de l'accusateur, ce qui fait qu'elle nous est transmise au style direct : « Tu avais une esclave ; tu l'as rendue enceinte », avait lancé Sâfî, « et quand elle a accouché d'un fils tu l'as abandonnée avec son enfant à Berbera ». On peut supposer que l'esclave était indienne et que la malheureuse fut abandonnée lors d'une escale du voyage de retour entre l'Inde et Aden, ou bien entre Aden et la mer Rouge. Elle avait offert sa part des plaisirs exotiques de l'expatriation à un marchand établi loin de sa demeure ; si elle fut débarquée par ruse ou par force sur la côte somalienne, arrière-cour peu recommandable où l'on allait se procurer des cuirs et des peaux de félins, sans trop se bercer d'espoirs d'une grosse plus-value sur les pacotilles qu'on y livrait en échange, c'est qu'on n'avait pas voulu que, parvenue à Aydhâb, elle pût faire irruption dans l'univers domestique du marchand. Non que le Caire ne fût pas encore à bonne distance, deux semaines à travers le désert jusqu'au Nil d'Assouan ou d'Edfou, puis plus d'un mois en felouque pour descendre le fleuve. Mais voilà : Aydhâb était un seuil entre l'Orient et la Méditerranée. Et Ibn Jamâhir rentrait chez lui.

On ne sait ce qui avait déplu aux autres marchands juifs d'Aydhâb : est-ce qu'Ibn Jamâhir ait eu une concubine quand la loi rabbinique l'interdit ; est-ce de l'avoir abandonnée sur une plage ; est-ce d'avoir abandonné un nouveau-né, un fils ; est-ce le faux procès intenté au dénonciateur ? On comprend en tout cas que l'affaire ait fait grand bruit. S'il n'était guère possible d'y dissimuler un forfait pourtant accompli en douce dans une rade de Somalie, autant dire au bord du monde, c'est qu'Aydhâb était un carrefour bruyant où se rencontraient les marchands de toutes les confessions, hommes d'Orient et d'Occident, gens de mer et gens de commerce, sans même parler de la faune habituelle des ports. C'est également à Aydhâb qu'accostait le *kârim*, convoi maritime annuel entre l'Inde et Le Caire. Et c'est par Aydhâb que passait également l'une des routes du pèlerinage aux Lieux saints de l'Islam en Arabie – celle qu'empruntaient les petites gens qui ne pouvaient pas s'offrir le grand tour par Le Caire (→ **32**). Nous devons à l'un d'eux, Ibn Jubayr, de nous avoir laissé un témoignage de son passage : « C'est un des ports les plus fréquentés du monde, écrit-il : les marins indiens et yéménites y font escale, sans compter les bateaux des pèlerins qui vont et viennent. » L'homme à qui notre pèlerin loue un gîte pour son séjour de trois semaines est un Abyssin ; ils sont plusieurs à posséder ainsi dans la localité maisons et bateaux. À Aydhâb on importe tout, y compris l'eau. La population locale, des Bedja « plus proches des bêtes que des humains », vit de la petite industrie des pêcheries de perles, mais surtout de l'exploitation de la manne que représentent les pèlerins. Ils payent cher le passage en Arabie. À leur tour ils attendent le droit de s'entasser comme dans des « cages à poules » sur des *jalba*, esquifs faits de planches et de fibres de noix de coco que leurs propriétaires rentabilisent en une seule traversée, pour peu que celle-ci ne s'achève pas sur les récifs, au milieu des requins. Il arrive fréquemment que l'embarcation soit rejetée sur une côte, moins hospitalière encore s'il est possible ; alors on n'a le choix qu'entre l'hostilité du pays et l'absence de scrupule des bandits. « Parfois certains pèlerins, dit Ibn Jubayr, errent à pied dans ce désert, se perdent et meurent de soif. Celui qui en réchappe parvient à Aydhâb tel un mort qu'on sortirait de son linceul. Nous en avons vu lorsque nous séjournions dans la ville, qui étaient arrivés dans ce piteux état, transformés et défaits, signe à méditer ! » Pour finir, peu nombreux sont ceux qui parviennent à destination. Et notre auteur d'en tirer la morale : « Aydhâb mériterait bien d'avoir une police où le sabre remplacerait le nerf de bœuf ! »

Établi dès les premiers temps de l'Islam pour permettre l'exportation des esclaves et de l'or traités dans l'arrière-pays, Aydhâb fut, du XIe au XIIIe siècle, sinon la plaque tournante entre l'Afrique et l'Inde, rôle dévolu à Aden où étaient les maisons de commerce et les entrepôts, du moins le point de rupture de charge où le mode d'organisation du commerce changeait pour passer du maritime au caravanier, où étaient acquittées la douane d'Égypte et la contribution obligatoire due aux pilleurs bedja pour les rendre accommodants. C'est aujourd'hui un site oublié situé dans le triangle de Halayb, une zone contestée entre Égypte et Soudan. Les rares qui y sont passés y ont vu des ruines de petites maisons de blocaille et de mortier, des citernes, le sol parsemé de tessons de porcelaine chinoise, et surtout des milliers de tombes musulmanes en quadrants faites de larges blocs de calcaire corallien – sans doute celles de pèlerins jamais arrivés ou jamais revenus. Il y a toujours une petite garnison de police.

Note

L'étude de la documentation exceptionnelle que sont les papiers de la *geniza* du Caire fut l'œuvre d'une vie, celle de Shelomoh Dov Goitein, à qui l'on doit *A Mediterranean Society: The Jewish Communities of the Arab World as portrayed in the Documents of the Cairo Geniza*, Berkeley, University of California Press, 1967-1999, 6 vol. dont deux volumes posthumes. Le document ici évoqué provient, du même auteur, de *Letters of Medieval Jewish Traders* (Princeton, Princeton University Press, 1973, n° 79, p. 335-338), auquel sont empruntés tous les détails. Quoique sa pertinence soit oblique par rapport au sujet de ce chapitre, je signale la remarquable étude de Marina Rustow, *The Lost Archive: Traces of a Caliphate in a Cairo Synagogue* (Princeton, Princeton University Press, 2020), étude des archives des Fatimides employées comme support recyclé dans la documentation juive de la *geniza*. On doit à Tim Power, « The Origin and Development of the Sudanese Ports (Aidhâb, Bâdi, Sawākin) in the Early Islamic Period », *Chroniques Yéménites*, 15, 2008, p. 92-110, un excellent article sur les premiers temps des ports de la côte soudanaise de la mer Rouge, et à Jean-Claude Garcin, « Transport des épices et espace égyptien entre le XIe et le XVe siècle », *Actes des congrès de la Société des historiens médiévistes de l'enseignement supérieur public*, 7e congrès (Rennes), 1976, p. 305-314, une étude sur la place d'Aydhab dans la géographie commerciale égyptienne au Moyen Âge. Parmi les comptes rendus de visites sur le site d'Aydhâb, on peut se reporter à G. W. Murray, « Aidhâb », *The Geographical Journal*, 68 (3),

1926, p. 235-240 ; et plus récemment, à David Peacock et Andrew Peacock, « The Enigma of 'Aydhâb: A Medieval Islamic Port on the Red Sea Port », *International Journal of Nautical Archaeology*, 37 (1), 2008, p. 32-48. Ce dernier article brosse un rapide inventaire de la documentation et des prospections antérieures et propose de localiser le port d'Aydhâb à une vingtaine de kilomètres au sud-est du site principal. Mais il faut considérer cette hypothèse comme une pierre d'attente, les observations faites d'après images satellites n'ayant pas reçu entière confirmation sur le terrain. Au sujet du *kârim*, lire S. D. Goitein, « New Light on the Beginning of the kārim Merchants », *Journal of the Economic and Social History of the Orient*, 1 (2), 1958, p. 175-184. C'est l'étude d'Éric Valet, *L'Arabie marchande. État et commerce sous les sultans rasūlides du Yémen (626-858/1229-1454)*, Paris, Publications de la Sorbonne, 2010, p. 471-539, qui livre le dernier état des lieux sur cette question. L'auteur ne remet pas en cause l'appellation *kârim* pour désigner le convoi annuel entre l'Égypte et Aden, mais lie cette appellation à la saison de navigation. Le séjour d'Ibn Jubayr à Aydhâb date de 1183. Le récit complet de son voyage a été publié en français par Paule Charles Dominique, *Voyageurs arabes*, Paris, Gallimard, « Bibliothèque de La Pléiade », 1995 ; les extraits utilisés ici sont tirés des pages 102 à 104.

CHAPITRE 17

Sijilmâsa, carrefour du bout du monde

Sud-est du Maroc, XIIe-XIVe siècle

Judah ben Joseph ha-Kohen était le chef des marchands juifs du Caire. En cette année 1145, nous le rencontrons en bien mauvaise posture : par suite d'une attaque de pirates dont on ne sait au prix de quelles péripéties il s'est tiré, le voici à Bharuch (ou Broach), dans le Gujarat, au nord-ouest de l'Inde, ayant perdu sa cargaison et donc, inévitablement, sans le sou. La lettre qu'il reçoit est un présent de réconfort : Dieu compensera les pertes subies. En cas de besoin, lui écrit son correspondant, Judah pourra emprunter de l'or à un homme de confiance dans une localité voisine. Peut-être aussi sera-t-il content d'apprendre qu'une somme d'argent lui appartenant, produit de la vente d'un chargement de soie, a servi à acheter du poivre. Enfin, et ce n'est pas là le moindre motif de consolation, il est invité à s'embarquer sans attendre sur le bateau pour Mangalore, où l'attendra un autre navire qui fait la rotation avec Aden. L'homme qui écrit ces mots rassurants est un certain Mahrûz ben Jacob, armateur. Il n'est pas accessoire de préciser que Judah est l'époux de la sœur de Mahrûz. Dans les familles juives pratiquant le grand commerce, de judicieuses alliances matrimoniales peuvent, le cas échéant, vous offrir secours et services consulaires. La propre sœur de Judah ben Joseph ha-Kohen était, quant à elle, mariée au syndic des marchands juifs d'Aden. Quant à son surnom, « le Sijilmassien » (*Sijilmāsī*), il indique probablement que Judah était né dans la partie du monde qui est aujourd'hui le Maroc, sans doute parce que son père avait contracté une alliance du même type, quoique dans un espace symétrique de celui où il se trouvait, l'extrême occident de l'Afrique. Sijilmâsa, Le Caire, Aden, Mangalore, voici donc les échelles du grand axe longitudinal de l'univers commercial des marchands juifs du temps.

Sijilmâsa : cette localité située dans une palmeraie du sud-est du Maroc mérite-t-elle vraiment d'être alignée avec les plus fameux ports et entrepôts de l'époque ? Un doute pourrait s'insinuer si Ibn Battûta, le plus fameux des voyageurs arabes du Moyen Âge (→ **29**, **33**), n'avait livré à propos de Sijilmâsa, où il séjourna en 1351, une allusion d'une portée similaire. Hébergé chez un juriste de la ville, un certain Abû Muhammad al-Bushrî, Ibn Battûta indique en effet avoir précédemment rencontré son frère en Chine. Et de s'exclamer, un peu artificiellement : « Comme ces deux frères vivaient loin l'un de l'autre ! » Qu'importe qu'Ibn Battûta n'ait sans doute pas voyagé jusqu'en Chine. Il avait dû apprendre d'une autre façon l'existence de ce frère. Celui-ci arrivé jeune en Inde avec un oncle, était devenu dans cette ville, où il avait établi ses affaires parmi une colonie de marchands et de lettrés musulmans, un homme riche et respecté. On ne sait pas formellement si les deux frères étaient en relation d'affaires, mais la logique en renforce la probabilité : l'un se trouvait au débouché de l'or, l'autre à celui de la soie.

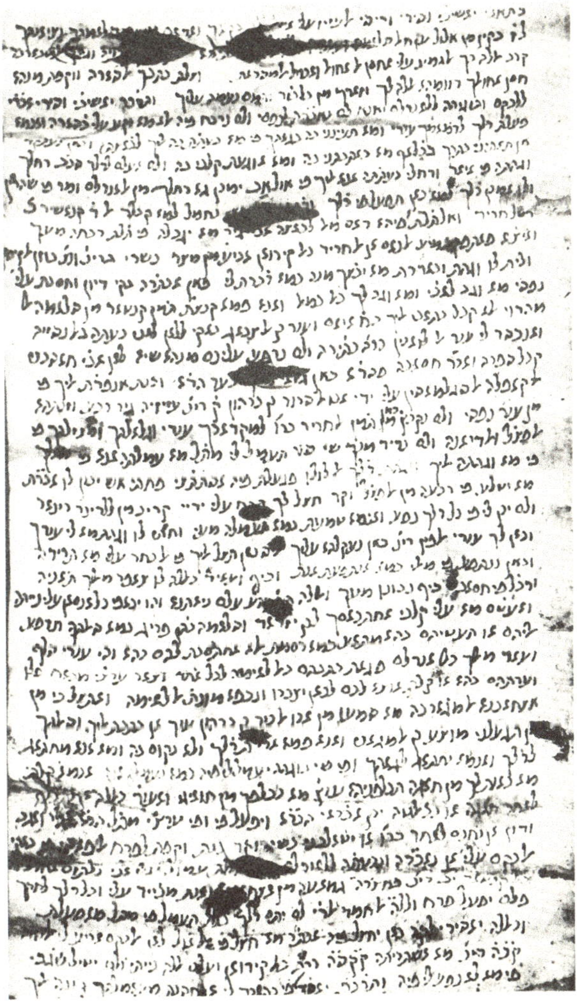

Début d'une lettre de Kairouan à Fustat, ca. 1000, adressée par un marchand juif coreligionnaire au sujet d'opérations commerciales conduites entre l'Espagne et l'Égypte. L'auteur écrit avoir confié une importante somme d'argent à la caravane faisant la liaison de Sijilmâsa au Caire. La langue est l'arabe, la graphie est hébraïque.

Si les grandes maisons commerciales, juives ou musulmanes, installent un membre de leur famille à Sijilmâsa, c'est certainement parce que le jeu en vaut la chandelle. Depuis la fin du IXe siècle, date où l'on ferma, pour cause de trop grande insécurité, une piste diagonale ralliant la boucle du fleuve Niger depuis la Haute-Égypte, jusqu'à la fin du XIVe siècle, date où d'autres axes l'emportent en travers du Sahara central, c'est de Sijilmâsa que partent les caravanes en route pour la grande traversée : cinquante jours « à travers solitudes et déserts », 1 800 kilomètres à vol d'oiseau pour se rendre des steppes pré-sahariennes au Sahel encore aride. Et c'est à Sijilmâsa que les caravanes reviennent, une saison plus tard, avec leurs chargements d'or et leurs théories d'esclaves. Au temps d'al-Masûdî et d'Ibn Hawqal, au Xe siècle, c'est là qu'est frappé en dinars tout l'or du Pays des Noirs, et Sijilmâsa à elle seule contribue alors pour moitié à l'impôt prélevé par les souverains fatimides sur l'ensemble de leurs possessions.

On ne sait rien de la mise en place de cet axe, peut-être un processus entamé dès le milieu du VIIIe siècle. Mais on devine ce qu'il fallait d'appât individuel du risque et d'opiniâtreté, d'esprit d'entreprise, d'organisation collective et de cohésion communautaire, pour transformer le bon pâturage de transhumance saisonnière des nomades Zanâta en un port des sables – mais un port international, doté de tous les équipements et de toutes les structures sociales permettant la gestion du fret transsaharien. Ces talents, qui en un sens revenaient à commuer leur finistère saharien, cette plage du bout du monde, en tête de pont vers des rivages neufs, ce sont les dissidents musulmans et les juifs qui les puisèrent dans leur situation de marginalité sociale. Ainsi voit-on se mettre en place, aux IXe et Xe siècles, un système articulé dans lequel des Berbères de confession kharijite organisent le commerce entre Sijilmâsa et le Sahel et des Juifs celui entre Sijilmâsa et le monde méditerranéen. Cette complémentarité œcuménique ne survivra pas au progrès de l'orthodoxie sunnite à partir du XIe siècle et aux épisodes de fanatisme religieux des siècles suivants (→ 37).

Le profit attirant ou bien la réprobation ou bien l'impôt, l'essor de ce carrefour commercial ne pouvait manquer de susciter les convoitises. Au milieu du XIe siècle, les Almoravides, observants zélés et prosélytes d'une confrérie devenue dynastie impériale, prennent Sijilmâsa et y placent un émir. Un siècle plus tard, les Almohades, puritains et réformistes sanglants qui honnissent la tiédeur de leurs prédécesseurs, font de même. Dans une époque qui connaît des massacres de musulmans au prétexte de leur hétérodoxie ou de leur déviance morale, les Juifs subissent des flambées de persécutions. Une lettre du Caire relatant, au témoignage de rescapés du Maghreb, les exécutions et conversions forcées dont s'accompagne la prise de Sijilmâsa en 1146, est envoyée par Shlomo ha-Kohen à son père Judah, le naufragé de l'Inde, à qui elle parvient en 1148 à Aden. Entre le milieu du XIIIe et le milieu du XVe siècle, une troisième dynastie berbère, également formatrice de l'unité marocaine, celle des Mérinides, s'empare de la place en 1255 avant de se tourner vers Marrakech. La situation paradoxale de Sijilmâsa, marge politique et formidable foyer de richesses, en fait le bastion arrière, le poste d'attente, le refuge en même temps que la « banque » de tout projet de conquête.

C'est sans doute au tout début du XIIIe siècle que Sijilmâsa connaît sa plus belle période de prospérité. Ainsi Yâqût décrit-il Sijilmâsa vers 1220 : « La ville est traversée par un fleuve important, sur les bords duquel on a disposé des jardins et planté des palmiers à perte de vue. » Un fleuve ? Disons un oued, c'est-à-dire tantôt un torrent qui charrie jusqu'au Sahara les neiges fondues du haut-Atlas, tantôt un lit à sec. Il s'agit de l'oued Ziz, le long duquel, selon un auteur du xe siècle (al-Masûdî), la localité s'étendait sur une demi-journée de marche. Yâqût affirme qu'on cultive un raisin sans pareil et de nombreuses espèces de dattes. Les femmes font des tissus de laine de diverses couleurs, très prisés. Il confirme que « les gens de cette ville sont des plus riches ». Un contemporain de Yâqût, al-Sarakhsî, nous fait le portrait d'un gouverneur almohade de Sijilmâsa, petit-fils du premier souverain de la dynastie, bien éloigné de la tentation des châtiments expéditifs qui fut celle des premiers dynastes du mouvement, mais qui ne craint pas d'user d'accents d'admonestation. C'est un homme de « belle allure, plein d'expérience, parlant admirablement les deux langues, l'arabe et le berbère ». On le voit recevoir la nouvelle qu'un roi des Noirs, le souverain de Ghâna, a interdit aux petits marchands venus du nord de se livrer à leur activité. Il les a jetés en prison, peut-être par suite de l'établissement de conditions de cens pour l'accès au droit de commercer dans le pays. Notre gouverneur rédige alors une lettre sentencieuse, dans laquelle on lui trouve soudainement des airs de défenseur de la tolérance religieuse et de la libre entreprise : « Nous [les rois], devons avoir des relations de bon voisinage, même si nous différons par la religion. [...] La justice est une des obligations des rois pour l'exécution d'une bonne politique, alors que l'injustice est l'apanage des âmes viles et ignorantes. » Suggérant que la situation faite aux petits commerçants serait précisément le fait d'une injustice et procéderait par conséquent d'une âme vile, il plaide en faveur de la libre circulation des agents commerciaux, qui ne saurait être que profitable à la population. Point d'orgue du syllogisme moral : « Si nous le voulions, nous aussi [à Sijilmâsa] nous emprisonnerions les gens de chez vous qui se trouvent dans nos parages. Mais non, nous ne mettrons point cela à exécution. Il ne serait point digne de nous de condamner de tels procédés pour, ensuite, nous y conformer. »

Témoins de cette période bienveillante sont encore les Maqqarî, cinq frères de vieille famille arabe et commerçante qui « établirent entre eux une mise en commun de tous leurs biens existants ou futurs, avec partage égal entre eux, de gré à gré, [des bénéfices] ». Une telle entreprise familiale à but lucratif serait aujourd'hui le plus sûr moyen de courir aux chamailleries ou à la ruine. Mais dans le contexte d'alors, cette maison de commerce est soumise à la moins faillible des loyautés, celle de la parenté. Deux d'entre les frères, Abû Bakr et Muhammad, s'établissent à Tlemcen, dans l'extrême nord-ouest de l'Algérie actuelle, non loin de la frontière du Maroc ; deux autres, Abd al-Wâhid et Alî, s'en vont résider à Oualata, en Mauritanie, en lisière sud du Sahara. Ils sont les plus jeunes, condition nécessaire pour, prenant femmes localement, y faire souche. Abd al-Rahmân, le plus âgé, c'est-à-dire le plus expérimenté, s'installe à Sijilmâsa, qui sera donc le « siège » de la compagnie. C'est là en effet que sont passés les ordres et centralisée l'information, à en croire le chroniqueur : « Le Tlemcénien expédiait au Saharien les marchandises que celui-ci lui indiquait et le Saharien lui envoyait des peaux, de l'ivoire, de la noix et de la poudre d'or. Quant au Sijilmâsien, telle la languette de la balance, il les informait des cours en baisse ou en hausse et leur écrivait sur la situation des commerçants et les événements du pays. Et ainsi, leurs biens s'accrurent et leur situation s'éleva considérablement. » L'implantation des cinq frères Maqqarî ne devait bien sûr rien au hasard ;

elle épouse l'axe commercial qui relie l'Afrique sahélienne au Maghreb et qui de là irrigue le monde méditerranéen. Comme les alliances matrimoniales dans la famille Kohen, l'association de la fratrie Maqqâri reflète une stratégie visant à maximiser le ressort géographique du réseau familial, tout en faisant jouer aux liens familiaux le rôle d'assurance contre les risques de l'entreprise.

Passés ces six ou sept siècles de prospérité, souvent menacée par les guerriers et les censeurs, Sijilmâsa s'efface au profit d'un semis de petits bourgs de pisé fortifiés, des ksour, habitat typique de l'oasis qui borde l'oued Ziz. Dans l'un d'eux, Rissani, on voit encore les ruines de Sijilmâsa. Au XVIIe siècle, des marabouts y déambulaient et n'hésitaient pas à s'y déclarer prophètes ou messies. On s'assemblait, on réclamait leur bénédiction, bientôt on les chassait. Parmi ces ruines saintes prospéra une nouvelle dynastie, celle qui règne toujours au Maroc. La tradition locale vous pointera du doigt la mosquée de l'ancienne ville, d'avant les saints et les rois, celle du temps des vrais héros, les marchands.

Note

Les quelques allusions figurant dans ce chapitre à propos des marchands juifs proviennent de Shelomoh Dov Goitein, *Letters of Medieval Jewish Traders*, Princeton, Princeton University Press, 1973, p. 14 et note 12, 62 et suivantes, 203 note 6. On retrouvera le récit d'Ibn Battûta dans l'édition de Paule Charles-Dominique, *Voyageurs arabes*, Paris, Gallimard, « Bibliothèque de La Pléiade », 1995, p. 985-986 (Qanjanfû), 1023 (Sijilmâsa). L'hypothèse de l'impossibilité du voyage d'Ibn Battûta en Chine a été formulée à plusieurs reprises ; voir notamment l'article de Bertrand Hirsch et moi-même, où le voyage en Chine est placé en regard de celui au Mâli : « Voyage aux frontières du monde. Topologie, narration et jeux de miroirs dans la *Rihla* de Ibn Battûta », *Afrique & Histoire*, 1, 2003, p. 75-122. L'expression « à travers solitudes et déserts » nous ramène à al-Yaqûbî, l'un des premiers auteurs à évoquer cette route, vers 891, extrait de Joseph Cuoq, *Recueil des sources arabes concernant l'Afrique occidentale du* VIIIe *au* XVIe *siècle*, Paris, Éditions du CNRS, 1985, p. 48. Du même ouvrage sont tirées les citations de Masûdî, p. 61, Yâqût, p. 186, al-Sarakhsî, p. 178-179. La traduction du texte de ce dernier auteur est parfois modifiée d'après celle donnée par Henri Pérès, « Relations entre le Tafilalet et le Soudan à travers le Sahara du XIIe au XIVe siècle », *Mélanges de géographie et d'orientalisme offerts à E.-F. Gautier*, Tours, Arrault et Cie, 1937, p. 409-414. D'utiles aperçus sur Sijilmâsa au Xe siècle sont donnés par Michel Abitbol, *Histoire du Maroc*, Paris, Perrin, 2009, p. 49-51 et *passim*. Au sujet des Juifs de Sijilmâsa, voir Nehemia Levtzion, « The Jews of Sijilmasa and the Saharan Trade », dans Michel Abitbol (dir.), *Communautés juives des marges sahariennes du Maghreb*, Jérusalem, Institut Ben-Zvi, 1982, p. 253-264 ; c'est cet article qui évoque la lettre de Shlomo à Judah. On en trouve une traduction française intégrale dans Paul B. Fenton, David G. Littman, *L'Exil au Maroc. La condition juive sous l'islam, 1148-1912*, Paris, Presses de l'université Paris-Sorbonne, 2010, p. 69-70 ; l'auteur indique qu'environ deux cents habitants juifs de Sijilmâsa ont fui avant la prise de la ville. Ils se sont réfugiés dans le Draa mais on n'en a aucune nouvelle. Parmi ceux qui restèrent ou ne purent s'enfuir, cent cinquante furent massacrés après plusieurs mois de sommation à se convertir. D'autres se convertirent, à l'exemple du juge rabbinique (lequel revint plus tard au judaïsme). La source relative aux frères Maqqâri est Ibn al-Khatîb, dans Joseph Cuoq, *Recueil des sources arabes*, p. 324-326. L'approche la plus fertile sur l'histoire de Sijilmâsa dans son paysage rural du Tafilalet est celle de Dale R. Lightfoot, James A. Miller, « Sijilmassa: The Rise and Fall of a Walled Oasis in Medieval Morocco », *Annals of the Association of American Geographers*, 86 (1), 1996, p. 78-101.

Chapitre 18

Les habitants souterrains des ruines de Sijilmâsa

Sud-est du Maroc, VIIIe-XXIe siècle

Elle devait faire forte impression à un cavalier arrivant du nord, ou à un chamelier du sud, cette puissante muraille de pisé, d'une dizaine de mètres de hauteur, élevée sur une terrasse naturelle au-dessus du lit de l'oued, aujourd'hui flanquée et bastionnée d'énormes dunes de sables. On devait l'apercevoir de loin, dans les soudaines perspectives qu'offrent, entre les plantations de dattiers et les bosquets de tamaris, les méandres de l'oued descendu des montagnes et qui se perd dans le désert à peine quelques dizaines de kilomètres après avoir irrigué la palmeraie de Sijilmâsa. Pourtant, parce que de l'enceinte ne restent que quelques segments encore debout, parce que les ruines de la cité médiévale ont nappé la plaine dans laquelle parfois l'oued divague et emporte d'autres ruines, parce que ni le pays, ni la région, ni le chef-lieu administratif voisin de Rissani, ni les habitants n'ont eu l'ambition ou les moyens de préserver ses vestiges, ou bien encore parce que ce qu'il y a à préserver de Sijilmâsa ne se donne pas immédiatement à voir, il n'est pas facile d'imaginer ce qu'était la ville derrière ses murailles. La zone archéologique – mais on ne sait pas très bien où elle commence et jusqu'où elle s'étend – a l'allure d'un terrain vague mamelonné de coulées de déchets de chantier lâchées ici, tous les jours, par des camions à bennes basculantes, désespérants monticules qui scellent les ruines anciennes d'un parterre de ruines modernes. Il subsiste, sur ce terrain, des fantômes : des tronçons de murs en terre secs comme des vieillards, percés de jours et traversés de fissures, qui parfois s'abattent d'une nuit sur l'autre et retournent en quelques jours à la poussière. Les camions qui déchargent leurs bennes ne viennent pas pour rien ; ils repartent chargés de sable éolien, pur, que le vent a déposé pendant des siècles contre les murailles, les enfermant et les protégeant de l'érosion. Ces pans de murailles, les tours qui les rythment et les confortent, tombent presque en même temps qu'ils sont révélés, tels des parchemins retirés d'une cache et aussitôt réduits en poussière. Sur ce vaste terrain le sacrilège le dispute à l'intègre ; on enterre les morts (il y a plusieurs cimetières musulmans et un cimetière juif) ; la nuit tombée les jeunes qui s'ennuient viennent y boire en cachette ; des mausolées de saints soufis voisinent avec les abattoirs.

La présence de ruines dans le sous-sol n'est pas pour rien dans ce côtoiement, cette dangereuse rivalité du pur et de l'impur. Si vous êtes archéologue et si votre équipe compte une historienne spécialiste des pratiques archéologiques, elle remarquera qu'au petit matin de chaque nouveau jour de fouille des petits dépôts volontaires ont été faits, on ne sait par qui, autour du secteur de fouille. Ils se composent d'un assemblage soigneux encore qu'à première vue hétéroclite, chaque fois changeant, de fragments végétaux, de morceaux de caoutchouc, de métal ou de verre, de ruban de cassette audio, de chaussure de femme ou de soutien-gorge. Quoique nul n'en dise rien, il s'agit sans doute de dépôts dévotionnels ou apotropaïques destinés à satisfaire ou à repousser (ou les deux) des êtres qui autrement pourraient être malfaisants. Car vous avez imprudemment éventré le sol pour mettre au jour les vestiges enfouis, demandé aux habitants des ksour d'alentour, qui sont les ouvriers de vos fouilles, de déranger le sous-sol et les êtres, déités ou mal morts, qui y vivaient depuis la disparition de Sijilmâsa ; scorpions et serpents sortant occasionnellement des anfractuosités du sous-sol n'en sont que des avertissements bénins ; les tourbillons de poussière qui, par fortes chaleurs, parcourent agressivement le terrain vague et s'approchent des fouilles, n'en sont qu'une manifestation visible, qui suspend temporairement la pioche, la truelle, le scalpel et le pinceau, en attendant qu'elle passe et retourne dans l'autre monde.

Le secteur A1-A6-A7-A8-A9 des fouilles est un rectangle d'approximativement 10 par 25 mètres de surface pour environ 2,50 mètres de profondeur aux endroits où la fouille a atteint le socle rocheux. C'est en tout cas son état après six campagnes archéologiques de quelques semaines chacune. Il ne s'agit pas d'un volume entièrement décaissé : presque partout la fouille a délibérément préservé certaines structures (parce que mieux conservées) au détriment d'autres, ce qui donne au secteur en fin de fouille l'apparence d'une ville en miniature habitée par des djinns. Dans l'axe longitudinal du secteur de fouille, on est d'abord frappé par la présence d'un long mur de couleur orange, en terre, construit sur un soubassement de très gros galets rapportés, qui repose lui-même sur le substrat rocheux, en l'occurrence la terrasse fossile de l'oued formée d'un conglomérat de petits galets dans une matrice de calcite indurée. Contre ce mur viennent s'apposer, de part et d'autre, des sols dont il ne reste que des surfaces minimes et discontinues, quelques mètres carrés tout au plus. Là où ils sont observables en coupe, on remarque que ces sols ont été soigneusement réalisés par la pose de lits successifs de graviers et d'argile, puis couverts d'une chape de chaux qui a connu plusieurs réfections. Comme la surface de fouille est assez large, on repère çà et là d'autres lambeaux de ces sols, de même altitude et de même fabrication. Dans des cupules aménagées à même ces sols, de petits foyers circulaires ont livré des micro-charbons qui ont été datés, au carbone 14, du xe siècle. Quelle était cette structure bâtie et quel était son usage ? On n'en sait rien. Les sols chaulés du xe siècle ne sont pas les premiers aménagements repérables : ils recouvrent un sol modelé en adobe rouge qui a été en fonction aux viiie et ixe siècles.

Ailleurs dans le secteur, environ un mètre plus haut, se rencontrent des vestiges encore plus mal conservés d'une occupation postérieure. Une petite surface d'un demi-mètre carré tout au plus a préservé un beau dallage en carreaux de céramique adossé contre la plinthe d'un fragment de mur en place bâti sur deux lits de moellons de schiste. C'est à peu près tout. Mais ici ou là, parce que l'aire de fouille est large, on peut rattacher à ce niveau quelques reliques de murs semblablement bâtis sur des blocs de schiste, dont la base matérialise un sol absent, et des fragments de stuc peint qui sont des moulures de plinthes ou de plafond. Un micro-charbon découvert dans le mortier de scellement des carreaux date des années 1260-1280. Plus haut dans la stratigraphie, on rencontre des vestiges plus massifs : des bases de mur en pisé de terre gris, des bases de cloisons de refend en brique de terre crue, des bases de piliers, un sol en terre battue. Un foyer aménagé sur ce sol a été utilisé au XVIIe siècle. Ce sont des murs en pisé gris de même facture et de même date qui, là où ils se sont conservés en élévation, hantent encore la surface du terrain vague.

Avec ces jalons d'un développement stratigraphique du VIIIe siècle à aujourd'hui, nous avons envie de croire que les habitants de Sijilmâsa ont toujours été là, en quelque sorte résidents perpétuels du secteur A1-A6-A7-A8-A9. Pendant mille deux cents ans, ils auront construit des habitations, chapé et rechapé des sols, une fois ou deux reconstruit les habitations, comme on fait partout, pour s'adapter aux nouveaux goûts et aux nouvelles techniques. C'est ce que nous avons envie de croire, parce que nous sommes économes d'imagination. On a souvent raison, en archéologie, d'être économes d'imagination, mais parfois ce sont les faits, têtus, qui obligent à faire un effort. Car les trois occupations décrites plus haut ne sont pas les jalons d'une occupation continue, comme on voit croire qu'elle caractérise toute ville ; elles sont trois occupations d'une séquence discontinue, interrompue de phases d'abandon. Une fois la fouille achevée, on les repère bien en coupe : des niveaux hétérogènes constitués de sédiment et de matériaux de construction de toute nature. Si l'on retrouve dans ces niveaux de démolition du mobilier céramique de toute époque et des accumulations de sable éolien, c'est pour nous rappeler qu'elles ont été à l'air libre pendant plusieurs siècles avant qu'une nouvelle occupation ne s'installe sur un niveau de circulation rehaussé. Sijilmâsa ne fut sans doute jamais autre chose, derrière ses murailles peut-être elles aussi périodiquement déplacées, qu'une ville de ksour en pisé rejaillie au milieu des ruines – une ville champignonnière où cohabitent décidément les friches et les décharges avec l'habitat, les vivants avec les fantômes.

Durant chacune des périodes d'abandon du secteur A1-A6-A7-A8-A9, tandis que la vie était dans d'autres ksour du site, les habitants vivants sont néanmoins déjà venus faire du mal aux habitants souterrains des ruines. Ils sont venus remuer le secteur en tous sens. On tarde, à la fouille, à comprendre pourquoi les vestiges de sols et de murs sont si mal conservés. Mais on finit par voir que tous les niveaux d'occupation ont été percés, durant les phases d'abandon, par de profondes fosses pratiquées depuis la surface, verticales, larges comme un homme. Leur creusement a tronqué toutes les structures, détruit les sols ; leur rebouchage naturel ou anthropique a mélangé le mobilier de toutes les époques. À quoi servaient ces fosses – de vidange, de cache ? Certaines ont certainement été des puits d'accès pour la récupération de matériau de construction, de carreaux de céramique, d'objets précieux – bref, tout ce qui fait défaut à la fouille archéologique. Les archéologues sont pareils aux djinns, ils souffrent du dérangement du sous-sol : durant la dernière campagne de fouille, tout au fond du carré A1, dans le niveau le plus profond, au contact des vestiges en adobe rouge de la première occupation connue sur le site, un fond de fosse, visiblement creusée depuis la surface il y a seulement quelques années, a livré, dans une couche de sable, un emballage en aluminium de barre chocolatée.

Note

Dans la première édition du *Rhinocéros d'or*, j'avais indiqué la référence archéologique suivante : Ronald A. Messier, « Sijilmasa. Five Seasons of Archaeological Inquiry by a Joint

Moroccan-American mission », *Archéologie islamique*, 7, 1997, p. 61-92. À cette référence, qui était alors le compte rendu le plus complet, mais encore lacunaire, des fouilles conduites par Ronald Messier dans les années 1990, il faut à présent ajouter l'ouvrage suivant : Ronald A. Messier, James A. Miller, *The Last Civilized Place: Sijilmasa and its Saharan Destiny*, Austin, University of Texas Press, 2015. La compréhension du site a été renouvelée par les fouilles que j'ai moi-même conduites sur ce site entre 2011 et 2017. La monographie tirée de ces fouilles est : Elarbi Erbati, François-Xavier Fauvelle, Romain Mensan (dir.), *Sijilmâsa, cité islamique du Maroc médiéval. Recherches archéologiques maroco-française 2011-2016*, Rabat, INSAP, 2020. Une lecture moins spécialisée est celle de l'article suivant : François-Xavier Fauvelle, Elarbi Erbati, Romain Mensan, « Sijilmâsa : cité idéale, site insaisissable ? Ou comment une ville échappe à ses fouilleurs », *Études et essais du Centre Jacques-Berque*, n° 20, 2014. L'historienne spécialiste des pratiques archéologiques que j'évoque dans ce chapitre est Clémentine Gutron. Outre son chapitre « Sijilmâsa d'après les sources orales » dans la monographie citée plus haut, voir l'article que nous avons rédigé ensemble : Clémentine Gutron, François-Xavier Fauvelle, « Comment naissent les ruines. Souvenirs de ville, désir d'archéologie à Sijilmâsa, Maroc », *Genèses*, 110, 2018, p. 32-54. Enfin, je signale cette publication qui revêt une dimension critique au sujet de l'interprétation des vestiges : François-Xavier Fauvelle, « African Archaeology and the Chalk-Line Effect: A Consideration of Mâli and Sijilmâsa », dans Toby Green, Benedetta Rossi (dir.), *Landscapes, Sources and Intellectual projects of the West African Past: Essays in Honour of Paulo Fernando de Moraes Farias*, Leyde, Brill, 2018, p. 46-62.

Chapitre 19

Le pays où l'or pousse comme les carottes

Sahel, x^e^-xive siècle

Vers 951, un géographe persan, al-Istakhrî, croit pouvoir affirmer que Sijilmâsa (→ **17, 18**), en bordure septentrionale du Sahara, est située non loin d'une mine d'or. « On dit, ajoute-t-il, que l'on ne connaît pas de mine d'or plus vaste et plus pure », et de préciser que « le chemin pour s'y rendre est difficile ». Si cette dernière assertion est sans doute un écho affaibli des réalités du commerce transsaharien, dont la fonction était d'acheminer l'or jusqu'à Sijilmâsa, la situation de la mine pose en revanche un problème certain : il n'y a pas de gisement d'or dans la région, qui en revanche est connue pour ses exploitations d'argent. Le géographe était mal informé, même pour son temps. Un demi-siècle plus tôt, al-Yakûbî pouvait déjà affirmer que les mines étaient situées dans le pays du royaume de Ghâna, de l'autre côté du Sahara. C'était, si l'on peut dire, un peu plus vrai, mais encore faux : il n'y a pas davantage de mine d'or dans la région du sud de la Mauritanie où l'on s'accorde à placer le royaume africain (→ **7, 8**). Nos auteurs auront confondu les lieux de production avec les lieux d'achat où se fournissaient leurs informateurs.

Longtemps, ils n'en sauront guère davantage : au milieu du XVe siècle, un commerçant génois, Antonio Malfante (→ **37**), le premier chrétien latin dont nous ayons connaissance à s'être rendu au Sahara, relate pour ses patrons la réponse que lui fit au sujet de l'origine de l'or son protecteur musulman : « Je suis resté quatorze ans en pays noirs, et jamais je n'ai entendu ni vu quelqu'un qui pût dire de science certaine : voilà ce dont j'ai été témoin, voilà comment on trouve et on recueille l'or. » Même si cet homme, lui aussi marchand, avait quelque raison de mentir à son interlocuteur, on peut le croire : aucun voyageur ou géographe de la période n'obtint de meilleures informations, sinon celle-ci qui finit par s'imposer : l'or n'est pas produit dans le pays des marchands noirs où se rendent les caravanes, il vient de plus loin encore.

À l'inconnue de la région d'origine de l'or s'ajoutent les récits merveilleux sur sa récolte. « Dans le pays de Ghâna », écrit un auteur du début du Xe siècle, « l'or pousse comme des plantes dans le sable, comme poussent les carottes. On le cueille au lever du soleil ». Au milieu du XIVe siècle, le secrétaire de la chancellerie du Caire, al-Umarî, relate sans sourciller ce qu'on lui a appris à ce sujet. On récolte deux variétés de plantes de l'or. « L'une pousse au printemps, à la fin de la période des pluies, dans le désert : elle a des feuilles semblables à celles de l'agrostis et ses racines sont de l'or ; la seconde espèce se trouve toute l'année [...] ; on creuse des trous et on recueille des racines d'or, ressemblant à des pierres ou à du gravier. » On a pensé que de tels récits formaient un écran de légendes artificiellement maintenu par les pouvoirs africains et musulmans du Sahel pour leurrer les partenaires commerciaux nord-africains, afin d'éviter que ceux-ci, leur eût-on indiqué l'emplacement des mines, ne cherchent à s'y approvisionner directement et à les contrôler. Mais outre que cet écran a pour principal effet d'attiser la curiosité, il y a fort à parier que, si les pouvoirs sahéliens étaient probablement un peu mieux informés que leurs partenaires nordistes sur la filière de l'or, ils ne disposaient en aucun cas d'un accès direct aux zones minières ni n'avaient la capacité d'exercer une influence sur l'approvisionnement. Écoutons du reste ce qu'écrit al-Umarî à ce sujet : on apporte au sultan du Mâli, chaque année, le fruit de la récolte de métal jaune venant du Pays de l'or, avec lequel le sultan a passé un traité d'amitié. « Si le sultan voulait, il les soumettrait. Mais les rois de ce royaume ont expérimenté que s'ils faisaient la conquête d'une des villes de l'or, et si l'on y diffusait l'islam [...], cela ne pouvait que raréfier l'or jusqu'à tomber à rien [...]. Aussi [...] maintinrent-ils le Pays de l'or dans les mains de ses habitants païens et se contentèrent-ils de la soumission de ses derniers et des charges d'or qu'ils leur imposaient. » Aveu d'impuissance tourné avec diplomatie : disons que la connaissance qu'ont les pouvoirs sahéliens des zones de production de l'or est aussi indirecte que leur souveraineté politique y est nominale.

Mais, se demandera-t-on, de quelle façon fonctionnait la filière marchande d'un bien précieux dont la zone d'extraction est repoussée au-delà de l'horizon non seulement des acheteurs, mais même de leurs fournisseurs, et dont l'exploitation ne semble pas avoir été complètement maîtrisée ? Un premier élément de réponse est que les vendeurs rencontrés dans les terminaux sahéliens par les marchands islamiques sont eux-mêmes des intermédiaires. Ils ont un nom : les Wangâra, d'abord un groupe ethnique de la lisière du Sahel, dans les siècles suivants une classe professionnelle de négociants qui se répand dans tout l'ouest africain et que l'on retrouvera sous différentes désignations collectives jusqu'à celle de Dioula aujourd'hui. Ils forment un réseau de colporteurs, piétons infatigables accompagnés d'un esclave ou deux, musulmans et vecteurs de l'islam, solidaires ; ce sont eux sans doute que les marchands, au sortir du désert, rencontrent sur les marchés du Ghâna ou du Mâli, points de contact entre deux maillages commerçants symétriques.

Les Wangâra ont leurs établissements, pense-t-on pouvoir déduire d'informations parfois confuses transmises par les auteurs arabes, sur les berges du fleuve Niger, en direction de ce que l'on appelle le Delta intérieur (réseau de lacs, de bras et de mares inondé lors de la crue annuelle) ou peut-être dans toute la région de l'entre-deux-fleuves entre Niger et Bani, qui correspond sans doute davantage à l'appellation « île » donnée dans les sources. Qui, cependant, n'est pas une zone aurifère plus riche qu'une autre, tous les terrains alluviaux d'Afrique de l'Ouest étant susceptibles de livrer leurs petites récoltes de paillettes d'or. Quoi qu'il en soit, la géographie des grands gisements, qu'il s'agisse de celui du Bambouk, entre le fleuve Sénégal et son affluent la Falémé, du Bouré, entre Haut-Sénégal et Haut-Niger, du Lobi sur la Haute-Volta, au Burkina Faso, ou encore de la vallée de la Sirba, au Niger actuel, dessine l'aire d'extension du réseau wangâra dans toutes les régions de savane jusqu'à la limite de la forêt. Un réseau régional qui couvre à mailles fines toutes les zones minières, ou plutôt les couvre l'une après l'autre à mesure de l'épuisement d'un gisement et de la mise en exploitation d'un autre, et fait converger l'or par capillarité vers des marchés secondaires, que les marchands ambulants drainent à leur tour vers les capitales des royaumes sahéliens. Le rôle de ces derniers n'est donc point d'organiser le commerce ; on sait qu'ils n'ont d'ailleurs qu'une modeste capacité d'ingérence dans les zones de gisements. Ce ne sont pas des États marchands qui achètent sur leurs flancs sud pour revendre sur leurs flancs nord ; ce sont des États courtiers qui mettent en présence deux systèmes commerciaux et rendent possible l'échange tout en en garantissant la sécurité et l'honnêteté. Leur revenu n'est pas une plus-value, celle qui par exemple serait réalisée sur les opérations d'achat et de revente du métal précieux ; ce sont les taxes perçues sur les charges en transit, qu'elles soient d'or, dans un sens, ou de sel, dans l'autre.

Cette relation à distance de deux mondes étrangers, cette mise en présence de partenaires d'un jour ou d'une courte saison qui ne savent de quel monde l'autre est l'intermédiaire, cette interaction en abyme, les auteurs de l'époque ont cherché à en comprendre les mécanismes. Ils l'ont exprimée comme le fait Masûdî au milieu du xe siècle : « Il y a chez eux [les Noirs qui possèdent l'or] une ligne de démarcation que ne franchit pas qui se rend en leur pays. Les marchands qui viennent avec leurs marchandises chez eux arrivent jusqu'à cette ligne, y déposent leurs marchandises et leurs vêtements et se retirent. Alors ces Sûdân approchent avec leur or, qu'ils déposent auprès des marchandises et se retirent à leur tour. Les marchands s'approchent de nouveau, s'ils sont d'accord. Sinon, ils s'en retournent. Alors les Sûdân reviennent, augmentent la quantité d'or jusqu'à la conclusion de la vente. » Ou encore Yâkût au début du XIIIe siècle : « Recrus de fatigue, les caravaniers avancent dans leur voyage jusqu'au lieu de rencontre avec les propriétaires de l'or. Arrivés près de ces derniers, ils frappent alors sur d'énormes tambours, apportés avec eux. Le bruit est entendu d'un point de l'horizon à l'autre [...]. Quand les marchands se sont aperçus que le tambour a été entendu, ils sortent leurs marchandises [...], chacun disposant les siennes [...]. Ils se retirent ensuite à leur campement. Les Sûdân approchent avec leur or, et mettent à côté de chaque marchandise une certaine quantité et se retirent. Les marchands reviennent, chacun prenant la quantité d'or trouvée à côté de sa marchandise qu'ils laissent sur place. Ils se retirent ensuite après avoir battu de nouveau du tambour. »

Cette histoire d'échange muet et musical n'est pas une histoire vraie. C'est une histoire qui répond aux interrogations des contemporains au sujet du commerce qui se déroule aux limites du monde connu : comment se rencontrer lorsqu'on ne connaît pas le pays, comment dialoguer lorsqu'on ne parle pas la même langue ? – À l'aide d'un tambour. Comment ajuster l'offre et la demande sur ce marché improvisé, comment régler les termes de l'échange à la satisfaction des deux partenaires si ceux-ci ne possèdent ni les mêmes poids et mesures ni la même monnaie ? – Par enchérissements successifs. Quelle garantie offrir à cet échange sans contrôle, qui n'a pas de loi commune comme en offre le droit musulman ? – Par le dénudement et le dépôt des vêtements. Le « troc muet », maintes fois relaté mais qui ne se produisit sans doute jamais, est un récit qui, comme les contes merveilleux sur la « cueillette » de l'or, explique comment l'incroyable est possible – ou comment une marchandise de luxe traverse le monde de part en part sans que les marchands aient jamais eu eux-mêmes l'occasion de découvrir ses lieux d'origine.

Note

Les extraits cités proviennent de Joseph Cuoq, *Recueil des sources arabes*, Paris, Éditions du CNRS, 1985, p. 52 (al-Yakûbî), p. 54 (Ibn al-Fakîh – sur l'or poussant comme les carottes),

p. 60 (Masûdî), p. 65 (al-Istakhrî), p. 134-136 et 145 (al-Idrîsî – sur les Wangâra), p. 183-184 (Yâkût), p. 264-265 et 272-273 (al-Umarî). L'identification du Delta intérieur du Niger avec le pays des Wangâra est une hypothèse qui a été émise par Susan K. McIntosh, « A Reconsideration of Wangara/Palolus, Island of Gold », *Journal of African History*, 22, 1981, p. 145-158. L'article de Jean Devisse, « L'or », dans le catalogue *Vallées du Niger* (Paris, Réunion des Musées Nationaux, 1993), dirigé par le même, p. 344-357, est une bonne introduction aux divers aspects du sujet. À propos des Wangâra, on consultera en dernier lieu : Andreas W. Massing, « The Wangara, an Old Soninke Diaspora in West Africa? », *Cahiers d'études africaines*, 158, 2000, p. 281-308. Au sujet des royaumes courtiers d'Afrique de l'Ouest et de leur rôle dans l'organisation des échanges économiques à l'interface entre Sahara et régions de savane, voir mon chapitre « Ghâna, Mâli, Songhay, royaumes courtiers du Sahel occidental (VIIIe-XVIe siècle) », dans François-Xavier Fauvelle (dir.), *L'Afrique ancienne, de l'Acacus au Zimbabwe*, Paris, Belin, 2018, p. 171-201. En ce qui concerne le district argentifère de la région de Sijilmâsa au Maroc, voir Sandrine Baron, Mustapha Souhassou, François-Xavier Fauvelle, « Medieval Silver Production around Sijilmâsa, Morocco », *Archaeometry*, 62 (3), 2020, p. 593-611, ainsi que François-Xavier Fauvelle, Caroline Robion-Brunner, Jean-Marc Fabre, Sandrine Baron, Romain Mensan, Mustapha Souhassou, « Recherches archéologiques sur les mines et la métallurgie de l'argent à Imiter (Maroc) », *Journal of African Archaeology*, 19, 2021, p. 90-113. Enfin, l'article de Paulo Fernando de Moraes Farias, « Silent Trade: Myth and Historical Evidence », *History in Africa*, 7, 1974, p. 9-24, constitue toujours la meilleure analyse du problème du troc muet.

Chapitre 20

Mines fantômes

Plateau du Zimbabwe actuel et savane ouest-africaine, vers le XIIIe siècle

Durant la « ruée vers l'or » qui, dans les années 1880, s'empara des régions alors connues sous le nom de Matabeleland et Mashonaland, pays des Matabele et des Shona, entre les fleuves Limpopo et Zambèze, les prospecteurs rencontraient souvent des puits de mine abandonnés. Cela leur fut même souvent le premier indice de l'existence de filons. Rapidement, l'extraction minière se mécanisa mais il était encore fréquent que les ingénieurs des compagnies minières relèvent la présence, sous les foreuses et godets des machines, de puits comblés ou de galeries. Des hommes avaient trouvé l'or et l'avaient extrait bien avant l'ère de la colonisation moderne. Nul n'en fut vraiment surpris : on voulait croire, lorsque l'on était colon ou missionnaire chrétien ou simple voyageur, et que l'on prétendait exproprier et exploiter les Africains, que de prestigieux devanciers avaient auparavant fait leurs ces mêmes territoires. Qu'ils fussent phéniciens ou hébreux, égyptiens ou sabéens, ils entretenaient, par leur appartenance au monde méditerranéen antique, un rapport intime avec la mémoire de cette société européenne qui s'était proclamée porteuse d'une mission civilisatrice. Ancêtres invisibles, ils rendaient le paysage africain familier, ils vous en rendaient propriétaires.

On connaît aujourd'hui quelque quatre mille sites qui furent anciennement exploités sur le seul plateau du Zimbabwe. Il s'agit de mines à ciel ouvert, de systèmes de galeries ou encore de puits qui permettaient d'atteindre et d'exploiter les filons de quartz aurifère. Mais, à de rares exceptions près, plus personne ne croit que ces gisements du cœur de l'Afrique australe constituaient le pays d'Ophir où Salomon et son associé Hiram de Tyr envoyèrent une flotte qui rapporta de l'or, des gemmes et du bois dont on fit à Jérusalem des harpes et des pièces d'œuvre pour le Temple. Ces sites, qui consistent pour l'essentiel en trous dans le sol accompagnés de tas de déblais, sont les vestiges ingrats de mines qui furent en exploitation à diverses périodes depuis le XIIe siècle de notre ère, l'étaient encore lorsqu'elles furent visitées par des Portugais venus de la côte mozambicaine à partir du XVIe siècle, et le sont encore parfois aujourd'hui. On employait des burins de fer pour entamer la roche ; le feu, des coins de pierre et de bois pour fragmenter les parties compactes du filon ; des meules et des broyeurs de pierre pour concasser le minerai, des creusets pour fondre le métal. On retrouve parfois ces objets ; on date les charbons. On rapproche la céramique trouvée au fond des puits de celle de sites d'habitat mieux connus. On relève que beaucoup d'exploitations anciennes sont situées dans le périmètre d'anciennes « maisons de pierre » ou *zimbabwe* en langue shona, complexes fortifiés qui datent des XIVe et XVe siècles (→ **36**). On comprend qu'un pouvoir, quel qu'il fût mais qu'on imagine volontiers centralisé à l'instar d'un royaume, avait alors entre ses mains le contrôle de l'exploitation de ces gisements d'or, c'est-à-dire autant le contrôle d'un complexe technique que d'un territoire et d'une population. Mais faut-il vraiment que ce pouvoir se soit exercé au profit d'un souverain plutôt que d'une aristocratie ou d'une classe de marchands ?

On connaît, dans la savane d'Afrique de l'Ouest, là où à coup sûr aucun pouvoir ne put jamais contrôler directement les mines aurifères (→ **19**), plusieurs gisements qui furent exploités anciennement. Les conditions géologiques sont ici différentes : il s'agit le plus souvent de formations détritiques ou alluviales. On pratique l'orpaillage à la batée dans les rivières ou bien on fonce des puits dans les placers sur des terrasses anciennes : les paillettes jaunes se rencontrent à peu de mètres sous la cuirasse de latérite, au contact du socle rocheux sain. Aujourd'hui, on repère ces mines en surface, parfois même depuis son écran d'ordinateur, sur photographie aérienne ou satellitaire, grâce aux alignements parallèles de trous d'accès de puits verticaux ; en sous-sol, les épaisseurs excavées forment parfois des cavités jointives soutenues par des piliers réservés dans la masse rocheuse. Souvent les puits sont aménagés d'encoches pour les rendre praticables. On trouve des meules et des broyeurs en dolérite ou en granite, des creusets, des tessons de céramique de peu d'utilité pour l'établissement d'une chronologie, car on ne possède que peu de corpus de référence. Mais les sites livrent parfois des coquillages du type des porcelaines (ou cauris), importés depuis le Moyen Âge, des fourneaux et tuyères de pipes en argile, qui accompagnent la diffusion du tabac depuis le XVIIe siècle, des monnaies actuelles, indices qui, considérés ensemble, témoignent de la longue durée d'exploitation de ces mines.

Ce sont ces mines qui, depuis les environs du XIIe siècle en Afrique australe, depuis le VIIIe ou le IXe en Afrique de l'Ouest, fournirent l'or que collectèrent des marchands ambulants africains qui le revendirent à des intermédiaires africains qui le vendirent à des commerçants venus des régions centrales du monde islamique. Ces puits d'or, ou plutôt leurs vestiges en pleine brousse, leur distribution spatiale, les techniques dont ils font montre, les maigres trouvailles qu'on y fait lorsque le site n'a pas été détruit par une remise en exploitation au cours du XXe ou du XXIe siècle, demeurent en eux-mêmes de peu d'information sur les sociétés qui les mirent en œuvre. Trouve-t-on, par une inestimable chance, des squelettes de femmes dans une galerie effondrée, faudra-t-il en déduire que l'extraction était une activité féminine permettant aux personnes d'accroître leurs revenus individuels, ou bien que régnait dans les mines une division sexuelle du travail exposant davantage les femmes aux tâches les plus pénibles ou les plus risquées, ou bien encore que l'exploitation était le fait d'un travail familial ou communautaire que ce jour-là les femmes payèrent d'un prix inhabituel ?

Parce que l'on n'a pas tellement d'autres solutions pour répondre aux questions que posent ces sites archéologiques, on est obligé de faire appel aux ressources des archives coloniales et de l'enquête auprès des populations actuelles. On retrouvera ainsi les outils, les gestes, peut-être les conceptions qui furent ceux des mineurs du Moyen Âge. Du moins croira-t-on les retrouver. Car cette méthode comparative ou ethno-archéologique présente un travers, celui de faire l'hypothèse que quelque chose est resté stationnaire dans ces sociétés africaines que l'on se représente volontiers pétrifiées dans la tradition. Mais on aurait cependant tort de se priver de ce document, ni plus ni moins critiquable qu'un autre, qu'est la comparaison avec l'actuel ; peut-être suffit-il, par précaution, de mesurer à quel leurre potentiel il expose. Dans le cas de squelettes de femmes dans une galerie effondrée, que pourra-t-on conclure quant aux structures de la société concernée dès lors qu'aujourd'hui ce ne sont pas les femmes qui vont au fond des puits ?

Plus stationnaires, peut-être plus pérennes que les techniques, les représentations ou les structures sociales, sont les contraintes du milieu, que permet d'observer l'enquête sur l'actuel. En Afrique australe comme en Afrique occidentale, l'extraction minière ne peut qu'être une activité de morte-saison. En saison des pluies, en effet, chacun s'emploie aux champs. Mais passé la récolte, la saison sèche, de novembre à juin en Afrique de l'Ouest, de mai à octobre en Afrique australe, libère du temps de travail. C'est aussi le temps où la nappe aquifère retombe progressivement à son niveau d'étiage, libérant le fond des puits ou permettant d'en creuser de neufs, durant une saison minière qui dure effectivement de trois à quatre mois. Autre contrainte : les faibles rendements de l'exploitation traditionnelle : avant l'ère de l'extraction mécanisée et du traitement chimique du minerai, on ne put jamais tirer du travail d'un homme que d'infimes quantités d'or (on compte moins d'un gramme par jour), et toujours au prix d'une mobilisation collective, d'une débauche d'énergie individuelle et de très gros risques physiques, pouvant aller jusqu'à la mort. Si faibles furent sans doute les revenus tirés de cette activité qu'elle ne put jamais menacer la viabilité de l'économie agricole des sociétés qui la pratiquaient, et c'est du reste parce qu'elle trouvait sa place dans le cycle des saisons qu'elle put être une activité durable et procurer le surcroît de revenu qu'on en attendait. L'or ne nourrit pas la personne qui le récolte ; il apporte un complément à celui ou celle qui peut se nourrir autrement. Un complément que l'on transforme en bijoux ou que l'on vend. Mais ajustons la focale : à l'échelle des régions entières que surent pendant des siècles drainer les marchands, les gouttes d'or firent des rivières.

Note

L'étude classique sur les mines anciennes du Zimbabwe est celle de Roger Summers, *Ancient Mining in Rhodesia and Adjacent Areas*, Salisbury, National Museums of Rhodesia, 1969 ; il convient cependant de ne pas accorder de crédit aux hypothèses de l'auteur selon lesquelles les technologies minières mises en œuvre seraient d'origine indienne. Une synthèse plus récente est fournie par Duncan Miller, Nirdev Desai et Julia Lee-Thorp, « Indigenous Gold Mining in Southern Africa: A Review », *South African Archaeological Society Goodwin Series*, 8, 2000, p. 91-99. C'est de cette dernière publication que j'ai tiré les exemples archéologiques se rapportant au Zimbabwe. On verra également : A. Hammel, C. White, S. Pfeiffer, D. Miller, « Pre-Colonial Mining in Southern Africa », *The Journal of the South African Institute of Mining and Metallurgy*, janvier-février 2000, p. 49-56. Au sujet de l'Afrique de l'Ouest, on consultera en premier lieu l'article de Jean Devisse, « L'or », dans J. Devisse (dir.), *Vallées du Niger*, Paris, Réunion des Musées nationaux, 1993, p. 344-357. On ne pourra rouvrir le dossier des conditions d'exploitation des placers aurifères en Afrique sans lire les travaux des ethnologues, en particulier les pages remarquables de Georges Balandier, *Afrique ambiguë*, Paris, Plon « Pocket », 2010, 1re éd. 1957, p. 84-98. Une approche mêlant archéologie et enquête ethno-archéologique à propos des gisements du bassin supérieur de la Volta est celle empruntée par Jean-Baptiste Kiéthéga, *L'Or de la Volta noire* (Paris, Karthala, 1983), tandis qu'une bonne approche économique de l'exploitation d'un autre gisement d'Afrique de l'Ouest, le Bambouk, est suivie par Philip D. Curtin, « The Lure of Bambuk Gold », *Journal of African History*, 14, 4, 1973, p. 623-631. C'est à cet auteur qu'est emprunté, quoique reformulé, le paradoxe d'une source de richesse produite dans un contexte de faibles rendements. Curtin l'expose d'une façon différente mais peut-être plus radicale : « By a curious paradox, then, Bambuhu [Bambouk] came to have a reputation for great wealth because it produced gold, but it produced gold because it was too poor to do anything else » (p. 631). Les mines du roi Salomon sont évoquées dans la Bible, 1 Rois 9,28 et 10,11-12.

Chapitre 21

Le Pays de Sofala

Côte de Tanzanie et du Mozambique actuels,
fin du XIII*e-début du* XIV*e siècle*

Ibn Saîd al-Maghribî, né près de Grenade en 1213 et mort à Tunis en 1286, effectua au moins par deux fois le hajj, le pèlerinage musulman, aux lieux saints d'Arabie. Ses voyages le conduisirent jusqu'en Iran. Il est le continuateur d'une somme familiale consistant en une sorte d'anthologie géographique, qui est malheureusement en grande partie perdue. Abû l-Fidâ (1273-1331) était, quant à lui, un prince de la famille ayyoubide, qui fut gouverneur de Hama en Syrie au temps des sultans mamelouks. C'était un lettré et un grand amateur de connaissances géographiques. Le pouvoir étant l'allié du savoir, il fut un compilateur émérite des auteurs antérieurs dont il put se procurer les manuscrits. On lui doit d'avoir conservé de larges extraits des ouvrages d'Ibn Saîd, dûment cité, dans sa propre encyclopédie, mais non sans que sa propre curiosité ait corrigé, pour le pire ou pour le meilleur, ce qu'il avait jugé être les aberrations de son prédécesseur.

D'Ibn Saîd et Abû l-Fidâ, lequel faut-il louer, lequel faut-il incriminer ? Ils nous ont transmis les connaissances des fins lettrés qu'ils furent au sujet de la rive africaine de l'océan Indien ; mais ces connaissances, dans la forme sous laquelle ils nous les ont transmises, nous demeurent peu compréhensibles. Partons du plus proche – déjà lointain pour ces hommes des régions centrales du monde islamique ; partons du débouché de la mer Rouge. Voici donc d'abord le Pays de Berbera, qui se développe d'ouest en est, en face de la côte sud-arabe, avant d'obliquer franchement au sud et de dessiner le profil de corne que nous lui trouvons aujourd'hui. On reconnaît le nom de Khafouny ou Hafouny : c'est le cap Hafun, promontoire connu de tous les navigateurs de cette région depuis l'Antiquité ; les Grecs l'appelaient déjà Opônê. On reconnaît Maqdishû : c'est Mogadiscio. Passé la côte aride de l'actuelle Somalie, nous voici dans une région plus riante, le Pays des Zanj. On reconnaît les deux seuls noms de ville qui nous sont donnés : Malindi et Mombasa, deux ports de la côte sud du Kenya (→ **39**). Vient ensuite un désert, puis nous arrivons dans le dernier segment connu de la côte orientale d'Afrique : le Pays de Sofala. Mais cette fois, en dépit des noms, nous ne connaissons rien : une ville du nom de Batyna ou Banyna, la capitale des gens de Sofala qui s'appelle Seyouna, un port important du nom de Leyrana dont les habitants sont musulmans, enfin l'ultime échelle, Daghouta.

C'est de ce pays, où les gens s'habillent de peaux de léopard, que vient l'or qui est trafiqué par des marchands zanj, lesquels le revendent plus au nord à des négociants musulmans. La région a bien changé depuis le temps d'al-Masûdî au xe siècle (→ **2**) : le Pays de Sofala, naguère horizon mystérieux au-delà de la Côte des Zanj, est devenu plus familier. On y rencontre désormais des communautés entières acquises à l'islam. Aux dires d'autres auteurs arabes, on croit même savoir que l'or provient d'un pays de l'intérieur où il est récolté dans des galeries creusées comme celles des fourmis.

Il est frustrant d'être réduit aux conjectures pour placer ces noms de lieux sur la carte. Nos auteurs ont pourtant pris soin d'aider leur lecteur en fournissant les coordonnées géographiques de chaque lieu, ainsi que les écarts en degrés d'un port à un autre. Mais voilà, à positionner les points sur une grille, on dessine une côte qui depuis Malindi au Kenya s'étire à l'horizontale, tout en longitude, franchissant à peine l'équateur d'une douzaine de degrés tandis qu'à l'orient elle paraît vouloir se relier à l'Asie du Sud-Est. Rien à faire : nos géographes ont cru que l'Afrique était, par son extrémité, accrochée à l'extrémité de la Chine, et que l'océan Indien était une mer fermée. Comment accorder foi à des informations inscrites dans une géographie aussi manifestement erronée ?

Et pourtant, tourné d'un quart de tour dans le sens des aiguilles d'une montre, les longitudes converties en latitudes, le profil du pays de Sofala devient familier ; il vient se superposer au profil côtier de la Tanzanie et de la moitié nord du Mozambique actuel. Ce n'est pas qu'il devienne beaucoup plus facile, sur des distances aussi considérables, d'identifier les villes, ou disons les escales, dont il est question. Mais au moins peut-on les situer dans des segments côtiers. Le dernier segment, celui qu'Abû l-Fidâ voyait comme le plus oriental et qui est donc pour nous le plus méridional, est celui, incliné au sud-ouest, que dessine la côte mozambicaine entre l'île de Moçambique et Beira, à l'embouchure du fleuve Pungue. C'est d'ailleurs exactement là qu'arrivant depuis le sud deux siècles plus tard les Portugais, désireux de détourner à leur profit les flots d'or venus du plateau zimbabwéen, installèrent un fort baptisé Nova Sofala.

Note

L'édition arabe du texte d'Abû l-Fidâ est due à Joseph Toussaint Reinaud et William Mac Guckin de Slane, *Géographie d'Aboulféda*, Paris, Imprimerie royale, 1840. C'est sur cette édition qu'est faite la traduction française de J. T. Reinaud, *Géographie d'Aboulféda* (Paris, Imprimerie nationale, 1848), pour la première partie (un tome), et de Stanislas Guyard (Paris, 1883), sous le même titre, pour la seconde (un tome en deux volumes). Le texte utilisé ici provient du volume de 1848, p. 205-208. Le compendium de G. S. P. Freeman-Grenville, *The East African Coast* (Oxford, Oxford University Press, 1962), qui réunit en traduction anglaise l'essentiel des textes se rapportant à la côte est-africaine, est également utile.

Chapitre 22

Le rhinocéros d'or

Nord-est de l'Afrique du Sud actuelle, XIIIe *siècle*

C'est à la patte-d'oie que forme la frontière entre Afrique du Sud, Botswana et Zimbabwe que le fleuve Limpopo reçoit les eaux du Shashe. Le ranch, en rive droite, donc du côté sud-africain, s'appelle Greefswald. Il est la propriété de la république d'Afrique du Sud et il est inscrit sur la liste du patrimoine culturel de l'Unesco. Le paysage consiste en une savane d'altitude à acacia et à mopane (un arbre de la famille des légumineuses), couverte de graminées en saison humide et hantée ici où là d'énormes baobabs. Mapungubwe, la « Colline aux chacals » en longue Venda, est le nom d'une butte gréseuse aux parois abruptes d'après laquelle on désigne un ensemble de sites archéologiques des environs appartenant aux Xe-XIIIe siècles. Au temps de l'apartheid, ce site fut l'un des champs de bataille symbolique où se disputa (entre universitaires blancs, cela va sans dire) le passé du pays : se pouvait-il que des Noirs bantous fussent à son origine ou fallait-il invoquer quelque autre population de plus noble pedigree ? Se pouvait-il que les Africains qui avaient ici vécu et prospéré fussent les ancêtres des Noirs d'Afrique du Sud, que l'on confinait alors dans des bantoustans, ou réserves rurales noires, et des townships, lotissement à l'écart des villes ? Était-il possible que des indigènes civilisés aient précédé les colons blancs sur le sol où ceux-ci croyaient être, où ils faisaient mine de se croire, les premiers occupants ?

Le récit du passé étant fait pour être réécrit, la signification de Mapungubwe a évolué avec la chute de l'apartheid et la mise en place d'une société multiraciale à partir de la dernière décennie du XXe siècle. Comme il sied à un lieu dont la signification mémoriale est aujourd'hui celle de « capitale » du premier royaume sud-africain, on a fait des objets qui en sont issus des « joyaux de la Couronne », et de l'histoire de sa transmission jusqu'à nos jours, une archive. Comme il convient à un site dont il a relevé du privilège de l'élite coloniale d'être l'inventeur et l'exégète, il existe de sa découverte une intrigue qui fait la part belle au héros blanc, de même qu'on s'est épris ailleurs d'une reine blanche des Atlantes. Comme il est habituel pour un lieu de mémoire soumis à de tels enjeux, cette intrigue a transformé une banale histoire de pillage en une allégorie qui romance les conditions de mise au jour des objets.

C'est donc une histoire de mystère et d'amitié, qui s'est peut-être passée ainsi, mais qui n'en est pas moins un récit mythique. Francois Bernhard Lotrie avait été, dans sa jeunesse, le guide du missionnaire et explorateur David Livingstone ; il avait été chercheur d'or et chasseur d'ivoire. Au début du XXe siècle (il mourut en 1917), établi dans le massif du Soutpansberg, non loin du Limpopo, le vieil homme excentrique et solitaire donna à un Africain, son ami, nous dit-on, du nom de Mowena, une poterie ancienne en terre cuite. Il s'était attiré la réputation d'avoir découvert une colline sacrée dont il tirait des trésors. Au début des années trente du XXe siècle, un groupe de jeunes gens entreprend dans cette même région un week-end de chasse au lion. Il s'agit bien sûr de Blancs, car il faut avoir le statut du Blanc pour s'adonner à la chasse au lion – et de toute façon il est nécessaire d'être blanc pour pouvoir passer librement à travers les fermes d'autres Blancs. Cherchant à se désaltérer, ils font la rencontre d'un vieil homme, un Africain, qui bien sûr leur sert à boire avec respect et diligence. Le vieil homme est Mowena. Le récipient dans lequel ils boivent, la fameuse poterie, ne manque pas d'attirer l'attention d'un des visiteurs, Jerry Van Graan, qui est instituteur et a fait ses études d'histoire à Pretoria. Revenant en décembre 1932 avec un groupe d'amis, Jerry parviendra à identifier et escalader la colline sur la ferme de Greefswald. Là, les jeunes gens découvrent les tombes, qu'ils s'emploient dans les jours qui suivent à remuer en tous sens, mettant la main sur un petit rhinocéros fait de feuilles d'or. Réalisé bien plus tard à partir de données parsemées, l'inventaire rétrospectif des trois tombes découvertes (parmi un ensemble d'une trentaine) révèle qu'il s'agit de sépultures peu profondes, peut-être initialement surmontées de structures construites, accueillant peut-être des défunts en position assise, à moins que ce ne soient des paquets d'ossements rapportés d'une précédente inhumation, et contenant le placage de plusieurs animaux d'or, le revêtement d'or d'un objet ressemblant à un sceptre ainsi que d'un appuie-tête, des bijoux d'or massif ou réalisé en filigrane, des milliers de perles d'or, des dizaines de milliers de perles de verre, des poteries entières ou cassées.

Saisi de scrupules, le jeune homme écrira peu de temps plus tard à Léo Fouché, son ancien professeur d'histoire à l'université de Pretoria, pour l'informer de sa découverte.

Fouché, un Afrikaner libéral et excellent archéologue, saisira immédiatement l'importance de la découverte, fera acheter la ferme par l'État, racheter les objets provenant du site qui n'avaient pas déjà été dilapidés ou refondus, et lancera sur le site une première campagne de fouilles. On apprendra plus tard que d'autres visiteurs clandestins s'étaient déjà rendus sur la colline aux cours des années 1920. Depuis lors, de nombreuses structures ont été fouillées, de remarquables séries d'objets ont été mises au jour, mais bien sûr l'information sur les sépultures détruites reste manquante. Le rhinocéros d'or n'est ni plus ni moins qu'un document volé puis retrouvé – si ce n'est que quelque chose reste éternellement perdu même lorsqu'un objet archéologique est retrouvé : il manquera en effet toujours le contexte (la structure, le sédiment, les associations avec les autres objets) qu'aurait documenté un archéologue professionnel comme Léo Fouché s'il était arrivé sur le site avant les pilleurs.

Les recherches archéologiques conduites plusieurs décennies durant à Greefswald ont livré des dépôts stratigraphiques de plusieurs mètres d'épaisseur, tant au sommet qu'au pied de la colline de Mapungubwe, mais aussi dans plusieurs autres sites que l'on rencontre dans un rayon de quelques dizaines de kilomètres autour de la colline. La séquence des occupations illustre une dynamique d'accroissement démographique et de différenciation sociale entre le IXe et le XIIIe siècle ; cette dynamique converge vers le sommet de Mapungubwe, occupé par une nouvelle élite à partir de la fin du XIIe siècles, et vers le haut du dépôt stratigraphique, correspondant aux dernières occupations peu avant 1300, lorsque des personnages de rang élevé s'y font enterrer avec les richesses qu'ils confisquent par là même aux vivants. Peut-on les appeler des rois sans préjuger de la nature d'une formation politique que nous ne pouvons appréhender qu'à travers le prisme, très insuffisant, de l'archéologie ? Disons « rois », si l'on veut que les objets et parures d'or soient des symboles royaux ou des témoins d'un statut royal ; mais sans oublier les autres dimensions de la société qu'éclairent les données archéologiques. La société médiévale de Mapungubwe est une société qui présente une évidente dimension économique pastorale. Sur les sites fouillés, les espaces domestiques se déploient autour d'un vaste corral (on dit un kraal en archéologie africaine) central, signe de la place qu'occupe la vache non seulement dans l'économie et l'alimentation, mais aussi, plus généralement, dans toutes les transactions sociales, notamment matrimoniales, comme c'est le cas dans les sociétés africaines d'Afrique australe des derniers siècles. De nombreuses figurines d'animaux en argile, et tout particulièrement de vaches, provenant des sites de la région, renforcent encore ce sentiment.

Pour mieux apercevoir encore la signification de Mapungubwe, il faut à la fois prendre de l'altitude pour mesurer les synchronies régionales et se baisser à hauteur des éléments de culture matérielle. Que l'essor des sites de la rive droite du Limpopo soit lié d'une façon ou d'une autre au développement de l'activité minière sur le plateau de l'autre rive (→ **20**), au Zimbabwe actuel, est évidemment très probable, ne serait-ce que parce que l'or, à ce qu'on sache, n'a pas été exploité du côté sud-africain. Que l'apparition dans cette région, au bord d'un axe fluvial, de signes de forte distinction sociale et des témoins spectaculaires de l'accumulation de métal jaune, soit contemporaine des plus anciennes évocations d'une exportation d'or au sud de la côte d'Afrique orientale, est également remarquable. Se dessine ainsi une relation triangulaire, que l'on peut encore mieux préciser. Les perles en pâte de verre, minuscules mais sorties par milliers des fouilles, proviennent sans trop de doute d'Arikamedu, près de Pondichéry, dans le sud-est de l'Inde, à moins qu'elles ne viennent d'un autre atelier de la zone de production dite indo-pacifique. Comme les cauris des Maldives (→ **30**), ou encore comme les fragments de céramique vert émeraude, appelée céladon, de la dynastie chinoise des Song, ces perles témoignent d'échanges intenses avec la zone commerciale de l'océan Indien. C'est donc que le petit « royaume » de Mapungubwe exportait – de l'ivoire d'éléphant à coup sûr : on a retrouvé des bracelets d'une forme et d'une technique très standardisée, qui font penser à une production en série ; – des peaux de félins et autres carnivores, s'il faut en juger par les ossements de genettes, civettes, léopards, servals, lions, présentant des traces de découpe, et qui n'ont rien à faire parmi des restes alimentaires ; – de l'or ? Peut-être, quoiqu'on n'ait retrouvé que des objets d'orfèvrerie (perles, parures, objets finis en feuilles d'or), pas de lingots destinés à être refondus. Les habitants et habitantes de la colline de Mapungubwe ont tiré profit de ce commerce et constitué ainsi leur dépôt funéraire.

Mais que nous dit d'autre le petit rhinocéros ? Reconstitué puis restauré, l'objet mesure un peu plus de 14 centimètres de longueur. Il est d'une physionomie robuste, l'encolure est moins déliée, plus « raide » que celle de l'animal réel. Mais son allure compacte, la saillie du trait de ses épaules comme sa posture tête baissée renforcent le sentiment de puissance qui se dégage de la figurine. Des lignes de petites perforations régulières indiquent que la feuille martelée était clouée sur une âme de bois, ce que confirment les pointes, également d'or, retrouvées au tamisage du sédiment des sépultures. La queue de l'animal est un fin cylindre d'or plein, les oreilles, de délicates coupes ovales éversées, les yeux, deux petits demi-globes en « clous de tapissier », la corne, un cône à la feuille d'or. À propos de la corne justement : on a fait remarquer depuis longtemps que le rhinocéros d'or de Mapungubwe n'avait qu'une seule corne, à la différence du rhinocéros africain, qui en possède deux. Les fouilleurs, les conservatrices, les restaurateurs de l'animal sont formels : il n'en a jamais eu de seconde. On peut y voir un simple trait stylistique, oui. Ou bien une représentation d'une espèce asiatique, le rhinocéros indien (*Rhinoceros unicornis*) ou celui de Java (*Rhinoceros sondaicus*), toutes deux dotées d'un seul appendice nasal. Certains ont voulu, sur cette base, voir dans le rhinocéros devenu l'emblème du site, et plus largement du passé de l'Afrique du Sud, un objet importé. Mais tout dépend de quoi on parle. Car en ce qui concerne sa carapace d'or, la signature chimique du métal de plusieurs objets d'or de Mapungubwe semble indiquer une provenance régionale. Quant au support de la carapace, l'âme sans doute de bois, elle a disparu. On en restera donc à cette conjecture que la figurine de bois fut peut-être fabriquée ailleurs qu'en Afrique et plaquée d'or sur les bords du Limpopo. Mais il n'y a même pas besoin de cette hypothèse pour illustrer, au-delà de l'horizon du commerce islamique régulier, au-delà encore des limites probables du pays connu ou reconnu par les négociants côtiers, à bonne distance encore des champs aurifères du plateau zimbabwéen et du dernier comptoir portuaire de la dernière bande littorale assujettie au grand commerce (→ **21**), au sein d'une société fondée sur une économie traditionnelle d'agriculture et d'élevage, l'émergence d'un pouvoir capable de capter les bénéfices politiques d'une relation commerciale avec des mondes inconnus.

Note

La plus haute distinction de la république d'Afrique du Sud, instituée en 2002, est l'ordre de Mapungubwe (Order of Mapungubwe) ; son insigne incorpore un profil du rhinocéros d'or. C'est en conformité avec l'orthographe sud-africaine que le prénom de Francois Lotrie ne comprend pas de cédille. Le mot Kraal est afrikaans ; on l'emploi en histoire et archéologie africaines, pour désigner à la fois un enclos à bétail, un hameau ou campement centré sur l'enclos, et l'unité sociale qui réside dans ce hameau. Le récit de la découverte du site est tiré de l'ouvrage de Sian Tiley, *Mapungubwe. South Africa's Crown jewels*, Le Cap, Sunbird Publishing, 2004, qui constitue le catalogue des objets du musée consacré à Mapungubwe à l'université de Pretoria. Au sujet du site de Mapungubwe, on aura toujours intérêt à se reporter en premier lieu à la monographie de Léo Fouché, *Mapungubwe, Ancient Bantu Civilization on the Limpopo*, Cambridge, Cambridge University Press, 1937. L'inscription du site sur la liste du patrimoine mondial date de 2003. Pour une présentation de son « paysage culturel » sous l'angle patrimonial, voir Jane Carruthers, « Mapungubwe: An Historical and Contemporary Analysis of a World Heritage Cultural Landscape », *Koedoe*, 49 (1), 2006, p. 1-13. Andrie Meyer, « K2 and Mapungubwe », *South African Archaeological Society Goodwin Series*, 8, 2000, p. 4-13, a livré une excellente synthèse de la séquence stratigraphique. L'inventaire rétrospectif du contenu des tombes et une mise à jour des données anthropologiques d'après des photographies inédites ont été réalisés par Maryna Steyn, « The Mapungubwe Gold Graves revisited », *South African Archaeological Bulletin*, 186, 2007, p. 140-146. Quelques échantillons d'or de Mapungubwe ont fait l'objet d'une analyse physico-chimique destinée à identifier sa provenance ; voir à ce sujet B. Grigorova, W. Smith, K. Stülpner, J. A. Tumilty, D. Miller, « Fingerprinting of Gold Artefacts from Mapungubwe, Bosutswe and Thulamela », *Gold Bulletin*, 31 (3), 1998, p. 99-102. Linda C. Prinsloo, Nigel Wood, Maggi Loubser, Sabine M. C. Verryn, Sian Tiley, « Re-Dating of Chinese Celadon Shards excavated on Mapungubwe Hill, a 13th Century Iron Age Site in South Africa, using Raman Spectroscopy, XRF and XRD », *Journal of Raman Spectroscopy*, 36, 2005, p. 806-816, proposent quant à eux une nouvelle datation des fragments de céladon chinois qui permet de dater avec précision la fin de la séquence d'occupation du site. Enfin, l'étude des perles en pâte de verre a été assurée par Marilee Wood, « Making Connections: Relationships between International Trade and Glass Beads from the Shashe-Limpopo Area », *South African Archaeological Society Goodwin Series*, 8, 2000, p. 78-90, à qui est empruntée l'hypothèse sur l'atelier d'origine des perles indo-pacifiques. Les données au sujet de la faune proviennent de Elizabeth A. Voigt, *Mapungubwe: An Archaeo-Zoological Interpretation of an Iron Age Community*, Pretoria, Transvaal Museum, 1983. Deux nouvelles figurines de feuilles d'or, l'une de vache à bosse, l'autre de félin, ont été reconstituées à partir de fragments en 2009 et sont présentées au musée de Mapungubwe à Pretoria. Une vigoureuse remise en perspective des interprétations historiques auxquelles a donné lieu le site de Mapungubwe est proposée par Munyaradzi Manyanga, Innocent Pikirayi, Shadreck Chirikure, « Conceptualizing the Urban Mind in Pre-European Southern Africa: Rethinking Mapungubwe and Great Zimbabwe », dans P. J. J. Sinclair, G. Nordquist, F. Herschend, C. Isendahl (dir.), *The Urban Mind. Cultural and Environmental Dynamics*, Uppsala, Uppsala University, 2010, p. 573-590.

Chapitre 23

La stratigraphie de Kilwa, ou comment naissent les cités

Au large de la Tanzanie actuelle, x^e^-xve siècle

De profondes échancrures de la ligne de côte, dessinées à leur embouchure par deux fleuves du Sud-Tanzanien, ont formé la baie de Kilwa, un bassin fermé par le récif, des corridors aquatiques qui pénètrent à couvert dans la mangrove, et une île en son milieu, qui à la fois est protégée du continent et de l'océan, et contrôle le passage de l'un à l'autre. Un semis de sites archéologiques témoigne de ce que cette baie fut depuis un millénaire une zone privilégiée d'occupation humaine. La ville actuelle de Kilwa est sur le continent. L'ensemble le plus important de ruines est sur l'île ; c'est Kilwa Kisiwani, « Kilwa-en-l'île » en langue swahilie.

On remarque d'abord, à travers l'épais rideau de palétuviers, les vestiges massifs d'un vaste complexe bâti. Situé au milieu de l'anse ouverte que dessine la rive nord de l'île, au haut d'une falaise de laquelle descendent jusqu'à l'estran des escaliers robustes, l'endroit s'appelle Husuni Kubwa, le « grand château » en swahili (on reconnaît un emprunt à l'arabe *hisn*, « lieu fortifié »). On y repère d'abord, parmi les arases de murs aujourd'hui restaurées, qui n'ont pas conservé de couverture, une vaste cour fermée distribuant des cellules ; elle fait penser à un relais marchand, à la fois entrepôt et place de marché, encadré de réserves et d'échoppes – c'est l'espace commerçant. Le complexe comprend plusieurs autres espaces à ciel ouvert, aux fonctions plus douteuses mais à coup sûr propices aux réunions en assemblée – c'est l'espace politique. Il est difficile d'échapper à l'idée que cet ensemble architectural était dévolu aux divers aspects de la vie publique des élites locales et étrangères : réceptions, audiences, échanges symboliques, commerce, prélèvement fiscal, délibérations. Bordant comme un ourlet l'à-pic de la falaise, dominant la mer, d'une architecture robuste dont nous manque la vision des élévations d'origine, aux décors sobres quoiqu'on relève niches et moulures, ce « château » édifié par le sultan Hasan ibn Sulaymân, ainsi que nous l'apprend une inscription de dédicace, fut voulu comme la porte ou le « hub » de la côte des Zanj. Peut-être remplaçait-il un complexe antérieur dont les ruines sont celles que l'on voit immédiatement à l'est d'Husuni Kubwa.

La grande mosquée est à quelque 1 500 mètres de là, à l'extrémité nord-ouest de l'île. Exception faite de Tombouctou (→ **31**), c'est sans nul doute la plus vaste mosquée ancienne d'Afrique subsaharienne, en tout cas de celles qui nous sont parvenues dans un état reconnaissable. C'est un vaste ensemble qui de ses murs de moellons a conservé les hauteurs d'origine et dont la couverture est constituée d'une alternance de rangées de coupoles et de voûtes en berceau. Portes et fenêtres sont moulurées. L'intérieur est une forêt de piliers joints par des arcs légèrement brisés qui donnent à cette architecture son allure déliée. Bien que le bâtiment ait connu de multiples réaménagements jusqu'au XVIIIe siècle, la mosquée est

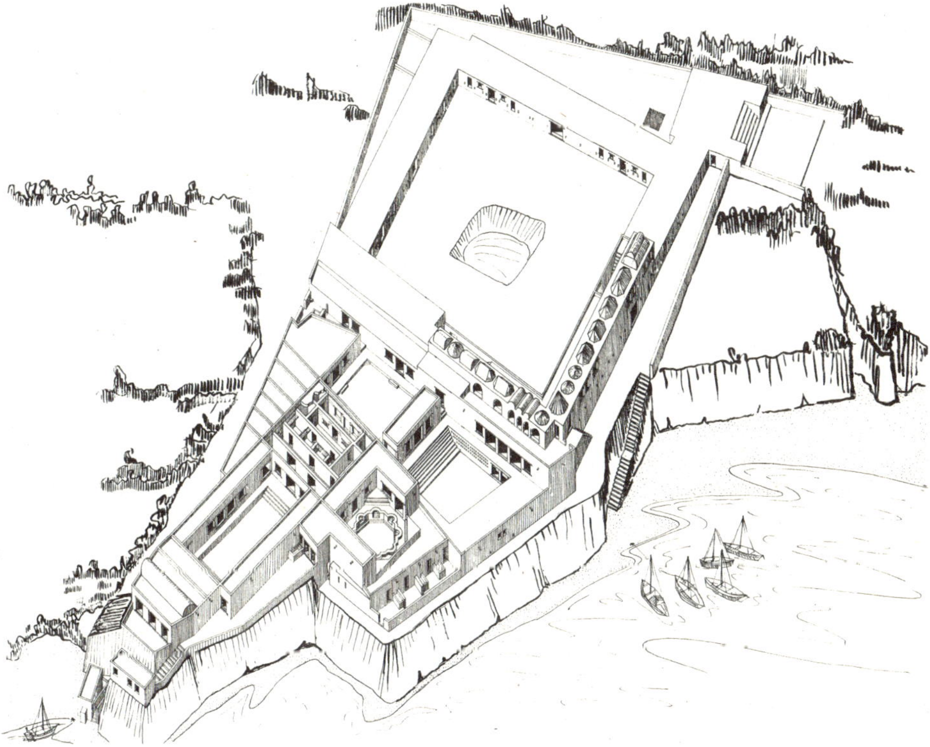

Hypothèse de reconstitution axonométrique du palais de Husuni Kubwa à Kilwa, d'après les données architecturales et archéologiques observées. Les observations et le dessin sont dûs à Peter Garlake. Le complexe, bâti en calcaire corallien, est situé en bordure de falaise : on y accédait directement depuis la plage par un escalier débouchant sur une salle de réception (en bas à gauche) tandis qu'un autre escalier taillé à flanc de falaise permettait l'accès au caravansérail.

contemporaine du palais d'Husuni Kubwa ; son niveau de circulation n'a pas été modifié depuis le XIVᵉ siècle. Au bout de la salle de prière, derrière le mihrab orienté au nord, dans la direction de La Mecque, on découvre une autre salle qui possède elle aussi son mihrab. C'est la mosquée antérieure, sans doute devenue alors trop petite et intégrée dans les murs de la suivante.

Neville Chittick, l'archéologue britannique qui fouilla le site de Kilwa entre 1958 et 1965, désigne les niveaux archéologiques associés à l'agrandissement de la mosquée ainsi qu'à la construction ou reconstruction du « grand château » sous le nom de « période III ». Cette période est attribuée aux XIVᵉ et XVᵉ siècles. Du point de vue archéologique, cette architecture monumentale apparaît comme une rupture par rapport aux périodes antérieures. L'essentiel de la ville, cependant, était sans doute alors constitué d'habitations quadrangulaires de torchis sur poteaux de bois fichés dans une fondation de blocs de calcaire corallien. À cette période se rapportent l'essentiel des monnaies trouvées sur le site, émissions de dirhams d'argent et de divisionnaires en bronze (on connaît seulement de rares dinars) frappées par les sultans appartenant à une dynastie appelée les Mahdalî. Les fouilles ont aussi livré une abondance de perles de verre d'importation, tandis que parmi la céramique étrangère prédominent les exemplaires de céramique chinoise, dont la classique porcelaine bleu et blanc, et la variété de grès cérame vert de jade appelé céladon. L'amorce de cette période est également marquée par un changement net dans l'assemblage de poterie locale, les niveaux archéologiques sous-jacents livrant en effet une production presque entièrement distincte, notamment un type de bols à pâte rouge commun sur la côte swahilie. La période II, antérieure, livre déjà des émissions monétaires de bronze, et en plus faible quantité d'argent, appartenant à une précédente dynastie, celle dite shirazi (parce qu'elle entretint une relation réelle ou imaginaire avec la ville de Shiraz en Perse). La mosquée originelle témoigne de ce qu'il existe alors une communauté musulmane significative, dont on retrouve d'ailleurs les tombes, de tradition distinctivement islamique. Le matériel importé de cette période comprend de la céramique islamique originaire du golfe Persique et une vaisselle de chloritoschiste, une roche tendre dont les gisements les plus proches se trouvent à Madagascar. C'est dans le courant de cette période II, c'est-à-dire au XIIIe siècle, que se développent la maçonnerie en blocs de calcaire madréporique débité dans les bancs de corail fossile ainsi que l'emploi de la chaux comme mortier et revêtement. Des creusets indiquent que l'on travaillait alors le cuivre, métal sans doute importé.

Il n'y a pas de construction en dur dans les phases archéologiques antérieures, ramenées sous l'appellation de Période I. Il n'y a pas non plus de mosquée, encore que si une mosquée fut jamais érigée en torchis elle aurait sans doute échappé à l'attention des archéologues. Toujours est-il qu'il n'y a pas alors à Kilwa d'indice de l'existence d'une communauté musulmane constituée. Ce qui ne veut pas dire pas de musulmans, étrangers établis plus ou moins durablement, ou même locaux ; un fragment d'inscription arabe sur pierre indique au contraire leur présence, dans la période Ib, vers les XIe-XIIe siècles. À cette époque on importait des perles en cornaline de l'Inde. Mais le site, où ne se laissent alors repérer que des habitations de torchis, livre somme toute peu d'indices d'une activité commerciale intense – du moins avec l'outremer. Fragments de tuyères et scories témoignent cependant d'une industrie du fer d'ampleur limitée. Il fallait pour cela importer le minerai, mais du continent. Le grand nombre de cauris trouvés dans ces niveaux illustre peut-être une exploitation locale de ce coquillage destinée à faire le chemin inverse. Il en va de même des perles en coquilles marines, dont la production locale est attestée par des polissoirs de grès. Les occupants de l'île produisaient et moulaient du sorgho, mais c'est surtout leur consommation de mollusques qui a laissé des vestiges. Les amas coquilliers représentent du reste le meilleur instantané de l'économie pratiquée par les plus anciens occupants de l'île, peut-être dès le IXe siècle : mêlés de tessons de céramique locale, ils constituent le fond de la séquence stratigraphique, juste au contact du sable vierge. Les occupants, peut-être occasionnels, de Kilwa, sont alors de simples pêcheurs.

Mais aussi riant que soit l'environnement, il n'explique pas à lui seul la fixation de cette population locale. Rares, les tessons de céramique dite faussement « sassanide », en réalité islamique (abbasside), avec son émail caractéristique au plomb, se rencontrent déjà en effet dans les strates profondes. On ne peut donc pas dire que l'établissement humain préexiste de longtemps à la connexion avec le monde islamique. À vrai dire, il se met en place en même temps qu'il reçoit l'onde de cette activité marchande. Il n'y a pas de commerce, si modeste qu'il soit en son commencement, sans que des hommes et des femmes s'avancent sur la plage pour prendre part à l'échange. Ce sont la rencontre et les opportunités qu'elle crée qui rendent possible et fixent l'établissement et en délimitent du même coup la fonction, celle d'un site de contact.

Les récits de fondation de Kilwa, récits à caractère mi-légendaire, mi-historique, dont nous possédons des versions depuis le XVIe siècle, insistent sur l'origine étrangère des élites royales et commerçantes de la cité. Bien entendu, c'est un point de vue d'élite, qui valorise les origines prestigieuses. Les données archéologiques ont souvent contribué à accroître l'importance de ce caractère étranger, tentation explicable par le rôle que tiennent les objets importés, généralement de luxe, dans l'attribution chronologique des différentes périodes archéologiques identifiées à la fouille. Mais l'archéologie raconte aussi une autre histoire : celle d'une population pratiquant d'abord une économie de pêche et dotée d'une technologie de réduction du fer. Par ce dernier aspect, cette population insulaire porte encore la marque des sociétés agricultrices de langue bantoue, dont on sait qu'elles ont véhiculé la métallurgie dans la moitié sud du continent africain au cours du premier millénaire de notre ère. À cette époque, les habitants de Kilwa regardent toujours vers le continent ; ils y exportent. C'est à l'aube du second millénaire de notre ère, puis résolument au XIIIe, que les gens de l'île, ou certains d'entre eux, se tournent vers le large et catalysent un commerce à longue distance. L'évolution de leur rôle dans ce commerce a laissé des traces : d'abord de simples témoins des marchandises arrivées – Kilwa est alors une échelle lointaine pour des navires venus du pourtour de la péninsule Arabique, voire de plus loin encore. Puis des traces, encore de nature archéologique, bien sûr, mais qu'il faut interpréter comme des empreintes identitaires, indices de ce qui ne fut pas seulement livré à épaule d'homme sur la plage du nord de l'île, mais *adopté* dans les pratiques et les idées : l'architecture bâtie en dur, qui mobilise un matériau local ; la religion musulmane ; l'usage d'une vaisselle de prestige ; le monnayage métallique frappé au nom des rois, seul exemple subsaharien au Moyen Âge. Voilà bien des témoins d'un répertoire de valeurs, goûts et croyances qui s'installent chez les élites locales et leur permettent de se reconnaître dans d'autres élites, de communiquer et de communier avec elles. Ils constituent les linéaments d'une culture qui fait les cités avant que les cités n'existent : la citadinité.

Note

Un inventaire des sites archéologiques de la baie de Kilwa, accompagné d'observations sur les restaurations récentes intervenues sur ces sites, a été publié par Stéphane Pradines et Pierre Blanchard, « Kilwa al-Mulûk. Premier bilan des travaux de conservation-restauration et des fouilles archéologiques dans la baie de Kilwa, Tanzanie », *Annales islamologiques*, 39, 2005, p. 25-80 ; l'article est accompagné d'un riche dossier iconographique. On pourra compléter cette lecture en se référant à John Sutton, « Kilwa, a History of the Ancient Swahili Town, with a Guide to the Monuments of Kilwa Kisiwani and Adjacent Islands », *Azania*, XXXIII, 1998, p. 113-169. La publication archéologique de référence sur ce site est la monographie de Neville Chittick, *Kilwa. An Islamic Trading City on the East African Coast*, Nairobi, British Institute in Eastern African, 1974, 2 vol. Les indications des couches stratigraphiques évoquées dans ce chapitre suivent celles de ce dernier ouvrage. Une remarquable étude architecturale des vestiges bâtis, comprenant notamment des plans et relevés de très grande qualité, est fournie par Peter Garlake, *The Early Islamic Architecture of the East African Coast*, Nairobi, Oxford University Press, 1966, *passim.* La stratigraphie de plusieurs sites swahilis est commentée par Derek Nurse et Thomas Spear, *The Swahili. Reconstructing the History and language of an African Society, 800-1500* (Philadelphie, University of Pennsylvania Press, 1985, p. 16-22), qui insistent avec raison sur les mutations importantes qui interviennent au XIIIe siècle dans les techniques architecturales et les plans urbains des villes swahilies. En distinguant les Mahdalî des Ahdali, nom qui semble se rapporter à une autre dynastie régionale, je m'écarte de Chittick et me range à l'opinion émise notamment par Mark Horton et John Middleton, *The Swahili*, Malden, Blackwell Publishers, 2000. Parmi une littérature abondante au sujet du site de Kilwa, mentionnons l'étude de Stéphane Pradines qui, bien qu'elle épouse un point de vue hétérodoxe en ce qui concerne le début de la stratigraphie du site, n'en livre pas moins un très bon état de la recherche et des débats : « L'île de Sanjé ya Kati (Kilwa, Tanzanie) : un mythe shirâzi bien réel », *Azania*, 41 (1), 2009, p. 1-25.

Chapitre 24

Les chameaux de Madagascar, ou l'Afrique de Marco Polo

Somalie et Madagascar, fin du XIII*e siècle*

Il est bien connu qu'il n'y a sur l'île de Madagascar, séparée du continent africain par le canal du Mozambique, large de plus de 400 kilomètres, ni lions, ni zèbres, ni singes, ni girafes, ni antilopes. À propos de Madeigascar, notre Madagascar, une île de 4 000 milles de périmètre, Marco Polo indique pourtant : « Et sachez aussi qu'en cette île, ne se mange que chair d'éléphant et de chameau ; et vous dis que s'en occit chaque jour une si grande quantité que nul ne pourrait croire sans avoir vu ; ils disent que cette chair de chameau est la meilleure et la plus saine de toutes celles qu'on trouve en cette région, et c'est pourquoi ils en mangent tout l'an. »

Marco Polo ne s'est jamais rendu à Madagascar. Ce qu'il en relate à son compagnon d'infortune, un certain Rustichello, dans la prison de Gênes en 1298, lequel met le récit oral du Vénitien en français écrit, il l'a appris en route, probablement lors du très long retour de Chine qui lui fit emprunter des voies maritimes que dominent les marins d'Islam. Concernant ces régions lointaines, on n'a pu s'empêcher de lui parler de l'oiseau Roc, créature des *Mille et Une Nuits*, « si grand et si puissant qu'il prend un éléphant et l'emporte en l'air bien haut sans l'aide d'un autre oiseau, puis le laisse choir à terre » pour le tuer et s'en nourrir. Marco Polo a d'ailleurs vu en Chine, nous dit-il, une plume de cet oiseau ; elle mesurait en longueur quatre-vingt-dix travers de main. Nous avons bien sûr quelque difficulté à croire ; Marco Polo, pas. L'amusant est que la légende nous confirme la présence en la Grande Île d'éléphants, qui pourtant n'y existent pas et n'y ont jamais existé. Pas plus d'ailleurs que les dromadaires. Mais qu'importe. Ce que dit Marco Polo sur la taille de l'île et sur l'existence d'un fort courant portant au sud, faisant que « les nefs n'y vont jamais volontairement », ne peut s'appliquer qu'à Madagascar et au canal du Mozambique. C'est donc justice rendue au Vénitien si ce nom de Madagascar, trouvé chez lui pour la première fois dans les sources écrites, a fini par s'imposer aux autres noms en vigueur à travers l'histoire, celui d'al-Qumr donné par les auteurs arabes, celui de Saint-Laurent par les Européens.

On sait depuis longtemps que tout le reste des informations contenues dans le chapitre « Madagascar » du *Devisement du monde* provient de la côte d'Afrique orientale, et plus spécifiquement de Mogadiscio, Maqdishû en arabe, avec le nom de laquelle Marco Polo a tout simplement confondu la Grande Île. À Mogadiscio règnent en partage quatre *esceqe*, nous dit Marco Polo, c'est-à-dire quatre cheikhs, « vieux hommes qui ont le gouvernement de toute cette île ». Mais oublions l'île, car Mogadiscio est sur le continent. De là on exporte du « santal vermeil » (peut-être un bois aromatique), de l'ambre gris, des défenses d'éléphants, des dents de « sangliers » (sans doute de l'ivoire de phacochère). L'inventaire des animaux – léopards, loups, cerfs, chevreuils, daims – est probablement celui des peaux que l'on vend : félins, hyènes, antilopes. Quant à ce qu'on achète, il est apporté par les marchands. Là, en effet, « viennent maintes nefs avec maintes marchandises, draps d'or et de soie de plusieurs sortes, et maintes autres choses que nous ne vous conterons pas ici ; ils vendent tout cela et l'échangent contre les marchandises de l'île. Les marchands y viennent avec leurs nefs chargées, les déchargent toutes et vendent, puis les chargent des marchandises de l'île, et, une fois chargées, s'en vont ».

Marco Polo ne s'est jamais rendu à Mogadiscio non plus. On ne sait d'ailleurs rien, par ses yeux, de la société locale, sinon que les habitants « vivent de commerce et de métiers » et qu'ils ont de « forts gros troupeaux » – mais de quoi ? Les informations rapportées trahissent les informateurs, habitués des embarcadères où l'on charge le drap et décharge les produits de l'Afrique.

On pourrait dire que la description de Marco Polo est un mélange d'informations provenant de deux régions différentes, Madagascar, la grande île au large du sud-est africain, et Mogadiscio, hier comptoir commercial, aujourd'hui capitale de la Somalie. Mais à vrai dire, il n'y a même pas eu mélange : les informations respectives se laissent séparer aussi aisément que l'huile et l'eau. À Madagascar appartiennent les informations géographiques ; à Mogadiscio, celles relatives au commerce. Pour les navigateurs arabes, Mogadiscio est la première échelle, la porte septentrionale du commerce dans les Pays des Zanj et de Sofala (→ **21**). Au XIIIe siècle, on y parle déjà le swahili, langue bantoue pénétrée de vocabulaire arabe qui deviendra la langue véhiculaire du Kenya et de la Tanzanie à l'époque contemporaine. L'établissement commercial fréquenté par les marchands étrangers est peut-être antérieur au xe siècle, mais ce n'est sans doute qu'à partir de cette époque que s'y développe une élite locale résolument tournée vers l'échange et qui agit comme interface entre le continent et l'océan. Les plus anciennes épitaphes arabes de la région, témoins de la présence d'individus de religion musulmane, datent de deux siècles avant Marco Polo. Les inscriptions dédicatoires des mosquées anciennes de Mogadiscio, indications sûres de l'existence d'une communauté assez large pour demander à satisfaire ses exigences cultuelles, datent de son siècle. Quarante ans après lui, le grand voyageur arabe Ibn Battûta décrit ainsi la cité : « Ville immense dont les habitants possèdent de nombreux chameaux qu'on égorge par centaines chaque jour. Ils ont aussi beaucoup de moutons. Ces habitants sont de riches commerçants. » La ville n'est plus dirigée par un collège de dignitaires mais par un roi, auquel le voyageur doit immédiatement rendre visite et prêter hommage. « Il est d'origine barbarienne », dit Ibn Battûta, c'est-à-dire somali, « mais parle la langue de Maqdishû », c'est-à-dire le swahili, « et connaît l'arabe », langue du commerce et de la religion musulmane. Si raffinées sont les mœurs commerciales qu'à l'approche de chaque navire on envoie des barques à voile, des sanbûqs, pour accueillir les arrivants en leur offrant de la nourriture et leur proposer le gîte.

À l'autre extrémité, la méridionale, de cet univers, se trouve Madagascar. Les navigateurs persans et arabes la connaissent depuis le xe siècle au moins. L'île avait entamé alors depuis plusieurs siècles un processus de peuplement par des locuteurs de langues austronésiennes venus de Bornéo et des Africains du continent voisin, et était sans doute également visitée plus ou moins régulièrement par des commerçants et des pirates malais. On connaît plusieurs établissements musulmans le long de la côte nord-ouest de l'île ; mais puisqu'on n'y va pas volontiers, faute d'en pouvoir revenir facilement à cause des courants contraires, ainsi que le dit Marco Polo, c'est qu'on n'y arrive que sans préavis ou bien posté pour y être bientôt oublié. Ces établissements sont situés au-delà de la zone des navigations régulières de l'océan Indien occidental.

Entre Mogadiscio et Madagascar, tout un monde s'étire le long des côtes du sud somalien, du Kenya, de la Tanzanie, de la moitié nord du Mozambique, qui englobe également les îles à portée de rivage, telle Zanzibar, et les archipels plus lointains, comme les Comores. Un monde, une civilisation africaine et musulmane, terrienne et tournée vers la mer, agropastorale et urbaine (→ 23). C'est la civilisation swahilie, que Marco Polo aura complètement ignorée, ou plutôt qu'il aura frôlée en s'en laissant seulement dire ce que pouvaient en dire des marchands suspicieux et des marins bercés de légendes. Mais ce que réalise la confusion de Marco Polo, le rapprochement des deux points extrêmes de cet univers est-africain ouvert sur l'océan Indien, une Mogadiscio à la distance de Madagascar et une Madagascar aux portes de Mogadiscio, c'est précisément, en raccourci, la profondeur et l'unité de ce monde.

Note

La meilleure introduction à l'histoire du texte de Marco Polo est celle due à Philippe Ménard dans l'introduction au *Devisement du monde*, texte édité par Marie-Luce Chênerie, Michèle Guéret-Laferté et Philippe Ménard, Genève, Droz, 2001, t. 1, p. 9-115.

Le texte est cité ici d'après l'édition en français moderne annotée par Louis Hambis : Marco Polo, *La Description du monde*, Paris, Klincksieck, 1955, p. 288-290. Il faut aussi consulter les notes de l'édition suivante : *The Travels of Marco Polo*, traduction annotée par Henry Yule et Henri Cordier, New York, Dover Publications, 1993, p. 411-421. Pour un aperçu de l'histoire est-africaine contre l'arrière-plan des échanges avec l'océan Indien, voir le chapitre de Philippe Beaujard, « Le monde swahili (IIe millénaire avant notre ère-xve siècle », dans François-Xavier Fauvelle (dir.), *L'Afrique ancienne, de l'Acacus au Zimbabwe*, Paris, Belin, 2018, p. 143-169. Au sujet de Mogadiscio, on se référera utilement à la notice « Makdishū », due à E. Cerulli et G. S. P. Freeman-Grenville, dans l'*Encyclopédie de l'Islam*, 2e éd. L'extrait de Ibn Battûta est cité d'après Paule Charles-Dominique, *Voyageurs arabes*, Paris, Gallimard, « Bibliothèque de La Pléiade », 1995, p. 603-607.

Chapitre 25

L'œuvre des anges, la part de l'homme

Lalibela, haut plateau d'Éthiopie, autour du XIIIe *siècle*

Vu du ciel, c'est un monument dont le plan est celui d'une croix, debout au milieu d'une fosse carrée dont il émerge à peine. Le toit est plat. Suivant l'arase du contour, s'inscrit à nouveau une croix formée d'un ruban en relief. Au centre, une croix. Le long des façades courent des bandeaux de pierre autour du monument, sans autre ornement que des lignes incisées parallèles. Au registre supérieur, les baies en arcade sont encadrées de montants à corbeaux et surmontées d'une moulure d'arabesques et de croix. Au registre inférieur, à hauteur où l'on pourrait se hausser dans la cour, ne sont que de fausses fenêtres sans ouverture qui imitent un chambranle de bois. On jurerait que les deux niveaux ne datent pas de la même époque et pourtant, c'est impossible : le monument est d'un seul tenant, littéralement sculpté dans la roche. Il y a des portes, on vous laisse entrer. L'intérieur a également été évidé pour dégager piliers, arcs et voûte. C'est une église chrétienne ; dans sa partie est se trouve une pièce appelée le *maqdas*, le sanctuaire protégé de rideaux où seuls entrent les prêtres. Là se trouve l'autel de pierre ou de bois, le *tabot*, réplique de l'Arche d'alliance de l'Ancien Testament. Celui-ci est dédié à saint Georges (Giyorgis en langue guèze).

L'église de Giyorgis n'est pas à proprement parler un « bâtiment », puisqu'elle n'est pas « bâtie » d'éléments de pierre ou de bois montés les uns sur les autres. Elle a été façonnée extérieurement et intérieurement, épargnée au sein de la matrice naturelle du rocher. Elle ne présente pas plus de jointure que la tunique du Christ de couture. On a voulu rendre invisible le travail de l'homme pour mieux célébrer l'œuvre de Dieu.

L'ensemble architectural de Lalibela compte d'autres églises monolithiques de ce type, dédiées à Marie, au Christ Sauveur et encore au Christ Emmanuel. Certaines, appelées « semi-monolithiques », restent attachées au rocher par un côté. D'autres sont souterraines. En tout, elles sont une douzaine, groupées par de larges tranchées ressemblant à des douves, reliées les unes aux autres par des boyaux. Les prêtres et avec eux le chœur des fidèles disent qu'elles furent réalisées en quelques jours avec l'aide des anges, au temps du roi Lalibela, souverain chrétien du premier tiers du XIIIe siècle dont le nom fut plus tard donné au site. Les chercheurs admettent que les anges n'y furent sans doute pour rien et voient plutôt dans cet admirable ensemble la main d'architectes étrangers à la région, descendus du vieux royaume d'Aksum dans le nord de l'Éthiopie, voire étrangers au pays, venus d'Égypte, toujours au temps du roi Lalibela. Des publicistes romantiques et des romanciers grand public suggèrent l'influence de chevaliers templiers.

Toutes ces théories sont, pour le moins, mal étayées ; elles sont surtout inutiles, parce que, pour séduisantes que soient les explications qu'elles livrent à l'imagination, elles n'expliquent que ce qui n'est pas avéré, et sur quoi pourtant chacun semble d'accord : que l'ensemble architectural de Lalibela témoigne d'un programme unique de réalisations, dont l'intention fut, au choix, d'instituer une capitale royale ou de créer une Terre sainte en miniature pour des chrétiens d'Éthiopie frustrés d'être empêchés de se rendre en pèlerinage à Jérusalem par suite de la prise de la ville par Saladin en 1187.

S'il est si facile de croire à cette unique attribution chronologique, c'est parce qu'il manque les indices qui permettraient de penser autrement. Étudier un site archéologique consiste le plus souvent à examiner la séquence des accumulations successives occasionnées par l'activité de l'homme. On le fait en creusant le sol. Mais lorsque l'activité de l'homme a consisté par le passé à creuser puis à surcreuser le sol, on ne peut s'attendre à découvrir les strates de l'histoire du lieu. Le problème paraît d'autant plus fatal que, dans le cas de monuments « en creux », chaque aménagement nouveau devait conduire à ôter davantage de matière à la roche et, de la sorte, à effacer au fur et à mesure les traces antérieures. Une sculpture – et ces églises sont des sculptures – ne garde la trace que des derniers coups de ciseau.

Ce point de vue n'est-il pas un peu trop pessimiste ? À bien considérer les choses, les éléments naturels durent pallier l'absence voulue de stratigraphie sur le site : à ciel ouvert, les structures ne devaient pas manquer d'accumuler des sédiments qui constituèrent au cours des siècles des niveaux d'occupation ou de circulation. Les plus anciennes gravures et photographies représentant le site montrent que les cours devant ou autour des églises, les larges tranchées qui les entourent, étaient alors encombrées, parfois comblées de sédiment. Nul doute qu'il y ait eu là un millefeuille d'occupations du site depuis le Moyen Âge ; mais malheureusement ces témoins potentiels d'une stratigraphie ont été vidangés, avec la meilleure intention du monde, par tous les travaux de mise en valeur du site conduits au cours du XXe siècle. À s'interroger précisément sur ces déblais, on se demande aussi où furent entreposés les gravats issus du creusement des églises : peut-être témoigneraient-ils de phases de travaux, peut-être conserveraient-ils des restes d'outils, peut-être recouvriraient-ils des occupations antérieures ? Ici l'emploi couplé de l'imagerie satellite et de prospections de terrain permet de retrouver les tas de ces déblais ; ils sont tout bonnement aux quatre faces des églises. On marchait dessus depuis des siècles sans les voir. Il reste à fouiller ces dépôts ingrats, constitués d'écailles de pierre et de poussière.

Et puis, à bien regarder les monuments, il y reste sans doute des traces des interventions successives effectuées dans la pierre : les stigmates des changements de style et de mode, des repentirs dans l'affectation des structures. Regardons la façade de l'église dédiée aux archanges Gabriel et Raphaël. La porte d'accès est à gauche ; une passerelle récemment aménagée au-dessus du vide y conduit. Devant la porte, un petit perron d'où descend une volée de quelques marches. Mais l'escalier ne conduit nulle part : huit mètres plus bas se trouve une cour où est creusé un réservoir souterrain, mais à laquelle rien n'accède. Devant la partie droite de la façade, une seconde porte donne sur une terrasse suspendue. Autant de reliques : il dut y avoir une large terrasse à ciel ouvert, donnant par deux accès à un monument orné de fenêtres percées dans des baies aveugles ; la terrasse fut ensuite tronquée par le creusement de la cour aux réservoirs. Il dut y avoir avant cela un hypogée dans le rocher, avec une simple cour devant une porte rectangulaire en décor de chambranle carré. La cour primitive disparut lorsque fut ouverte la façade. Il y eut avant cela le rocher.

Il n'y a sans doute plus beaucoup de stratigraphie horizontale sur le sol de Lalibela, mais à coup sûr peut-on encore lire, le long des parois verticales, une succession de gestes et d'intentions. Ceux-ci révèlent qu'il y eut sur le site plusieurs programmes architecturaux, venant l'un après l'autre modifier les plans antérieurs, reniant la fonction initiale de tel monument, qui ne fut pas d'abord une église, oubliant la destination première de tel dispositif, qui ne fut pas d'abord un fossé de protection, négligeant l'usage ancien de tel passage, qui fut une porte avant de devenir une fenêtre haut perchée. Cette succession a laissé du temps à l'oubli des états antérieurs ; elle a laissé du temps à la mémoire pour réinventer l'histoire et la vocation du site. C'est dire s'il est improbable, en oubliant même les anges, que le complexe de Lalibela tel que nous le découvrons aujourd'hui ait été le produit d'une seule époque.

Il y a tout en haut de certaines parois taillées, en surplomb de tous les espaces évidés postérieurement, des petites salles basses et rondes et des corridors étroits courant sous la peau du rocher. Ce sont les restes de petites occupations troglodytiques qui furent celles des premiers habitants et habitantes du site, avant que l'on y détoure la première église. Sans doute relève-t-on ici ou là, dans les décors et les éléments architecturaux des églises, quelques influences aksumites, coptes, islamiques ou autres ; mais les connaissances de la géologie du site et des propriétés mécaniques de la roche, les techniques d'architectes rompus à une représentation tridimensionnelle des espaces à faire saillir, l'expérience des tailleurs de pierre, ne sont pas à chercher ailleurs que dans les traditions locales. Pour mieux découvrir les hommes et les femmes qui, à Lalibela, firent des églises, il faudrait désapprendre à ne voir dans leurs gestes que des manières étrangères ou apprises.

Note

Au sujet des églises de Lalibela, on pourra consulter en premier lieu l'ouvrage de Claire Bosc-Tiessé et Marie-Laure Derat (dir.), *Lalibela, site rupestre chrétien d'Éthiopie*, Toulouse, Presses universitaires du Midi, 2019, et celui de David Phillipson, *Ancient Churches of Ethiopia*, New Haven, Yale University Press, 2009. Parmi les publications récentes, je signale seulement : Claude Lepage, « Un métropolite égyptien bâtisseur à Lalibäla (Éthiopie) entre 1205 et 1210 », *Comptes rendus des séances de l'Académie des inscriptions et belles-lettres*, 146e année, n° 1, 2002, p. 141-174 ; François-Xavier Fauvelle, Laurent Bruxelles, Romain Mensan, Claire Bosc-Tiessé, Marie-Laure Derat, Emmanuel Fritsch, « Rock-Cut Stratigraphy: Sequencing the Lalibela Churches », *Antiquity*, 84, 2010, p. 1135-1150. Le rapprochement entre églises rupestres et habitats troglodytiques a d'abord été suggéré par Francis Anfray, « Des églises et des grottes rupestres », *Annales d'Éthiopie*, XIII, 1985, p. 7-34, et a été développé par Marie-Laure Derat, Claire Bosc-Tiessé, Antoine Garric, Romain Mensan, François-Xavier Fauvelle, Yves Gleize, Anne-Lise Goujon, « The Rock-Cut Churches of Lalibela and the Cave Church of Washa Mika'el: Troglodytism and the Christianization of the Ethiopian Highlands », *Antiquity*, 95 (380), 2021, p. 467-486.

Chapitre 26

Au pays des pêches et des grenades

Abords septentrionaux et orientaux du lac Tchad, XIIIe siècle

Ce n'est pourtant pas aujourd'hui un pays que l'on vante d'emblée pour ses vergers. Mais, il fut un temps, tout y poussait, encore que le rendement de la canne à sucre ne donnât pas complètement satisfaction.

Le Kànem apparaît dans la documentation écrite au IXe siècle ; dans cette région, écrit alors al-Yaqûbi, s'est développé « le premier des royaumes » des Sûdân – comprenez : premier, par la chronologie et par l'importance, des royaumes des Noirs au sud du Sahara. C'est en tout cas ce qu'il a entendu, on ne sait de quelle source. Il s'agit du royaume des Zaghâwa, dit-il. Ils habitent dans des huttes de roseaux mais n'ont pas de ville. Parmi eux, croit-il encore savoir, existe un groupe distinct dont le roi est issu des Zaghâwa. On peine à se figurer la particularité sociale qu'essaie de transmettre l'auteur, s'il l'a bien comprise. Dans les années 870, quand al-Yaqûbi couche par écrit ses connaissances alors qu'il séjourne en Perse, l'information sur les pays d'outre-Sahara est encore imprécise, tremblante. Quelques décennies plus tard, al-Masûdî laisse entendre que les Kânem et les Zaghâwa sont deux populations distinctes. Au milieu du xe siècle, Ibn Hawqal a appris qu'il faut compter, depuis le Fezzan en Libye, qui était déjà le lointain pays des Garamantes du monde romain, deux mois de marche pour atteindre le pays des Zaghâwa, désormais l'horizon du monde islamique. Habitent-ils toujours le Kânem ? Sans doute. Toujours est-il que, d'après le même auteur, c'est en empruntant droit au sud, depuis le port saharien de Zawîla en Libye, l'axe transsaharien central, que l'on se rend au Kânem. Les habitants de cette région, à l'époque d'al-Bakrî, au milieu du xie siècle, sont des Sûdân païens. Mais il a appris que parmi eux vivent des descendants de la famille Omeyyade, la première dynastie califale de l'Islam, dont des membres, réchappés du massacre de 750 à Damas qui vit l'avènement des Abbassides, auraient trouvé refuge ici. La résurgence lointaine, tel un surgeon, d'une famille régnante massacrée, est un motif classique du folklore politique dans maintes régions de la terre. Pourtant un tel surgeon a bien existé, en la personne d'Abd al-Rahman, survivant du massacre de Damas, qui parcourut le rayon entier du monde islamique depuis son centre jusqu'à sa périphérie occidentale, pour fonder à Cordoue un émirat qui dura jusqu'en 1031. Pour al-Bakrî, qui passa sa jeunesse en al-Andalus à l'époque des derniers Omeyyades, pourquoi n'y aurait-il pas eu d'autres surgeons semblables aux extrémités d'autres rayons du monde connu ou inconnu ? Le fait est qu'il a existé, de par le monde médiéval, beaucoup de semblables Omeyyades autoproclamés – soit qu'il y ait eu beaucoup de survivants au massacre (hypothèse positiviste), soit que rien n'ait été plus facile que d'usurper une dignité dans les régions reculées où cette dignité ne projetait qu'une lumière affaiblie (hypothèse critique), soit encore que c'est le propre des dynasties interrompues que de rendre disponibles des ancêtres à qui est doté d'un peu de culture et d'une solide ambition (hypothèse favorisée ici). Ce qui a essaimé au Kânem, c'est sans doute moins un Omeyyade en chair et en os que le prestige d'un Omeyyade conféré à un ancêtre converti à l'islam en pays du Kânem.

Au temps d'al-Idrîsî, la géographie s'est précisée et un peu « épaissie ». Il sait que la route pour le Kânem passe par Tamalma, dans l'oasis du Kâwar, une ville populeuse située sur une colline escarpée, sans mur d'enceinte, où l'on puise l'eau dans des puits profonds, et où l'on exploite une mauvaise mine d'alun, un sel de potassium employé comme fixateur de teinture pour les étoffes. De Tamalma, il faut compter douze étapes pour descendre jusqu'à Mânân, dans le Kânem. C'est là que réside le roi du pays, bien que la ville soit petite, sans industrie et qu'on y pratique peu le commerce ; « ses hommes », dit al-Idrîsî, parlant peut-être de sa garde plutôt que de ses sujets, sont des archers qui vont nus. Mânân est la pointe d'un triangle formé avec deux autres localités : Anjîmî, à huit jours vers le sud-est, également dans le Kânem, et Zâghâwa, à six jours d'Anjîmî et huit de Mânân, peut-être déjà dans une autre région que le Kânem. Car, bien peuplée, Zâghâwa est le chef-lieu de plusieurs districts, sans doute le carrefour commercial d'une autre société appelée les Zâghâwa, qui pratiquent un petit commerce chamelier avec d'autres localités, et qui se nourrissent de sorgho et de viande de dromadaire séchée. Il paraît qu'à trois jours d'Anjîmî en direction du sud, coule un fleuve. Il est possible que les informations dont se fait écho al-Idrîsî autour de 1154 aient été un peu datées, car un autre auteur, apparemment bien informé, nous apprend que les habitants ont embrassé l'islam quelque temps après 1106 ou 1107.

L'islam, en tout cas, paraît bien enraciné au Kânem lorsque s'ouvre, avec le géographe andalou Ibn Saîd, un peu plus d'un siècle plus tard, une large fenêtre documentaire au sujet de ce pays. Le roi est alors un sultan, titre islamique, du nom de Muhammadî, descendant d'un certain Sayf ibn Dhû Yazan de Himyar en Arabie du Sud – indication que, si l'on fut naguère tenté par le prestige omeyyade, on avait désormais recours à une généalogie tout aussi orientale mais politiquement moins risquée. C'est en tout cas de ce Sayf que vient le nom de la dynastie des Sayfuwa (ou Sefuwa) du Kânem, qui régna jusque dans la première moitié du XIXe siècle. Tous les sujets de Muhammadî ne sont certes pas musulmans mais beaucoup le sont dans la partie nord du pays, sur la rive nord du lac. Là s'étend un royaume paraît-il séparé du Kânem mais qui appartient néanmoins au sultan du Kanem. Confessons que l'on ne saisit toujours pas bien la géographie politique de la région telle qu'elle nous est transmise par les auteurs arabes. Mais on apprend que dans cette région, fertile et abondante en toutes choses, on voit des paons, des girafes, des perroquets, des moutons d'une variété pie grands comme de petits ânes. Le chef-lieu de ce pays qui compte villes et villages s'appelle Djâdja. À l'est de Djâdja, exactement à l'angle nord-est du lac, se trouve al-Maghzâ, l'arsenal royal. C'est de là que partent les raids en pirogues qui ont pour destination les rives opposées du lac, où seront faits des captifs chez les populations païennes. En ligne droite depuis al-Maghzâ, vers l'est, se trouve Mânân puis, au sud-est, Djîmî, deux villes que nous connaissons déjà. La nouveauté est que Djîmî est désormais la capitale. Le phénomène est fréquent en Afrique subsaharienne : avec l'islamisation des élites politiques se fait ressentir le besoin, non pas seulement de construire un bâtiment dédié au culte musulman, mais de fonder une ville nouvelle à l'usage de la communauté musulmane et offrant à celle-ci la possibilité d'exprimer son identité distincte par l'adhésion à certains modèles d'urbanisme, d'architecture, de décor, de sociabilité. Ghâna-ville fut ainsi refondée au XIIe siècle (→ 8) ; Djenné, au Mali actuel, fut établie comme ville islamique, centrée sur sa mosquée, ceinte d'une muraille, vers le XIVe siècle, quand Djenné-Jeno, « Djenné-le-Vieux », la ville antérieure qui avait pourtant perduré depuis le début de notre ère, périclita. C'est peut-être un pareil phénomène qui a conduit, au Kânem, à éloigner le siège du pouvoir sultanien des anciennes structures liées à la période païenne de la dynastie. Peut-être également, comme pour Ghâna, s'est-il agi de faire « glisser » le centre du royaume vers le sud, dans le cas présent de quelque 200 kilomètres, pour mieux contrôler un espace politique nouvellement étendu en direction du sud.

Cette extension possible du domaine royal vers le sud n'empêcha pas le roi du Kânem, c'est encore Ibn Saîd qui nous l'apprend, d'exercer une hégémonie suzeraine sur les habitants du Kawâr, dans le sud de Sahara, et même sur ceux du Fezzân, dans le nord. Il est certain en tout cas que le souverain se plaisait à se déplacer à l'intérieur de ses possessions, ne serait-ce que pour manifester à ses sujets sa présence et sa munificence. Ibn Saîd nous dit d'ailleurs qu'« au même niveau » que Djîmî le roi possède une résidence appelée Nî (ou Nayy). Il écrit évidemment avec une carte en tête et trace mentalement des lignes sur cette carte. Mais comment savoir si ce « même niveau » est une ligne verticale ou horizontale, s'il faut aller vers l'est ou vers l'ouest ? Quoi qu'il en soit, à Nî, le sultan possède « des jardins, des parcs et des barques [...]. On trouve chez eux des grenades et des pêches en abondance. Ils ont expérimenté la canne à sucre, mais avec un succès médiocre. Cette culture est réservée au sultan, ainsi que celle du raisin et du blé ». Nous sommes, estime Ibn Saîd, sur la rive d'un fleuve, le Nîl d'Égypte, qui sortirait, toujours d'après lui, du lac voisin, appelé le lac Kûrî (ou Kawarî), dans lequel il croit voir, comme les autres géographes arabes médiévaux et avant eux les géographes grecs, l'immense et lointain réservoir lacustre de l'intérieur de l'Afrique d'où sortiraient tous les fleuves africains connus, aussi bien le Nil qui coule en Égypte que le « Nil » des Sûdan, c'est-à-dire le fleuve Niger, ou encore le Nil de Mogadiscio, c'est-à-dire le Wabi Shebele en Somalie. Cela ne nous aide pas beaucoup à situer sur une carte les champs irrigués, les vignes et les vergers du sultan du Kânem. Car au-delà même du fait que ces bassins hydrographiques interconnectés sont une vue de l'esprit, aucun fleuve ne sort aujourd'hui du lac Tchad.

Le lac Tchad est un système endoréique : il est le réceptacle d'un bassin dont les eaux ne s'écoulent pas vers l'océan. En 2020, sa superficie était approximativement de 2 500 kilomètres carrés, un dixième des 25 000 kilomètres carrés qu'il couvrait encore en 1960. Le lac a connu de formidables fluctuations au cours des millénaires. Il y a environ 6 000 ans, il atteignait 350 000 à 1 million de kilomètres carrés ; les paléoclimatologues et les préhistoriens l'appellent le Méga-Tchad. Aux alentours du milieu du XVe siècle, il se serait au contraire rétréci au point de ne former, durant trois décennies, qu'une zone de marécages.

C'est alors que la dynastie Sayfuwa, et peut-être avec elle une partie de la population, quitta la région du Kânem devenue invivable, pour se réinstaller au sud-ouest du lac, dans une région appelée le Borno. Le lac connut de nouveau un maximum au XVIIe siècle, puis n'a cessé de décroître depuis.

Le témoignage d'Ibn Saîd suggère une incroyable luxuriance, propice à la présence d'une faune forestière, aujourd'hui inimaginable, sur les berges nord du lac – ce que confirment les données paléoclimatiques, qui font état d'un maximum vers 1200, décroissant de façon rapide au cours du siècle. De quand datent exactement les informations transmises par Ibn Saîd ? Il nous faudrait en effet pouvoir répondre de façon précise à la question : quelle était la superficie du lac au temps du sultan Muhammadî ? De la réponse apportée dépend le tracé des berges, qui permettrait peut-être de localiser Djâdja, puis l'arsenal qui occupait exactement l'angle du lac à l'est de Djâdja, Mânân qui était à la même latitude que l'arsenal, Djîmî qui était au sud-est de Mânân, et peut être les plantations et vergers de Nî, au bord d'un fleuve. Il n'existe aujourd'hui qu'un seul fleuve significatif en relation avec le lac ; il n'en sort pas mais s'y jette. Il s'agit du puissant et lent Chari qui, grossi du Logone à N'Djamena, entre dans le lac par son flanc sud-est. Mais en phase haute du lac, il exista d'autres fleuves, tel le Bahr al-Ghazal, un oued qui de nos jours ne coule qu'une poignée de fois par siècle. Chose intéressante : il s'agit d'un exutoire, c'est-à-dire que, lorsqu'il coule, il sort du lac du côté est, en direction de la dépression du Borkou. Il faudrait savoir si ce fleuve existait au temps du sultan Muhammadî ; c'est peut-être ce cours d'eau qui a laissé croire qu'en l'empruntant il était possible de rejoindre l'Égypte. En tout cas, c'est toute une géographie physique, sociale, urbaine et politique qui s'est évaporée en même temps que le lac.

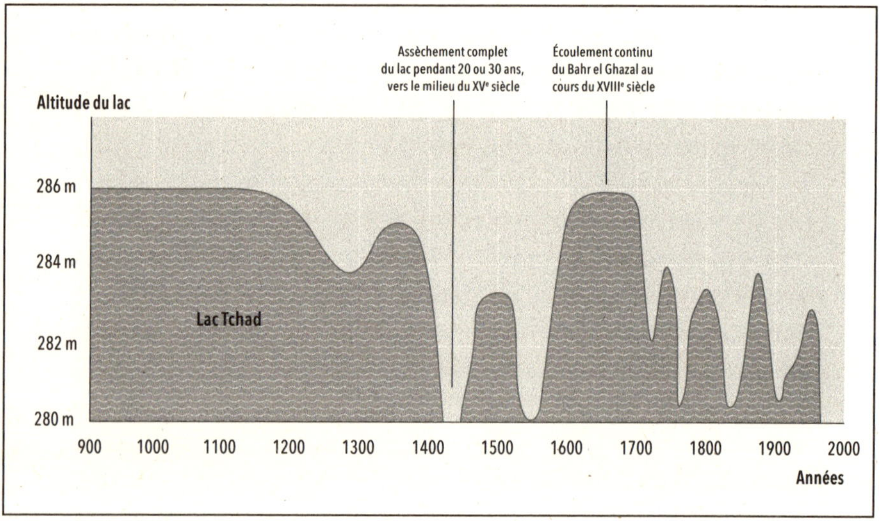

Variations du lac Tchad durant le dernier millénaire. Très sensible aux changements climatiques, le lac Tchad est très peu profond : de modiques variations de son niveau se traduisent par d'immenses variations de sa superficie. Au XIIIe siècle, la superficie du lac décroît, avec pour effet de s'éloigner des localités qui avaient été installées sur des rives.

Les populations que les sources arabes appellent les « Kânem » étaient probablement les ancêtres ou certains des ancêtres des Kanuri actuels. Les Zaghâwa, population de l'Est tchadien et de l'Ouest soudanais, continuent, quant à eux, d'être appelés Zaghawa ou Zagawa, encore qu'eux-mêmes préfèrent se désigner sous le nom de BèRi. Les archéologues ont depuis longtemps signalé, dans le paysage du Kânem formé aujourd'hui d'un patchwork de savane sèche à acacia et de dunes de sable, la présence de sites abandonnés, au nombre de plusieurs dizaines, aujourd'hui situés à 100 ou 200 km des rives du lac et caractérisés par l'éparpillement, en surface des buttes, de briques cuites – une technique qui tranche avec celles, plus communes, de la terre sèche (mottes de banco ou pisé banché) et du moellon de pierre représentées dans d'autres régions du Sahel. Parce que le moulage, le séchage et la cuisson des briques constituent une technique exigeante en temps, en main-d'œuvre et en savoir-faire, on a souvent considéré les vestiges de briques cuites dans cette région comme les « fossiles directeurs » de sites royaux ou aristocratiques, donc attribuables à la période du royaume du Kânem, entre le IXᵉ et le XVᵉ siècle. Mais la brique est aussi la malédiction de ces sites : parce qu'il s'agit d'un matériau dur, il a fait l'objet de remplois par les habitants, qui ont remué en tous sens les sites archéologiques comme s'il s'agissait de gisements à ciel ouvert. Ces perturbations, qui se sont accélérées au XXIᵉ siècle, compliquent la fouille de ces sites, leur interprétation et leur datation. Tié est l'un de ces lieux ; ou plutôt, il s'agit d'un ensemble compact de buttes anthropiques de quelques dizaines de mètres de diamètre présentant des vestiges de briques cuites en surface. L'imagerie satellitaire et les prospections magnétométriques (qui permettent, dans certaines conditions, de réaliser une carte du sous-sol) font considérer ces buttes comme des vestiges de constructions en dur qui jalonnent un espace lâche sans doute alors peuplé d'habitations construites en matériaux non pérennes ; des murs rectilignes délimitent des espaces enclos. Les fouilles, mêmes professionnelles, sont délicates à interpréter, tant la conservation du site est mauvaise. Un archéologue visitant le site en 2002 vit encore une structure en élévation qu'il désigna comme un « palais ». Un autre archéologue fouillant le site moins de quinze ans plus tard est obligé de constater que la structure n'existe plus au-dessus du sol et que son sous-sol est largement détruit, ne laissant subsister, en profondeur, que des lambeaux de murs. Il est cependant possible de dire que la Butte 1 était la ruine d'un bâtiment quadrangulaire d'une vingtaine de mètres de côté, bâti en briques cuites, son parement interne revêtu d'un enduit de plâtre. Malheureusement, le sol de ce bâtiment n'a pas pu être distingué du sédiment issu de l'effondrement de la couverture initiale, portée par une possible charpente en bois de jujubier (l'essence a pu être identifiée) dont les seuls vestiges intègres sont de gros clous en fer. Quelques datations au carbone 14 ont été effectuées sur des matériaux organiques trouvés dans le remplissage. Elles s'échelonnent du Xe/XIe au XIVe siècle. Cependant, leur chronologie étant parfois inverse de celle de la stratigraphie (ce qui arrive avec les sites qui ont été remaniés), on ne sait pas exactement ce que l'on date. L'archéologue qui a fouillé le plus récemment le site est prudent ; il préfère avoir recours, pour dater le bâti, à la datation du matériau de construction, la brique cuite, par thermoluminescence : elle permet de savoir que la brique analysée a été cuite entre le début du XIIe et le milieu du XIIIe siècle. Ce qui date la construction de cette structure.

Ou du moins de cette portion de mur. Sauf bien sûr si la brique en question était déjà remployée, auquel cas la structure pourrait être postérieure. Bref, l'archéologie étant une école de patience et de modestie, il faut savoir se contenter de cela : la Butte 1 de Tié, dans la région du Kanem, est vraisemblablement contemporaine du sultan Muhammadî.

Note

Les sources arabes relatives au Kânem et aux Zaghâwa sont citées dans Joseph Cuoq, *Recueil des sources arabes*, Paris, Éditions du CNRS, 1985, p. 52 (al-Yaqûbî), 60 (al-Masûdî), 73 (Ibn Hawqal), 82 (al-Bakrî), 140-141 (al-Idrîsî). L'auteur, bien informé au sujet de la conversion du Kânem à l'islam, est l'auteur du *Kitâb al-Istibsâr*, datant de la dernière décennie du XIIe siècle ; voir J. Cuoq, *Recueil des sources arabes*, p.176 ; Nehemia Levtzion, John F. P. Hopkins, *Corpus of Early Arabic Sources for West African History*, Princeton, Markus Wiener, 2000, p. 138. Ibn Saîd : J. Cuoq, *Recueil des sources arabes*, p. 207-210 ; N. Levtzion, J. F. P. Hopkins, *Corpus*, p. 187-189. Au sujet du Kânem, souvent appelé Kanem-Borno dans la littérature académique en raison du déplacement de la dynastie d'une région vers l'autre au XVe siècle, voir en premier lieu Dierk Lange, *Le Dīwān des Sultans du (Kānem-) Bornū. Chronologie et histoire d'un royaume africain de la fin du Xe siècle jusqu'à 1808*, Wiesbaden, F. Steiner, 1977 ; Rémi Dewière, *Du lac Tchad à La Mecque. Le sultanat du Borno et son monde, XVIe-XVIIe siècle*, Paris, Éditions de la Sorbonne, 2017, et Vincent Hiribarren, *Un manguier au Nigeria. Histoires du Borno*, Paris, Plon, 2019. Concernant le site de Djenné-Jeno, dont les résultats de la fouille constituent encore les données archéologiques de référence pour les régions du Sahel occidental à la période médiévale, voir la monographie de Susan K. McIntosh (dir.), *Excavations at Jenné-Jeno, Hambarketolo, and Kaniana (Inland Niger Delta, Mali), the 1981 Season*, Berkeley, University of California Press, 1995. Les données paléoclimatologiques signalées dans ce chapitre sont issues de Jean Maley, Robert Vernet, « Populations and Climatic Evolution in North Tropical Africa from the End of the Neolithic to the Dawn of the Modern Era », *African Archaeological Review*, vol. 32, 2015, p. 179-232, et de Sebastian Lüninga, Mariusz Gałkab, Iliya Bauchi Danladic, Theophilus Aanuoluwa Adagunodod, Fritz Vahrenholte, « Hydroclimate in Africa during the Medieval Climate Anomaly », *Palaeogeography, Palaeoclimatology, Palaeoecology*, vol. 495, 2018, p. 309-322. Pour des états de la recherche prudents à la croisée de la documentation écrite et des données archéologiques, et qui replacent le Kanem-Borno dans l'environnement historique du Sahel central, voir tout particulièrement Detlef Gronenborn, « Kanem-Borno: A Brief Summary of the History and Archaeology of an Empire of the Central Bilad al-Sudan », dans Christopher R. DeCorse (dir.), *West Africa during the Atlantic Slave Trade: Archaeological Perspectives*, Londres, Leicester University Press, 2001, p. 101-130, et, du même auteur, « Du Kanem-Bornou aux cités haoussa : empires, islam et commerce au Sahel central », dans François-Xavier Fauvelle (dir.), *L'Afrique ancienne. De l'Acacus au Zimbabwe, 20 000 ans avant notre ère-XVIIe siècle*, Paris, Belin, 2018, p. 203-225. Enfin, les données archéologiques relatives aux sites archéologiques du Kânem sont tirées de Carlos Magnavita, Tchago Bouimon, « Archaeological Research at Tié (Kanem, Chad): Excavations on Mound 1 », *Afrique. Archéologie et arts*, 16, 2020, p. 77-96, et Carlos Magnavita, « Early Kanem-Borno fired Brick Elite Locations in Kanem, Chad: Archaeological and Historical Implications », *Azania: Archaeological Research in Africa*, 56 (2), 2021, p. 153-192.

Le Rhinocéros d'or de Mapungubwe, feuilles d'or sur bois (43 gr, 15,2 cm), XIIe siècle.
Mapungubwe Collection, Université de Pretoria, Afrique du Sud.

Le site de Mapungubwe (la « Colline aux chacals » en langue venda) est localisé sur une hauteur à l'extrême nord de l'actuelle Afrique du Sud. La colline borde le fleuve Limpopo qui se jette dans l'océan Indien au Mozambique voisin. Dès la fin du Ier millénaire de notre ère, les sociétés africaines de la région, vivant essentiellement d'une économie d'élevage, exportent des objets d'ivoire (sans doute vers le bassin économique du monde islamique) et importent des perles indo-pacifiques. Aux XIIe et XIIIe siècles, le mobilier luxueux issu de plusieurs tombes, notamment des perles et des effigies en or, illustrent à la fois un processus de concentration des richesses et une interconnexion de cette société avec les régions aurifères du Zimbabwe.

La colline de Mapungubwe domine la confluence du Shashe (lit à sec au second plan, vue vers le nord) et du Limpopo, à la croisée d'axes de circulation vers le plateau zimbabwéen et vers l'océan.

Un *zimbabwe* est une « maison de pierre » en langue shona. On compte une centaine de ces sites fortifiés au Zimbabwe actuel et quelques-uns au Botswana et au Mozambique voisins. De diverses tailles, ils datent des XIVe et XVe siècles, témoignant d'une période d'intense activité bâtisseuse au sein d'une société africaine pratiquant l'agriculture et la métallurgie du fer, du cuivre et de l'or. Le plus spectaculaire de ces enclos est celui appelé, pour cette raison, Grand Zimbabwe. Des structures énigmatiques tels qu'une tour conique pleine et des décors architecturaux élaborés ont laissé suggérer que Grand Zimbabwe avait occupé des fonctions politiques ou rituelles particulières.

Vue de l'enclos de Grand Zimbabwe, XIVe-XVe siècles.

Mur d'enceinte de Grand Zimbabwe.
© Chris Howes/Wild Places Photography/Alamy

Détail du mur d'enceinte de Grand Zimbabwe.
© Nick Greaves; Agfa Awards Winner/Alamy

L'Atlas catalan, production de l'école cartographique juive catalane du XIVe siècle (il est daté de 1375), représente un monde centré sur la mer Méditerranée et s'étirant, en haut, jusqu'à la mer du Nord, en bas, jusqu'au fleuve Niger. Quoique désigné sous le nom ASHARA, le désert du Sahara n'est pas vraiment matérialisé ni perçu comme un obstacle aux relations entre pays du Sahel et pays de l'Afrique

du Nord. Dans la partie basse du deuxième feuillet, où le cartographe a parfaitement saisi la réalité de l'économie oasienne et chamelière, est représenté un souverain en majesté, que le texte en catalan nous décrit comme le plus grand souverain de ces régions en raison de ses richesses en or : il s'agit de Mûsâ, roi du Mâli dans le premier tiers du siècle. Atlas catalan, vélin, 1375, Paris.

La Mâli à l'apogée de sa puissance (au XIVe siècle) était une hégémonie impériale qui s'étendait de la côte Atlantique à la Boucle du fleuve Niger, et dominait des sociétés très diverses sur les plans culturel, économique et religieux. Le cœur du royaume était constitué de sociétés appartenant à l'aire linguistique mandingue. Dans toute la frange sahélienne de l'empire, les sociétés africaines sont entrées tôt, dès les alentours du VIIIe siècle, en interaction avec l'islam, non sans que des pratiques funéraires témoignent, parfois tardivement, d'un souci du prestige étranger à la religion musulmane, comme dans le cas des tumulus de Rao au Sénégal. Dans la moyenne vallée du fleuve Niger, du Macina à la Boucle du fleuve, l'architecture locale en banco a été mise au service de la construction d'édifices musulmans, à l'instar de la grande mosquée de Tombouctou.

Pectoral en or du tumulus P. de Rao,
Sénégal, vers 1300.

Grande mosquée de Djingareyber, Tombouctou, Mali.

Sijilmâsa, dont les vestiges archéologiques sont situés dans les faubourgs de Rissani, dans le sud-est du Maroc actuel, était l'un des principaux « ports » d'où partaient les caravanes de dromadaires pour la traversée du Sahara en direction des royaumes de la région du Sahel. Les ruines présentent une architecture locale de terre banchée appelée pisé, mal conservée, bien que de larges segments de la muraille d'enceinte des XIIᵉ-XIIIᵉ siècles soient préservés. Dans une autre partie du site, un petit tronçon de muraille du XIVᵉ siècle n'a dû sa conservation qu'à la fixation d'un mausolée de saint soufi postérieur. Les fouilles révèlent une occupation discontinue, causée par le cycle de l'érosion du pisé.

Vue des murailles de Sijilmâsa datant des XIIᵉ-XIIIᵉ siècles.

Sanctuaire dédié à un saint homme musulman, Rissani, Maroc. L'adossement de ce mausolée sur un vestige antérieur a permis la conservation d'un segment de muraille du XIVe siècle.

Sijilmâsa, Maroc: le secteur de fouilles livre plusieurs occupations entre le VIIIe et le XIIIe siècles.

Chapitre 27

Le sultan et la mer

Côte du Sénégal ou de la Gambie actuels, vers 1312

Les seuls titres des ouvrages et articles consacrés à un supposé peuplement de l'Amérique précolombienne depuis l'Afrique rempliraient à eux seuls un livre entier. On peut répartir cette bibliographie en deux ensembles. Le premier, produit en grande partie par des Européens, surtout au XIXe siècle et au début du XXe, voulait prouver que les civilisations méso-américaines devaient leur essor à un germe originel transmis par migration depuis l'Égypte pharaonique, mère des civilisations, donc supposément apparentée à tout ce que la Méditerranée et le monde occidental ont connu de glorieux depuis quelques millénaires. Le second, produit majoritairement par des Afro-Américains ou des Africains dans la seconde moitié du XXe siècle, voulait croire à peu près la même chose, mais avec la prémisse que l'Égypte était une civilisation noire, et l'implication que le mérite d'avoir été le berceau de toute civilisation revenait donc à des Africains. « Eurocentrisme » contre « afrocentrisme » : bataille d'idéologie qui dissimule une guerre de mémoire. On l'a bien résumée par cette interrogation : « à qui appartient l'Égypte antique ? ».

Il n'y a pas l'ombre d'un argument sérieux pour soutenir l'idée d'une origine extra-américaine des civilisations olmèque, maya, toltèque ou aztèque. On pourra toujours collectionner des paires comparatives – c'est ce que font nombre d'auteurs : les pyramides d'Égypte et les pyramides mexicaines, un glyphe maya et une peinture rupestre du Sahara, une statue monumentale olmèque et le visage d'un Africain actuel, pour trouver qu'ils se ressemblent et que cela fait décidément beaucoup de « coïncidences ». On accordera surtout beaucoup d'attention à la plus petite trace d'un contact direct entre les deux continents avant la date fatidique de 1492. S'il y eut bien des Vikings au Vinland, c'est-à-dire à Terre-Neuve, avant Christophe Colomb, et il y en eut, au moins pendant quelques dizaines d'années dans le courant du XIe siècle, pourquoi des aventuriers africains n'auraient-ils pas atteint le continent américain, de préférence bien sûr dans sa partie centrale ou méridionale (puisque là se sont développées des formes culturelles à propos desquelles on aime à employer le nom de civilisations) ? Un tel épisode, s'il a eu lieu, ne fait pas de vous, pas plus que dans le cas des Vikings, des héros civilisateurs (il faudrait pour cela avoir enclenché un mouvement régulier et irréversible) – mais, pourquoi pas, des « découvreurs ».

Or, il y a bien une histoire qui paraît accréditer cette supposition. Elle est relatée par Ibn Fadl Allâh al-Umarî, qui fut quelque temps, avant de déplaire à son souverain, secrétaire de la chancellerie mamelouk en Égypte, et plus tard, de façon plus illustre, un encyclopédiste très curieux des pays d'Afrique subsaharienne. Al-Umarî, qui écrivait dans les années 1340, tenait cette histoire de l'émir Abû l-Hasan Alî qui était gouverneur du Caire lorsque le sultan Mûsâ du Mâli vint à séjourner dans la capitale égyptienne sur sa route du pèlerinage vers La Mecque, en 724 de l'hégire, c'est-à-dire en 1324. L'émir ne tarissait pas d'anecdotes au sujet du sultan Mûsâ. Il raconta celle-ci que nous a préservée al-Umarî, dans laquelle le sultan répond à la question de savoir comment il était arrivé au pouvoir.

« Nous appartenons à une famille dans laquelle le pouvoir s'hérite. Celui qui était avant moi ne croyait pas que l'océan Atlantique était impossible à franchir. Il voulut parvenir à son extrémité et se passionna pour ce projet. Il équipa 200 embarcations qui étaient pleines d'hommes et autant qui étaient remplies d'or, d'eau et de provisions de quoi faire face à plusieurs années. Il dit alors à ceux qui étaient préposés à ces embarcations : “Ne revenez qu'après avoir atteint l'extrémité de l'océan ou si vous avez épuisé vos provisions ou votre eau.” Ils partirent. Leur absence se prolongea. Aucun ne revenait alors que de longues périodes s'écoulaient. Enfin, retourna une embarcation, une seule. Nous interrogeâmes le chef sur ce qu'ils avaient vu et appris. “Bien volontiers, ô sultan, répondit-il. Nous avons voyagé un long temps jusqu'au moment où s'est présenté en pleine mer un fleuve [*wādī*, littéralement un oued] au courant violent. J'étais dans la dernière des embarcations. Les autres s'avancèrent et lorsqu'elles furent en ce lieu, elles ne purent revenir et disparurent. Nous n'avons pas su ce qu'il leur advint. Moi, je revins de cet endroit-là sans m'engager dans ce fleuve.” Le sultan repoussa son explication. Il fit préparer par la suite 2 000 embarcations, 1 000 pour lui et ses hommes et 1 000 pour l'eau et les provisions. Ensuite, il m'installa comme son remplaçant, s'embarqua avec ses compagnons sur l'océan et partit. Ce fut la dernière fois que nous le vîmes, lui et ses compagnons, et ainsi je devins seul maître du pouvoir. »

Le récit nous parle d'une expédition maritime, d'une flotte d'embarcations qui n'est jamais revenue – peut-être, peut-on imaginer, veut-on croire, parce qu'elle atteignit un autre rivage. Voilà les vrais découvreurs de l'Amérique ? Et puisqu'ils n'étaient peut-être pas que quelques poignées à l'arrivée, sans doute ont-ils passé quelque chose des civilisations africaines de l'autre côté de l'Atlantique ? Et puisqu'ils furent capables de le faire une fois, n'avaient-ils pas pu le faire bien d'autres fois auparavant ? Mais le récit, notons-le bien, ne nous parle pas d'un continent au bout de la course. Personne le long de la chaîne de ceux qui ont participé à l'élaboration du récit et à sa transmission n'évoque une terre située de l'autre côté. Il est donc bien clair, puisque le sultan veut tellement croire et prouver par son équipée que la traversée est possible, que l'idée selon laquelle l'océan a une « extrémité » plutôt que rien (un gouffre, le bord du monde, les Ténèbres) est une théorie qui n'a pas encore reçu l'assentiment de l'expérience : personne n'était revenu pour en parler. Or, à compter qu'elles eurent bien lieu, les expéditions des 400 et 2 000 embarcations ne ramenèrent personne, et si découverte il y eut, personne ne revint pour la faire connaître. Pour découvrir, il faut arriver quelque part ; pour avoir découvert, il faut revenir d'où l'on est parti.

Qu'importe que Raymond Mauny ait cru montrer de façon définitive qu'une telle expédition était matériellement impossible compte tenu des conditions sociales et techniques des sociétés de la région à l'époque. À la pirogue sans voile, pagayant, sans tradition de navigation en mer – côtière ou hauturière –, n'ayant jamais peuplé auparavant les archipels atlantiques (les îles du

Cap-Vert situées au large du Sénégal étaient désertes à l'arrivée des Portugais), ignorant le régime des vents et des courants dans l'Atlantique nord, l'expédition du prédécesseur du sultan Mûsâ est vraisemblablement à placer, pour reprendre l'expression de Mauny, « au martyrologe de la découverte maritime ». Mais si sa démonstration n'a convaincu que ceux qui demandaient à l'être, c'est peut être qu'il y a de quoi se poser la question : à qui appartient la découverte de l'Amérique ?

Le Mâli du XIVe siècle (→ **29, 31, 32, 33**) est un vaste royaume – on dit parfois empire parce que le souverain, d'une dynastie musulmane, a dans sa vassalité plusieurs autres rois, qu'il a vaincus ou dont il a obtenu l'hommage par quelque autre moyen. Parmi ceux-ci, il en est un dont le royaume touche à la côte atlantique entre les fleuves Sénégal et Gambie. C'est la fenêtre maritime de l'empire, qui est certes fort éloignée des centres du pouvoir, situés dans la savane malienne. Mais les élites marchandes et itinérantes du pays n'ignorent sans doute rien de cette province littorale. Que l'expédition ait eu lieu ou pas, c'est bien de cet océan-là qu'il est question. Peut-on, puisque des oulémas sillonnent également le pays, invoquer une allusion à des navigations arabes de l'époque ? Mais il n'y en a guère. Les géographes du temps révèlent leur ignorance des choses de l'océan, et les praticiens de la navigation sont peu nombreux à s'aventurer sur les côtes atlantiques au sud du Maroc ; quant à partir vers la haute mer, ils ne le font pas, et d'ailleurs ignorent alors l'existence des Canaries et de Madère. Il y a bien aussi cette légende, associée à Uqba ibn Nâfi, le conquérant de l'Afrique du Nord à qui sont prêtés en maints endroits toutes sortes de miracles (→ **5**) ; son épopée dut circuler. On dit qu'entré par l'Égypte il parvint jusque dans le

Souss, au Maroc atlantique, et là entra dans l'eau de la mer avec son cheval, prenant Dieu à témoin qu'il aurait poursuivi son chemin si le continent s'était prolongé vers l'ouest. Le sultan du Mâli se sera-t-il souvenu de cette scène, l'aura-t-il rejouée, l'aura-t-il continuée comme pour montrer à la fois de quel accomplissement historique il était lui-même la réalisation et de quel projet politique et religieux il pouvait être le porteur ? Transmise sereinement par Mûsâ, son successeur direct, à un « officiel » du pouvoir égyptien du temps, l'anecdote acquérait de la sorte la valeur d'un message diplomatique : je suis issu d'une dynastie assez musulmane pour prétendre porter l'islam au-delà de l'océan et mourir en martyr.

Mais à vrai dire, on peut douter que ce soit tout à fait de cela que parle le texte, et d'ailleurs à bien reconsidérer sa teneur on peut croire que l'anecdote dut inspirer aux auditeurs quelque sentiment de vanité devant une entreprise aussi manifestement dénuée d'intérêt et peut-être même marquée au coin d'un orgueil coupable. Mais cette dernière hypothèse a au moins le mérite de nous rappeler à ce que dit le texte. Si l'on résume en le paraphrasant, le sultan Mûsâ répondit à peu près ceci : « Nous appartenons à une famille dans laquelle le pouvoir s'hérite. Celui qui était avant moi ne croyait pas que l'océan Atlantique fût impossible à franchir. Il voulut le faire *et échoua*. Je devins ainsi seul maître du pouvoir. » Dans ce récit, qui est d'abord le récit d'une transmission du pouvoir, il y a peut-être quelque chose de plus profond qu'un ferment de querelle de préséance au sujet de la traversée de l'Atlantique.

On lit souvent que le malheureux prédécesseur de Mûsâ s'appelait Abû Bakr ou Abu-Bakari. C'est tout à fait faux bien que cela ait été répété auteur après auteur avec assiduité. Cette idée erronée vient d'une traduction fautive du texte du fameux historien Ibn Khaldûn qui indique la généalogie des sultans du Mâli. Il faut lire en effet qu'Abû Bakr était le père de Mûsâ, mais il ne faut pas lire qu'Abû Bakr le précéda sur le trône. L'homme qui précéda Mûsâ comme sultan du Mâli s'appelait Muhammad ; il appartenait à une autre branche de la dynastie, qui avait régné de père en fils depuis l'ancêtre de la lignée, Mâri-Djâta, vers le milieu du XIIIe siècle. C'est à ce Muhammad que Mûsâ succéda vers 1312. Ces détails sont importants car ils signifient qu'avec l'arrivée de Mûsâ au pouvoir eut lieu un changement de branche au sein de la dynastie régnante. L'histoire de l'expédition maritime a peut-être quelque chose à voir avec ce problème de succession, qui ne fut sans doute pas pacifique dans la mesure où Mûsâ était issu d'une branche collatérale, et qui ne pouvait en tout cas manquer de soulever de sérieux problèmes de légitimité. Le récit que fait Mûsâ des circonstances de son accession au pouvoir n'est peut-être pas à comprendre comme la narration un peu hors sujet d'une expédition maritime, mais comme l'argumentation de sa légitimité à régner. « Nous appartenons à une famille dans laquelle le pouvoir s'hérite », commence-t-il par dire en entamant son récit. Il convient peut-être de le prendre au mot et d'écouter *comment* le pouvoir s'hérite.

Il y a toujours un risque, on l'a dit plus haut, à mobiliser des éléments de comparaison. Faisons-le tout de même, avec la claire conscience des limites de l'exercice, lequel consiste ici à réunir quelques pièces d'un dossier qui permet d'éclairer une pratique qui semble se rencontrer dans plusieurs sociétés africaines très distantes les unes des autres.

Plusieurs mythes se rapportent à l'origine du royaume de Loango, qui fleurit en Afrique centrale, dans la région de l'actuel Congo et de l'enclave angolaise de Cabinda, à partir du XVIe siècle. L'un de ces mythes évoque le héros civilisateur, à qui sont dus tant le feu que la fertilité et l'institution de la royauté. On le reconnut parce que s'étant embarqué sur un fleuve il atteignit l'embouchure et se présenta aux habitants de la région après avoir touché la mer. Un autre raconte l'origine de la seconde dynastie, la précédente ayant été renversée en raison d'abus commis par les souverains. On chercha une fondatrice de lignée ; on la trouva, en forêt, dans une population ayant les attributs de l'étrangeté et de la sacralité, sous les traits d'une jeune fille pygmée. On l'accompagna au bord de la mer puis on lui fit faire une boucle en mer avant de retoucher terre un peu plus loin, dans le royaume qui était promis à sa descendance. On la maria et son fils fut le premier roi. Dans les deux cas, le détour en mer a valeur de signe de reconnaissance ou peut-être d'épreuve suprême ; pratiqué sous l'égide d'une divinité faiseuse de pluie et dispensatrice de tous les bienfaits, il investit le nouveau roi, particulièrement dans le cas précis d'un vide dynastique.

Transportons-nous quelques siècles en arrière sur ce qui est peut-être le sud somalien ou le nord du Kenya. Là, en 922, est jeté sur la côte, par une tempête, un navire d'Oman transportant des marchands en route pour Kanbalu sur la côte des Zanj. N'atterrissant pas dans un port connu, les hommes sont à peu près sûrs, pensent-ils, d'être mangés. Or, la population noire se montre accueillante et son jeune roi, favorable au commerce. Au moment de partir, peu reconnaissants, les Omanais enlèvent le roi et l'emmènent comme esclave (en même temps, du reste, que quelque deux cents autres personnes qui avaient probablement été achetées au même endroit). Le roi sera vendu à Oman. Quelques années plus tard, les mêmes marchands essuient dans les mêmes parages une nouvelle tempête, qui, comble de malchance, les jette au même endroit de la côte. À leur grande surprise, ils retrouvent le roi, qui les reconnaît et les reçoit avec une colère froide. Finalement magnanime, il pardonne et raconte son aventure. Conduit à Bagdad, le jeune homme y apprit l'arabe et s'y fit musulman. Il s'échappa, se rendit à La Mecque puis au Caire, et parvint à retrouver la plage d'où il avait été arraché. Ce n'est pas sans crainte qu'il débarque, car, croit-il, le nouveau roi du lieu aura tôt fait de l'éliminer. Mais les devins avaient prévenu les membres de la société locale d'attendre des nouvelles du disparu avant de se doter d'un nouveau souverain. Il arrive donc au palais où on le reconnaît et l'accueille chaudement. Cette histoire est sans doute remplie de folklore de marins arabes ou persans, mais y est serti un récit que l'on peut penser africain. Peu importe que l'aventure ait eu lieu ou qu'il s'agisse d'un mythe ; ce qui nous retient est qu'il a fallu un long périple par-delà l'océan pour voir notre jeune homme doublement confirmé, comme roi, pour son peuple, et comme musulman, pour les marchands de passage.

Il manque ici à coup sûr bien des éléments – d'histoire, d'ethnologie, de mythologie – qu'il faudrait collecter. Mais ceux-ci sont déjà suffisants pour poser une hypothèse, celle qu'il existe dans plusieurs régions d'Afrique une commune mythologie de l'origine de la royauté, peut-être un commun rituel d'investiture d'un nouveau souverain lors des périodes de crise. Que l'histoire décrive comment le pouvoir est sorti du vide de pouvoir, ou bien qu'elle prescrive ce que doit accomplir le roi pour être reconnu roi, elle raconte que le détour par l'océan, mère de toutes les eaux, a fait le souverain.

Les expéditions de Muhammad eurent-elles lieu ? Peut-être pas, si la relation qu'en fit Mûsâ n'était que le récit d'une crise dynastique exprimée dans la langue politique du royaume du Mâli. Mais si oui, parions que son acte politique – dont on est en peine de connaître le cadre religieux précis : initiation royale, rite de lustration, ordalie ? – avait pour dessein d'éprouver l'océan et d'en revenir conforté sur le trône. Ce fut un échec. Mais il y eut un vainqueur : celui qui raconte l'histoire.

Note

Le passage d'al-Umarî est cité d'après Joseph Cuoq, *Recueil des sources arabes*, Paris, Éditions du CNRS, 1985, p. 274-275. Au sujet de la théorie afrocentriste d'un peuplement civilisateur de l'Amérique par des Africains, voir Bernard R. Ortiz de Montellano, « *Black warrior dynasts.* L'afrocentrisme et le Nouveau Monde », dans François-Xavier Fauvelle, Jean-Pierre Chrétien, Claude-Hélène Perrot (dir.), *Afrocentrismes. L'histoire des Africains entre Égypte et Amérique*, Paris, Karthala, 2000, p. 249-270. La question « À qui appartient l'Égypte antique ? » est empruntée au titre de l'article de recension de Wyatt MacGaffey, « Who owns Ancient Egypt? », *Journal of African History*, 32 (3), 1991, p. 515-519. Les réflexions de Raymond Mauny au sujet de la supposée expédition maritime sont livrées dans diverses pages des *Navigations médiévales sur les côtes sahariennes antérieures à la découverte portugaise (1434)*, Lisbonne, Centro de Estudos Históricos ultramarinos, 1960. Concernant la généalogie des sultans du Mâli, l'étude classique reste celle de Nehemia Levtzion, « The thirteenth and fourteenth-century kings of Mali », *Journal of African History*, IV (3), 1963, p. 341-353, en attendant la parution de mon ouvrage, *Les Masques et la Mosquée*, Paris, CNRS Éditions, 2022. Les mythes kongo proviennent de Luc de Heusch, *Le Roi de Kongo et les monstres sacrés*, Paris, Gallimard, 2000, p. 44-48. Le récit des marins omanais, qui figure dans un ouvrage du xe siècle sous la plume d'un navigateur persan, Buzurg ibn Shahriyâr, a été traduit en anglais par G. S. P. Freeman-Grenville, *The East African Coast*, Oxford, Clarendon Press, 1962, p. 9-13. Une traduction française, par L. Marcel Devic, accompagne l'édition arabe de Pieter Anthonie Van der Lith, dans le *Livre des merveilles de l'Inde par le capitaine Bozorg, fils de Chahriyâr de Râmhormoz*, Leyde, Brill, 1883-1886, 2 vols.), dont il existe plusieurs réimpressions.

Chapitre 28

Des ruines de sel

Taghâza, extrême nord de l'actuel Mali, XIe-XVIe siècle

En 1934, Théodore Monod, qui avait voulu être océanographe et devenait arpenteur du désert, quoiqu'il n'eût pas encore acquis la notoriété de saharien qui devint la sienne plus tard, emprunte l'*azalaï*, la grande caravane bisannuelle partant de Tombouctou. Trois mille dromadaires conduits par les Touaregs s'en vont charger des barres de sel à la mine d'Agorgot près de Taoudeni, dans l'extrême nord du Sahara malien. Le parcours est de 800 kilomètres. Arrivé au terminus de la ligne, Monod veut visiter Taghâza, encore 150 kilomètres au nord-ouest de là. Il ne sera pas déçu : « deux ruines de villages sont encore visibles, écrit-il, où l'on retrouve la place des édifices bâtis [...]. Et il s'agit non seulement de bases de murs arasés mais parfois même de véritables fragments d'architecture, par exemple des arcs en plein cintre. En chlorure de sodium [...]. Sur le sol, des débris abondent, tessons de poteries peints et vernissés, d'origine marocaine, objets de cuivre, perles, innombrables fragments de bracelets en fils de verre soudés, multicolores. Au cœur d'une région très désertique, Teghazza est dépourvu de pâturage ; ce n'est pas un lieu où l'on puisse s'attarder. Je n'y passai que quelques heures ».

Monod connaît ses classiques. Il sait qu'avant lui René Caillié, qui en 1828 a suivi le même itinéraire déguisé en Arabe, a fait halte à Telig, le puits situé à peu de distance (une demi-journée) de Taoudeni ; là, Caillié apprend que des esclaves noirs débitent des planches de sel sous la supervision de Maures, c'est-à-dire (dans le cas présent) de musulmans blancs. Quelques jours plus tard, ayant repris la route du Tafilalet, il est à Taghâza. On y trouve, dit-il, « de gros blocs de sel, et, à peu de distance de l'endroit où l'on abreuve les bestiaux, plusieurs maisons construites en briques faites de cette substance ». Longtemps avant lui, Ibn Battûta avait séjourné à Taghâza. C'était en mars 1352 : « dix jours dans les souffrances et dans la gêne ; car l'eau en est saumâtre, et nul endroit n'a autant de mouches que ce bourg ». Chose curieuse que remarque le voyageur : les maisons et la mosquée sont bâties en blocs de sel, les toits, faits avec des peaux de dromadaires. On exploite le sel gemme, qui se présente à une faible profondeur du sol (3 à 4 mètres) sous la forme de tables qu'il faut scier. Le travail est fait par des esclaves des Berbères, qui se nourrissent de dattes apportées du Maroc et de petit mil importé du Sahel. C'est dire l'importance du trafic à Taghâza au Moyen Âge. Même constat de rudesse à Taoudeni par un contemporain de Monod. Les conditions de vie dans les deux mines voisines ne devaient pas être notablement différentes à quelques siècles de distance : « Taoudeni est inhabitable ; son eau saumâtre tue en quelques années les ouvriers nègres qu'on y importe et qu'on y maintient de force. Il ne doit pas y avoir à la surface de la planète [...] d'enfer industriel comparable à celui-là. »

Taghâza est située dans une vaste *sebkha*, une sorte de bassin naturel de décantation qui fut, il y a de cela des millions d'années, en bord de mer. À égale distance de la steppe maghrébine et de la steppe sahélienne, on y débita, pendant des siècles, des dalles de sel pour les acheminer au Pays des Noirs. C'est peut-être déjà la localité appelée Tâtantâl au XIe siècle, où se dresse alors, paraît-il, « un château dont les murs, les salles, les créneaux et les tourelles sont construits de morceaux de sel ». Si importante était l'activité d'extraction de sel pour l'économie du commerce transsaharien que Taghâza aiguisa les convoitises. Caravanes du Mâli et du Maroc venaient s'y approvisionner au temps où la mine était sous le contrôle de Berbères Massûfa. Le royaume songhay l'administra un temps, depuis Tombouctou. Les sultans du Maroc s'en emparèrent au milieu du XVIe siècle, sans autre effet que de provoquer un déplacement de l'activité minière vers Taoudeni, d'une exploitation moins facile, mais un peu plus proche de Tombouctou. Taghâza ne fut pas abandonnée : on y venait encore au XVIIe siècle. Monod y ramasse des tessons de céramique de cette période, et les quelques sondages archéologiques qui y ont été pratiqués ont surtout révélé les dernières occupations.

De Taghâza, nous dit Hasan al-Wazzân, plus connu en Europe sous le nom de Léon l'Africain, qui y passa quelques jours aux environs de 1510, on transporte ce sel à Tombouctou, « qui en manque beaucoup ». À la ville de Mâli, écrit Ibn Battûta, « une charge de chameau de ce minéral [...] vaut de vingt à trente dinars, quelquefois même quarante ». Mais déjà à l'époque où la mine s'appelait Tâtantâl, lorsque le pouvoir sur tout le Sahel occidental s'exerçait depuis la ville de Ghâna (→ 7, 8), on apprend que « le roi prélève un dinar d'or sur chaque charge de sel qui entre dans le pays, et deux dinars en cas d'exportation ». C'est donc que le sel est importé, évidemment du désert, pour y être réexporté, vers les régions de savane. « Tous les autres rois font des présents [au souverain de Ghâna], lit-on également, car ils ont un besoin indispensable du sel qui est exporté des régions de l'Islam chez eux. » Entre la mine à ciel ouvert, administrée par des nomades berbères qui y font travailler leurs esclaves, et les populations sédentaires d'agriculteurs, au sud, s'étire donc une route millénaire, qui a seulement varié de terminaison méridionale – Ghâna, Mâli-ville, Tombouctou – au cours des siècles. L'existence de cette route du sel illustre la demande qu'elle satisfait, celle d'un produit aussi précieux au sud du Sahara que l'or l'est au nord. Car les sols africains, riches en minerais, sont en revanche pauvres en sels minéraux et transmettent cette insuffisance aux végétaux et aux animaux, au risque de carences. Pour les dromadaires et les vaches, on pallie cette déficience minérale par la pratique de la « cure salée », transhumance annuelle qui consiste à mener le troupeau sur des lieux de pacage riches en minéraux où le bétail est laissé à pâturer ou à lécher les efflorescences salines. Pour les femmes, les hommes et les enfants, la consommation de sel (chlorure de sodium et oligo-éléments) fait taire la « faim de sel » qu'engendre la sous-nutrition minérale et accroît dans le même temps la résistance métabolique à la chaleur.

Raymond Mauny a mis en évidence la diversité des modes de production du sel à l'échelle de toute l'Afrique de l'Ouest. Les complexes techniques qu'il a identifiés ont des aires de répartition étroitement corrélées avec les zones écologiques. Le voisinage du littoral atlantique dans le Sud mauritanien et le Nord sénégalais est une région de récolte du sel marin par évaporation solaire dans des cuvettes naturelles ou artificielles. Mais des taux d'hydrographie nocturne trop élevés tant au nord de cette zone, pourtant torride, qu'au sud, au climat équatorial, y interdisent l'emploi de cette technique. Le long du golfe de Guinée, on pratique l'évaporation par ébullition de l'eau de mer, et les pains de sel ainsi formés se vendent dans toute la zone forestière. La vaste zone de savane correspond à l'aire de distribution des diverses techniques d'obtention des sels végétaux : de cendres de foyers domestiques, obtenues à partir de plantes halophytes, on produit par lessivage puis décantation une saumure que l'on évapore dans des moules d'argile placés au-dessus de fourneaux. Le même dispositif s'applique à la production de sel de terre, que l'on rencontre plutôt entre fleuve Niger, lac Tchad et massif de l'Aïr : là les pains de sel sont produits à partir de terre salée qui est ramassée et lavée. La saumure est pareillement soumise à l'ébullition pour former des pains de sel dans le fond de cuvettes d'argile. Toute la zone sahélienne occidentale est dépendante, quant à elle, d'une ressource saline plus commode, mais d'une exploitation plus complexe. Plus commode en effet : le sel, qui se présente sous la forme pure de chlorure de sodium fossile, le sel gemme, gît ici en tables régulières intercalées de fins lits d'argile. Les sources en arabe connaissent les mines du Sahara. Taghâza est l'une d'elles. On parle également d'Awlîl, qui devait se trouver sur la côte du sud mauritanien, ou encore de Tawtok ou Toutek, mine souterraine que l'on ne sait pas localiser aujourd'hui, peut-être située dans l'extrême est du Mali ou dans ses confins algériens ; de là on importait du sel à Gao, où il servait de monnaie d'échange. Et c'est à peu près tout. À cette rareté s'ajoutent les problèmes d'une exploitation qui ne peut être familiale ni ressortir d'une économie domestique ou locale ; l'approvisionnement dépend d'une activité qui ne peut qu'être « externalisée » et soumise aux lois – et aux aléas – du grand commerce. Produit de première nécessité, le sel a en Afrique subsaharienne une importance qui explique l'attraction qu'exerça pendant des siècles sur les pouvoirs riverains du Sahara un lieu aussi misérable que Taghâza.

Note

L'extrait cité de Monod est repris de son ouvrage, *Méharées*, Arles, Actes Sud, 1989, 1re éd. 1937, p. 266. Celui tiré de René Caillié provient de *Voyage à Tombouctou*, Paris, La Découverte, 1996, t. 2, p. 294 ; au sujet de Taoudeni, voir p. 284-285. Sur les conditions d'exploitation de cette mine, on dispose de l'article de Dominique Meunier, « Le commerce du sel de Taoudeni », *Journal des Africanistes*, 50 (2), 1980, p. 133-144, et des indications bibliographiques données par cet auteur. Le récit d'Ibn Battûta est accessible dans l'édition suivante : Ibn Battûta, *Voyages*, Paris, La Découverte, 1982, t. 3, p. 396-397, ainsi que dans l'édition et traduction de Paule Charles-Dominique, *Voyageurs arabes*, Paris, Gallimard, « Bibliothèque de La Pléiade », 1995. Le passage sur Tâtantâl, dû à al-Bakrî, se retrouve dans Joseph Cuoq, *Recueil des sources arabes*, Paris, Éditions du CNRS, 1985, p. 95 ; du même ouvrage, p. 101 (al-Bakrî) et p. 74 (Ibn Hawqal), proviennent les extraits concernant le Ghâna. Une synthèse sur les maigres données archéologiques relatives à Taghâza, pour l'essentiel non publiées, a été réalisée par Raymond Mauny, *Tableau géographique de l'ouest africain au Moyen Âge*, Dakar, Institut français d'Afrique noire, 1961, p. 116-117, 328-332. Les pages 321-334 sont plus généralement consacrées au sel et à ses techniques de production en Afrique de l'Ouest et au Sahara (la carte, précieuse, mérite d'être observée avec attention). Dans le même registre, mais sans la documentation archéologique, s'inscrit l'article de E. Ann McDougall, « Salts of the Western Sahara: Myths, Mysteries, and Historical Significance », *The International Journal of African Historical Studies*, 23 (2), 1990, p. 231-257. Le passage relatif à Taghâza chez Léon se rencontre dans Jean-Léon l'Africain, *Description de l'Afrique*, traduction d'Alexis Épaulard, notes du même ainsi que de Th. Monod, Henri Lhote, R. Mauny, Paris, A. Maisonneuve, 1980, t. 2, p. 455-456. Un remarquable document est le récit qui nous a été préservé d'un itinéraire caravanier entre Taghâza et Sijilmâsa en 1685 ; il s'agit de : Larbi Mezzine, « Relation d'un voyage de Taġāzā à Siǧilmāsa en 1096 H./1685 J.-C. », *Arabica*, XLIII (1), 1996, p. 211-233. La citation du contemporain de Monod est d'Émile-Félix Gautier, *Le Sahara*, Paris, Payot, 1923, p. 163. Sur la faim de sel, pour les humains, et l'importance des cures minérales, pour les animaux, voir, au sein d'une littérature abondante, Pierre Gouletquer, Dorothea Kleinmann, « Structure sociale et commerce du sel dans l'économie touarègue », *Revue de l'Occident musulman et de la Méditerranée*, 21, 1976, p. 131-139 ; « Le dromadaire face à la sous-nutrition minérale : un aspect méconnu de son adaptabilité aux conditions désertiques », *Science et changements planétaires. Sécheresse*, 11 (3), 2000, p. 155-161.

CHAPITRE 29

La douane du Mâli

Oualata, actuelle Mauritanie, vers le 17 avril 1352

Vous aurez d'abord affaire à une mafia du désert. Car s'ils ne sont pas vos guides et vos gardes, ils vous dépouillent. Naguère, on vit des têtes tranchées de ces bandits berbères couvrir le sol du palais de Sijilmâsa (→ **17**) ; il y avait alors des coupeurs de piste qui vous arrêtaient en travers du Sahara, en route pour le Pays des Noirs. C'était vers la fin du XIIe siècle. L'autorité, en Afrique du Nord, appartenait aux Almohades. Tout embarrassé de préceptes légalistes, on ne s'arrêtait pas trop à conserver la vie de son prochain. À d'autres époques on convertit les détrousseurs en protecteurs, qui bien sûr en tiraient une rente. Pour Ibn Battûta, le voyageur marocain qui se plut à visiter l'ensemble du monde musulman (→ **33**), la traversée du Sahara eut lieu en 1352, de mi-février à mi-avril. Des Massûfa, de la confédération sanhâja, administraient la caravane. Entendons : le chef, les éclaireurs, les chameliers, les gardes sont de cette tribu. Il vaut tout de même mieux *remettre* son sort entre leurs mains que *tomber* entre leurs mains. On est contraint de toute façon de leur faire confiance : le guide de la caravane où a pris place Ibn Battûta est borgne, du moins à ce qu'on a fait croire aux passagers, mais il reste le meilleur connaisseur d'une route qui n'est pas matérialisée comme une voie de commerce romaine ou islamique, tracée qu'elle est dans un sol meuble ou caillouteux et toujours susceptible, ainsi qu'on leur a fait croire aussi, d'être effacée par des « montagnes de sable ».

Il y a ensuite le problème de l'eau. Mieux vaudrait d'ailleurs dire le problème de la soif, votre seule compagne durant la traversée. Tous les voyageurs, tous les géographes le disent : l'eau que l'on puise en route est saumâtre. Elle est parfois « putride et dangereuse » et, estime Yâqût avec humour, « n'a d'autre propriété commune avec l'eau que celle d'être un liquide ». Un tel breuvage provoque immanquablement des souffrances intestinales, qui vous rendent la vie pénible et laissent de l'expérience transsaharienne un très mauvais souvenir. Les bonnes années, il aura plu et assez d'eau aura ruisselé jusque dans le fond de ravines pierreuses ; alors on boit et on fait sa lessive. Les mauvaises fois, le vent brûlant aura asséché l'eau dans les outres ; alors on égorge un chameau, on lui ôte la panse où l'on fait décanter l'eau qu'elle contient, on y fiche un puisard d'où l'on tire le liquide comme à la paille. À l'extrême rigueur, on trouvera pareillement dans les entrailles d'une antilope addax abattue pour la cause une provision d'eau verdâtre. Certains auteurs se souviennent qu'autrefois les frères Maqqarî (**→ 17**) « aménagèrent la route du Sahara en creusant des puits et en assurant la sécurité des marchands ». Mais c'était à l'époque où les grands marchands de l'Afrique du Nord prétendaient assurer eux-mêmes l'organisation matérielle de la caravane et du parcours ; c'était au temps où l'on coupait les têtes des bandits. En ce temps-là, on faisait annoncer le départ au tambour et un étendard, sans doute celui du pouvoir sijilmâsien, flottait au-devant de la caravane. Depuis, on s'est résigné à sous-traiter l'organisation de la traversée aux nomades sahariens et, soit que le service se soit dégradé aux mains de ces bandits repentis, soit que les nouveaux maîtres de la caravane aient cru bon de justifier leurs services, les puits ont disparu. La soif vous tue, mais cette mort-là est moins pénible que ce qui en est la cause. Une sorte d'atonie vous saisit d'abord, puis la conscience vous quitte. On vous retrouve desséché ou on ne vous retrouve pas. « C'est la forme courante de la mort au Sahara », dit tranquillement un manuel d'officier saharien du temps des colonies.

Il faut avoir l'esprit boutiquier dans cette caravane. Vous achetez vos chameaux à Sijilmâsa puis les faites engraisser quatre mois, comme le fit Ibn Battûta, afin qu'ils supportent la traversée. Certains grands marchands ont des centaines de bêtes ; d'autres quelques-unes. On ne part jamais avec un seul chameau, mais avec deux au moins : un pour vous, un pour les bagages. Si vous emmenez un cheval, il faut emporter l'eau qu'il boira. Avant le départ, chacun pourvoit tant à ses marchandises qu'à son harnachement et à ses vivres. Au dernier moment, on remplit les *guerba*, les outres faites d'une peau de bouc. Il faut aussi se munir de recommandations pour l'hébergement au point d'arrivée – que quelqu'un vous réserve une maison ou une chambre. En route, tout se paie, rien n'est mis en commun. Ne sont fournis que la connaissance de la route à suivre et la sécurité de la colonne. À l'heure de la plus vive chaleur, chacun plante sa tente. Il faut pouvoir compter sur des serviteurs pour les tâches viles. Il faut soudoyer des gardes pour veiller sur vos biens. Au retour, vous aurez intérêt à surveiller vous-même votre or ou vos esclaves. Mais ce sera de toute façon sans compter avec les tracas que ce commerce cause. L'anecdote, qui date encore du début du XIIe siècle, a valeur de parabole : « Mon oncle maternel, dit un marchand, entreprit un voyage vers le Sud pour y faire le commerce de l'or. Il acheta un chameau pour s'y rendre. Il se trouva en compagnie d'un citadin [...]. Le citadin se mit à son commerce d'esclaves. Puis, tous deux prirent la caravane pour retourner chez eux. [... Mon oncle] était tout à son aise et sans préoccupations : si la caravane partait, il montait sur son chameau ; si elle faisait halte, il installait sa tente et se reposait. Mais notre citadin était harassé et accablé de soucis par sa troupe d'esclaves : l'un dépérissait, l'autre avait faim, celui-ci s'enfuyait, celui-là s'égarait dans l'erg. Quand la caravane faisait halte, chacun s'occupait de ses affaires. Notre citadin était fatigué au plus haut point. Il regardait durant ce temps vers [mon oncle], qui était assis tranquillement à l'ombre, avec sa fortune, bien rangée sac sur sac et se tenant là en toute quiétude. » Combien d'histoires courait-il au sujet de vieux routards prenant l'avantage sur des « citadins » aussi ambitieux qu'inexpérimentés ?

Et puis il y a les petits, mais nombreux et finalement exécrables, désagréments quotidiens : les puces omniprésentes, contre lesquelles vous vous serez muni de cordons imbibés de mercure portés autour du cou ; les mouches innombrables partout où traîne une charogne, c'est-à-dire précisément aux abords des puits et des campements ; et bien sûr les serpents. Dans la caravane de février 1352, celle d'Ibn Battûta, un certain all-Hâjj Zayyân, un marchand de Tlemcen qui aimait attraper les serpents et les agacer, se fit mordre à l'index. On cautérisa la blessure au fer rouge puis, en guise de remède, on égorgea un chameau et il plaça sa main toute une nuit dans la panse de l'animal. Était-ce vraiment utile ? On le croyait. En tout cas, ce fut insuffisant : il fallut lui amputer le doigt. Les Massûfa durent bien rire de ces passe-temps de gens des villes. Emplis de philosophie, ou désireux peut-être de noircir les risques, ils dirent que la morsure aurait été mortelle si le serpent n'avait pas bu avant de mordre. Il y a enfin les démons, qui sont nombreux dans ce désert, dit Ibn Battûta. Ces déités imperceptibles cohabitent partout avec le Dieu de l'islam. Elles aiment à se jouer des voyageurs isolés. Espiègles, elles vous fascinent et finissent par vous perdre. Aujourd'hui encore, du Maroc à la Mauritanie, les djinns aiment à prendre la forme de tourbillons de sable qui dansent et ne craignent pas de s'approcher de vous.

Ces conditions rigoureuses, la caravane les domine par une stricte discipline ; elle les diminue par quelques distractions. Vous ne vous éloignerez de la colonne qu'à vos risques et périls, a dû dire le chef berbère. Les chameaux vont en effet à leur rythme de métronome, qui stopperont quand l'ordre en sera venu, c'est-à-dire au moment opportun, déclarant la halte prévue sur un chemin en droite ligne. Et pendant que les chargements avancent, réguliers, ainsi que les Massûfa impassibles, certains de ceux qui se sentent l'âme légère, c'est-à-dire ceux qui ont payé la traversée, s'amusent à chasser l'addax, à faire courir les chiens, à prendre un peu d'avance pour faire paître les chevaux et profiter d'un peu de l'attente réconfortante qu'offre la rupture du mouvement. Mais les jeux, les intempérances de citadins se payent cher. Les caravanes ont beau compter plusieurs centaines, parfois quelques milliers de chameaux à la suite, on la perd vite de vue au détour d'un cordon de dunes. Voici deux cousins qui appartiennent à la caravane de notre voyageur marocain. Ils s'appellent Ibn Zîrî et Ibn

Adî. Ils se sont disputés et le premier se laisse décrocher pour manifester sa mauvaise humeur. Première erreur ! « Lorsqu'on fit étape, écrit Ibn Battûta, on ne sut ce qu'il était devenu. Je conseillai alors à son cousin de louer les services d'un Massûfî pour rechercher sa trace et peut-être le retrouver. Mais il refusa. » Deuxième erreur ! « Le lendemain, un Massûfî consentit bénévolement à aller à la recherche de cet homme. Il retrouva sa trace qui tantôt suivait la route et tantôt s'en écartait, mais il ne put en savoir plus. » Fallait-il envoyer ce garde bénévolement ? On ne saura laquelle de ces erreurs fut fatale. Sur le même tronçon, mais en sens inverse, quelques siècles plus tard, une caravane de pèlerins perd coup sur coup deux de ses membres, mais ne s'en aperçoit qu'un jour et une nuit après leur disparition. L'auteur du récit conclut avec philosophie : « Mais notre conscience était tranquille, parce que nous les avions prévenus des risques qu'ils encouraient, en ne se conformant pas au règlement de la caravane. »

Après exactement deux mois de voyage, vous arrivez au terme de la traversée. Au XIVe siècle, le port d'arrivée est à Oualata, dans le sud-ouest de l'actuelle Mauritanie. Vous êtes aux portes de la steppe sahélienne, autant dire déjà dans un autre monde. Plusieurs jours avant, on a dépêché un messager chargé d'annoncer l'arrivée de la caravane. Il emporte les courriers des voyageurs aux marchands de la ville. À la nouvelle, on envoie des charges d'eau, qui seront bien sûr vendues aux voyageurs mais aideront les hommes et les chevaux à parcourir, et seulement de nuit, l'ultime segment de l'itinéraire, au travers d'un désert brûlant et stérile.

Ibn Battûta arrive à Oualata au début du premier mois de *rabî* de l'année 753 de l'ère musulmane, c'est-à-dire dans les jours qui suivent le 17 avril 1352. La chaleur y est torride. « On voit dans la ville, écrit-il, quelques petits palmiers à l'ombre desquels sont cultivés des melons. L'eau vient de puits creusés dans un terrain sablonneux où s'infiltrent les eaux de pluie. Il se vend beaucoup de viande de mouton. Les vêtements des habitants sont beaux et importés d'Égypte. [...] Les femmes sont d'une beauté rare et sont plus considérées que les hommes. » Impressions de touriste, cependant un peu courtes pour qui a séjourné à Oualata pas moins de cinquante jours. C'est une ville dont la population est encore constituée de Berbères massûfa. Des marchands d'Afrique du Nord y ont établi résidence ; c'est d'ailleurs auprès d'un homme de Salé, un autre Marocain, que le voyageur a trouvé à louer une maison. Mais l'ordre qui règne dans la ville est l'ordre politique du Mâli, le puissant royaume noir qui a fait de Oualata l'une de ses possessions, la « première province du Pays des Noirs », à vingt-quatre jours de la capitale, plus au sud. Voyez le gouverneur de la ville, le *farbâ*, titre mandingue. « [Il] était assis sur un tapis, sous un portique, ses gardes se tenaient devant lui, la lance et l'arc à la main, les notables massûfa étaient derrière lui. Les marchands restèrent devant le lieutenant qui leur parlait par l'intermédiaire d'un interprète bien que très proches de lui et par mépris pour eux. » L'ordonnancement est aussi précis que des règles de protocole : la garde armée se tient devant le gouverneur ; les dignitaires locaux, derrière.

À peine les chameaux entrés en ville, nous dit Ibn Battûta, « les marchands déposèrent leurs produits aux marchés » et « des Noirs furent chargés de les garder » pendant que les marchands allaient prêter hommage au gouverneur. Cet empressement et les marques de respect qu'affichent les marchands à l'endroit du *farbâ* choquent notre auteur arabe. « C'est alors, dit-il, que je regrettai d'être venu dans ce pays, vu l'impolitesse de ces Noirs et le dédain qu'ils affichaient pour les Blancs. » Invité plus tard par le *mushrif*, terme arabe désignant le receveur des impôts, à une collation d'hospitalité offerte pour les membres de la caravane, il se raidit encore et c'est à peine s'il lorgne vers le plat de mil arrosé de miel et de lait aigre servi aux convives dans une calebasse. « Est-ce pour ça que nous a convié le Noir ? » demande-t-il à ses compagnons avec, devine-t-on, une moue affectée. « On me répondit que c'était pour eux le plus beau festin d'hospitalité ».

Tant de dédain empêche Ibn Battûta de voir ce qui s'est tramé et se trame autour de lui. Les règles d'étiquette, la discipline, les assauts de politesse auxquels chacun se plie avec diligence, témoignent d'un monde de codes plus subtils que les rudesses caravanières. Les marchands, qui n'avaient de cesse de se défaire de l'emprise de leurs guides nomades, sont entrés de plain-pied dans cet univers d'obligations et rétributions – mais pas le touriste, qui voyage en emportant son monde. À Oualata, le marchand entre au Mâli. C'est un poste frontière, donc un poste de douane. Sur la place, si l'on a tout de suite défait les chargements des dromadaires et laissé le tout sous la garde de fonctionnaires, c'est parce qu'il faudra s'acquitter de redevances indexées sur le volume ou le poids des marchandises transportées. Lorsque, déjà, on avait envoyé les éclaireurs au-devant de la caravane, c'était peut-être aussi pour éviter qu'elle ne s'aventure à prendre un chemin de contrebande. Vous quittez la mafia, vous entrez dans l'État.

Note

La mention des têtes de bandits provient d'al-Sarakhsî, dans Joseph Cuoq, *Recueil des sources arabes*, Paris, Éditions du CNRS,

1985, p. 179. Du même ouvrage sont tirées la citation de Yâqût et l'allusion à la technique du puisard, p. 183 ; la citation relative aux frères Maqqarî, p. 324 (Ibn al-Khatîb) ; la parabole du sage marchand d'or et du citadin, p. 168 (al-Wisyânî). Les extraits cités directement ou indirectement d'après le récit d'Ibn Battûta sont tirés de Paule Charles-Dominique, *Voyageurs arabes*, Paris, Gallimard, « Bibliothèque de La Pléiade », 1995, p. 1023-1028. Raymond Mauny, *Tableau géographique de l'ouest africain au Moyen Âge* (Dakar, Institut français d'Afrique noire, 1961), consacre d'excellentes pages aux conditions matérielles du commerce caravanier (p. 397-403). La citation de l'auteur qui garde sa bonne conscience est tirée de Larbi Mezzine, « Relation d'un voyage de Taġāzā à Siġilmāsa en 1096 H./1685 J.-C. », *Arabica*, XLIII (1), 1996, p. 211-233 (ici p. 216). Le manuel d'officier méhariste est l'ouvrage d'Émile-Félix Gautier, *Le Sahara*, Paris, Payot, 1923, citation p. 94 (il existe d'autres éditions).

Chapitre 30

Une épave au Sahara

Centre-est de la Mauritanie actuelle, vers les XIe-XIIIe *siècles*

La petite équipée est constituée de Théodore Monod, d'un chasseur d'antilope du nom de Salek ould Guejmoul et de deux soldats mauritaniens. Elle chemine avec six dromadaires, dont deux qui portent les lourds tonnelets métalliques remplis d'eau. Elle quitte Ouadane, dans l'Adrar de Mauritanie, le 2 décembre 1964 ; le 7, elle est à un point d'eau, le dernier, où sont remplis pour la dernière fois les tonnelets. À partir de là on marchera tout droit, au sud-est, sans varier, pendant dix jours. Sur ses carnets, Monod note scrupuleusement les temps de marche quotidiens et les motifs de ralentissement : trente-six heures de pluie et de grêle vers le 9 décembre, qui freinent la progression. Cela seul permettra rétrospectivement de calculer des distances kilométriques à peu près fiables, dans un environnement où rien, absolument rien, ne peut servir de point de repère. Au terme de la course, il aura parcouru, estime-t-il, deux cent cinquante kilomètres depuis le point d'eau. Afin de permettre des recoupements, Monod dénombre aussi les cordons dunaires. Il en compte cent trente. Le 17, on oblique au nord-est, pendant deux heures, puis au nord ; on recoupe alors les quatre derniers cordons. Une pause laisse le temps à Salek de retrouver le site. Puis on repart au sud-est, pour une demi-heure. L'objectif de la mission se trouve là, sur le flanc nord-ouest du cent vingt-septième cordon de dunes depuis le dernier point d'eau. Dès le lendemain il faut pourtant s'en aller, le départ s'effectuant au milieu d'après-midi, pour marcher à nouveau dix jours sans possibilité de trouver de l'eau. Les observations devront donc tenir dans ce laps de temps laissé libre, entre le trajet aller et le trajet retour.

Puisque telles sont les conditions de la recherche, il est d'emblée certain qu'il faudra un jour revenir sur le site et poursuivre le travail. Les notes prises sur le terrain doivent autant servir, de ce fait, à réunir les observations « en attendant mieux » qu'à fournir les informations qui permettront de retrouver le lieu. En l'absence de coordonnées géographiques fournies par des moyens satellitaires (les GPS permettent aujourd'hui d'enregistrer et de retrouver n'importe quel point sur terre à quelques mètres près), on ne pourra compter que sur la mémoire de l'itinéraire : celle consignée par Monod avec la plus grande rigueur, mais qui, assure-t-il, sera insuffisante ; celle, combien plus vive, de ses accompagnateurs praticants du désert et de quelques autres qui sont réputés avoir récemment vu le site, chasseurs d'addax ou goumiers dont nous sont indiqués les noms et ceux de leurs tribus.

On désigne depuis lors ce site de la belle expression « épave caravanière ». Là, il y a plusieurs siècles, des hommes ont abandonné, ou plutôt soigneusement déposé dans le sable avec le probable dessein de l'y retrouver un jour, leur cargaison. Qui étaient ces hommes, se sont-ils égarés ? Était-ce leur bien ou leur butin qu'ils scellaient ainsi ? Pourquoi personne n'est-il revenu ? Ce sont des questions aujourd'hui insolubles. Il faut, pour découvrir le mamelon de quelques dizaines de centimètres de hauteur que dessine le site dans un océan de sable, passer dans son voisinage immédiat par hasard, au débouché d'un ensellement dunaire qui ressemble à cent mille autres. Cela n'arriva pas jusqu'en février 1962, lorsque des nomades chassant dans les parages découvrirent l'endroit et y ramassèrent quelques tiges de laiton. L'endroit fut vite appelé Maaden Ijâfen, la « mine » de l'Ijâfen, du nom de la région. La rumeur atteignit Ouadane, et comme le Sahara est une chambre d'écho, elle atteignit Monod, qui était à Dakar. Sa première tentative de trouver l'endroit échoua en janvier 1964 ; sa seconde réussit.

On ne peut donc compter que sur une grosse demi-journée de travail, soit six à huit heures, sur le site. D'abord, le relevé à vue. On plante une mire dans le sol, qui dépasse d'un mètre, en lisière du site. Sur les quatre points de vue qu'il dessine, face aux directions cardinales, Monod fera figurer cette mire, qui fournit à la fois un repère spatial et l'échelle de ses croquis. Quelques coups de crayon nous font ainsi tourner autour d'une légère butte parsemée de tiges de métal. Quelques-unes sont plantées droites au sommet, peut-être en guise d'amer, depuis des siècles. Le sable est en pointillé ; la dune à l'arrière-plan hachurée. Laissé en blanc est l'épandage de coquillages, des cauris. Puis il faut prendre quelques photos. En ce temps, elles sont argentiques ; il faut être économe : deux vues générales du site, où la mire, à la même place, permettra de recaler les croquis ; deux gros plans, sur les tiges métalliques en place et le semis de cauris. Puis, il faut faire

L'équipée de Théodore Monod au Maaden Ijâfen a été documentée par lui à l'aide de notes, de croquis et de photographies. Quatre hommes et six dromadaires (haut) traversent l'une des parties les plus arides du Sahara. Le site de l'« épave caravanière » (bas) se présente comme un petit mamelon presque invisible au détour d'un cordon dunaire. Photographies argentiques de Th. Monod.

une fouille. Le sondage sera forcément hâtif : une tranchée d'un mètre de largeur part du milieu du mamelon en direction du bord. On pousse le creusement à 60 centimètres de profondeur, mais les 30 centimètres inférieurs sont déjà du sable stérile. Dessus furent posés six faisceaux de tiges de métal, chacun long d'à peu près 1 mètre pour une section de quelque 20 centimètres. Ils sont intacts quoique les tiges soient un peu soudées par la corrosion. Les tiges éparpillées en surface proviennent de faisceaux similaires. C'est encore au-dessus d'eux qu'étaient posés les ballots de coquillages qui se sont très vite éventrés. Il n'y a pas le temps de faire un relevé de la fouille ; deux photos, avec la mire, en tiendront lieu. Mais au moins faut-il dessiner ce que l'on a compris de l'état initial du site et noter les arguments. Bien sûr, Monod reporte aussi toutes ses observations : granulométrie du sable sous le dépôt, décompte des tiges de deux faisceaux entiers : respectivement, 108 et 111 pièces. Puisqu'on observe des lambeaux de tissus à la fouille, sans doute les restes des balles enveloppant le métal et les cauris, il faut l'examiner de près et en dessiner la trame ; puisqu'il y avait des fragments de corde, et de différentes sortes, sans doute les restes des liens qui tenaient les faisceaux, il faut les dessiner et les énumérer : types A, B, C, D. Ensuite, choisir ce qu'on prélève et emporte, forcément léger. Vingt-cinq tiges de métal. Pesées au laboratoire, elles permettront de calculer le poids des unités de charge des dromadaires ; observées et mesurées, d'élaborer des hypothèses sur les procédés de fabrication ; analysées, de les comparer avec la composition chimique des gisements miniers connus. Un seau de cauris, de près de 4 kilos, soit en tout 3 220 spécimens. Classés, ils présenteront une large domination d'une variété, *Cypraea moneta*. Des fragments de fibres végétales provenant des tissus d'emballage, exceptionnellement conservés. Observés de près, ils seront comparés à d'autres tissus connus. Et puisque c'est un matériau organique, il pourra être daté.

Le dépôt archéologique de Maaden Ijâfen correspond à la charge de cinq à six dromadaires. Ceux-ci s'en allaient vers le sud. Ils emportaient un peu plus de deux mille tiges de laiton, soit environ une tonne, sans doute produit au Maroc. Les *moneta*, elles, se ramassent sur toutes les plages du pourtour de l'océan Indien, mais ce n'est que dans l'archipel des Maldives, au large de la côte sud-ouest de l'Inde, qu'on les a récoltées et exportées en masse tout au long du Moyen Âge. Voilà donc deux produits d'exportation des pays islamiques fort demandés au Sahel. Les tiges de métal sont des lingots destinés à être refondus et travaillés en bijouterie, armement et dinanderie. On connaît en Afrique de l'Ouest plusieurs sites où était pratiquée cette métallurgie de transformation : Tegdaoust (→ **6**) en Mauritanie, Sintiou Bara au Sénégal, Marandet au Niger. Les cauris ont depuis le Moyen Âge servi de monnaie dans toute la zone sahélienne ; ils avaient donc une valeur d'échange considérable entre les mains des marchands nord-africains. Quant à son emplacement excentré, loin de tous les itinéraires connus, Monod a cru pouvoir montrer que l'abandon de cette épave était compatible avec une caravane partie du sud marocain, peut-être des vallées du Draa ou du Noun, et se rendant à Oualata. Sur les circonstances du dépôt, il émet une hypothèse : « La caravane a campé pour la nuit ; [...] on a lâché les chameaux entravés ; à l'aube, les chameliers doivent constater qu'il manque une dizaine d'animaux : un parti de maraudeurs, qui suivait la caravane, a, profitant de la lune, enlevé ces quelques bêtes, ou bien il a attaqué le camp et, repoussé, n'a pu en emmener davantage. De toutes façons, voici nos marchands en difficulté. [...] Une seule solution : abandonner sur place, provisoirement, une partie de la cargaison. » Autre hypothèse, également gratuite : les chameaux et leur chargement sont tombés dans les mains du parti de maraudeurs, qui les ont conduits hors des pistes battues, là où précisément n'ont jamais intérêt à s'aventurer les citadins prudents, dans le domaine des chasseurs d'addax et de leurs congénères. En tout cas l'événement, si hypothétique soit-il, s'est passé entre le XIe et le XIIIe siècle ; c'est l'âge des fibres qui emballaient les marchandises.

Il faudrait, aujourd'hui, fouiller entièrement le site, prélever et étudier l'ensemble du dépôt, soumettre quelques restes aux méthodes d'analyses physicochimiques actuelles, élargir la prospection aux alentours immédiats. Mais tout ce que nous savons de ce site tient dans le compte rendu qu'en a fait Monod. Maaden Ijâfen n'a jamais été retrouvé.

Note

Au sujet de la région de la Majâbat al-Koubrâ sous les aspects naturalistes et archéologiques (préhistoriques), on consultera l'ouvrage de Jean-Guillaume Bordes, Angel González-Carballo, Robert Vernet (dir.), *La Majâbat al Koubrâ, nord-ouest du bassin de Taoudeni, Mauritanie. Sismique pétrolière, exploration archéologique*, Luxembourg, musée national d'Histoire et d'Art, 2010. Le compte rendu original de Monod a été publié dans « Le "Ma'den Ijâfen" : une épave caravanière ancienne dans la Majâbat al-Koubrâ », *Actes du premier colloque international d'archéologie africaine*, Fort-Lamy, Institut national tchadien pour les sciences humaines, 1969, p. 286-320. Monod a fait de cette aventure plusieurs autres relations, moins détaillées. Le récit de l'expédition de janvier-février 1964, qui devait échouer, a été relaté dans « Majâbat al-Koubrâ (2e supplément) », *Bulletin de l'Institut français d'Afrique noire*, XXVI, série A, n° 4, 1964, p. 1393-1402 ; on voit que la marche est mise à profit pour multiplier les observations sur les sols, la flore, la faune et les stations archéologiques néolithiques. Théodore Monod était alors directeur de l'Institut fondamental d'Afrique noire (Ifan) à Dakar, un organisme qui conduisait des recherches en sciences naturelles et en archéologie dans toute l'Afrique de l'Ouest et saharienne. C'est à l'Ifan que furent entreposés les objets rapportés de Maaden Ijâfen. Les tiges de métal ont fait l'objet d'une étude postérieure, due à R. Castro, « Examen métallographique d'un fragment de baguette de laiton coulé provenant d'une épave caravanière "Ma'aden Ijâfen" », *Bulletin de l'Institut fondamental d'Afrique noire*, XXXVI, série B, n° 3, 1974, p. 497-510. L'estimation chronologique indiquée ici (du XIe au XIIIe siècle) pour l'attribution du dépôt archéologique n'est pas celle de Monod, qui indique plus précisément le début du XIIe siècle, sur la base de deux datations convergentes effectuées sur des fragments de tissus d'emballage des tiges métalliques. La différence entre ces deux estimations provient d'une recalibration effectuée par moi à l'aide du logiciel oxCal v.4.1.7, qui donne un résultat probablement plus juste, quoique moins précis, que celui de Monod. Les barres métalliques de Maaden Ijâfen n'ont rencontré que peu de témoins ou d'équivalents archéologiques en Afrique subsaharienne ; comparer cependant avec les barres de laiton provenant des tumulus de Durbi Takusheyi dans Detlef Gronenborn (dir.), *Gold, Sklaven & Elfenbein. Mittelalterliche Reiche im Norden Nigerias/Gold, Slaves & Ivory. Medieval Empires in Northern Nigeria*, Mayence, Verlag des Römisch-Germanischen Zentralmuseums, 2011, p. 76-79, 104-105. La moyenne vallée du fleuve Sénégal apparaît comme une région d'intense activité métallurgique du cuivre à l'époque de l'abandon du chargement de Maaden Ijâfen ; voir L. Garenne-Marot, « Le commerce médiéval du cuivre : la situation dans la Moyenne Vallée du Sénégal d'après les données archéologiques et historiques », *Journal des Africanistes*, 65 (2), 1995, p. 43-56. Les cauris, introduits vers le XIe siècle au Sahel par les marchands maghrébins, devinrent la base du système monétaire dans la région du Mali au XIVe. À partir du XVIe siècle, ce coquillage devint la principale monnaie ou unité de compte dans toute la région du golfe de Guinée. Sur l'exploitation des cauris aux Maldives et l'histoire de ces coquillages dans le commerce international médiéval, voir Jan Hogendorn, Marion Johnson (dir.), *The Shell Money of the Slave Trade*, Cambridge, Cambridge University Press, 1986. Concernant le versant asiatique du commerce des cauris, voir Bin Yang, « The Rise and Fall of Cowrie Shell: the Asia Story », *Journal of World History*, 22 (1), 2011, p. 1-25. M. Johnson, « The Cowrie Currency of West Africa » (*Journal of African History*, 11 [1], 1970, p. 17-49 [première partie] et 11 [3], p. 331-353 [deuxième partie]), livre quant à elle une grande partie du dossier relatif à la place des cauris en Afrique de l'Ouest. Serge Robert m'a indiqué oralement, en 2011, que lui et son épouse, Denise Robert, avaient tenté en 1976 de retrouver le site en hélicoptère, mais sans succès. Monod est mort en 2000. Les trois hommes qui l'accompagnaient sont tous décédés. En 2022, Thierry Tillet m'a indiqué avoir identifié le lieu précis de la découverte faite par Monod ; il a signalé cette identification dans « À la recherche du "Bassin des otaries" dans les sables de la Majâbat al-Koubrâ (Mauritanie) », *Sahara et Sahel*, 241, 2022.

Chapitre 31

Reflets dans une boule d'or

Royaume du Mâli, XIVe siècle

De l'avis des spécialistes, c'est la plus belle œuvre cartographique qui ait été produite au Moyen Âge et l'une des plus importantes pour l'histoire de la cartographie. C'est une œuvre unique, richement illustrée, sur support de vélin. Mention en est faite en 1380 dans l'inventaire des manuscrits du roi de France Charles V : il s'agit peut-être d'un cadeau fait par un souverain ibérique. Elle porte une date : 1375. On la désigne sous le nom d'« Atlas catalan ». Il s'agit en effet, au sens moderne, d'un « atlas », qui comprend deux planches astronomiques et astrologiques et quatre cartes comportant des informations tant nautiques que géographiques. L'une d'elles couvre ce que nous appellerions la Méditerranée occidentale et les régions continentales depuis les rives de la mer du Nord jusqu'aux berges du Niger. C'est un monde rayonnant autour de Majorque, l'île principale des Baléares, mais qui rayonne loin. Une seconde carte se laisse abouter à la première pour compléter le monde périméditerranéen.

Le regard se porte vers la partie la plus colorée, au bas de la carte. Nous sommes en Afrique. À l'ouest, un homme blanc portant le voile devant le bas du visage, en tunique verte, monte un animal qui ne peut être qu'un dromadaire – quoique dépeint par quelqu'un qui n'en a à coup sûr jamais vu ; le chamelier est un nomade berbère. À l'est, un autre Blanc vêtu d'indigo porte le turban ; il tient un cimeterre. C'est le roi d'Organa, peut-être Ouargla, en Algérie actuelle. Les regards des deux hommes convergent vers celui qui est au milieu d'eux. Il est assis sur un trône, buste de face, visage de profil. Sa peau est noire. Il porte barbe et moustache taillées. Ses pieds et ses avant-bras sont nus ; son ample vêtement est couleur d'or. Une couronne d'or est sur sa tête, un sceptre fleurdelisé dans une main, une boule d'or dans l'autre, qu'il lève comme pour l'offrir au regard du monde.

La région sur laquelle règne notre roi porte le nom de Ginyia. Le cartographe a encadré le souverain de quatre localités : Tagaza (Taghâza [→ 28]), Tonbuch (Tombouctou), Gougou (Gao [→ 11]) et Buda (Bûda, dans l'oasis algérienne du Touat [→ 37]). Deux autres toponymes, un peu à gauche, désignent des régions également siennes, quoique à des échelles diverses : Sudam (de l'arabe Sûdân, qui désigne les Noirs) et Melly. Une légende accompagne l'image ; elle dit (en catalan) : « Ce seigneur noir est appelé Musse Melly, seigneur des Noirs de Gineua. Ce roi est le plus riche et le plus illustre seigneur de toute cette partie par l'abondance de l'or qui est recueilli sur sa terre. »

Il ne faut pas se fier à tous les détails portés sur cette carte. La couronne et le sceptre appartiennent au répertoire de la royauté européenne ; ils sont transportés là pour aider à reconnaître un puissant souverain. Ginyia (ou Geneua) est un nom d'origine obscure, qui donnera Guinée lorsque les Portugais découvriront la route atlantique menant à l'Afrique de l'Ouest. La posture du souverain et la forme de son trône flanqué de coussins évoquent irrésistiblement une carte plus ancienne, celle d'Angelino Dulcert, également produite à Majorque, mais quelques décennies plus tôt, en 1339. Celle-ci mentionne pour la première fois le « rex Melly » (en latin), le roi du Mâli, mais le représente un turban noué sur la tête, l'index pointé de façon docte, le dit « roi musulman » et affirme déjà qu'il a des mines d'or en grande abondance. Sur l'Atlas catralan, très similaire à la carte de Dulcert pour ce qui se rapporte aux régions sahéliennes, le nom du souverain, Mûsâ, a fait son apparition, quoique à contretemps puisque le sultan Mûsâ est mort vers 1337.

On attribue souvent l'Atlas catalan, anonyme, à deux cartographes juifs de Majorque, le père et le fils, Cresques, fils d'Abraham, et Jafuda ou Yehuda, fils de Cresques. On sait en effet que les deux hommes produisaient des cartes à cette date. L'argument est insuffisant. Mais quels que soient les auteurs de la carte, il y a tout de même de bonnes raisons de croire qu'elle fut produite à Majorque et qu'elle procédait d'informations collectées par des Juifs. Majorque fut en effet, au milieu du XIVe siècle, le principal centre de production cartographique d'Europe occidentale. La raison première en est que depuis 1229, date de la prise des Baléares aux musulmans, l'île était devenue un carrefour important du commerce en Méditerranée occidentale. Les informations ne manquaient donc pas d'affluer à Palma au même train que les marchandises. Parmi les commerçants, nombreux et influents étaient les Juifs, installés sur l'île à la demande des souverains d'Aragon qui n'hésitaient pas à accorder des privilèges en ce sens. Les Juifs du Maghreb étaient particulièrement visés par ces mesures d'incitation : en 1247, le roi Jacques Ier, dit le Conquérant, invite Salomon ben Ammar, Juif de Sijilmâsa (→ 17), ainsi que tous ses coreligionnaires, à venir s'installer à Majorque et en Catalogne continentale. L'offre d'asile religieux ne pouvait manquer d'intéresser les communautés juives après des décennies de persécutions sous le pouvoir almohade. Elle était bien sûr intéressée : les souverains d'Aragon ne désiraient rien tant qu'attirer, en même temps que les Juifs, leurs réseaux commerciaux séculaires, dont ils escomptaient certainement capter les bénéfices au détriment des débouchés commerciaux maghrébins qui avaient prévalu jusqu'alors. Le fait que l'invitation du roi s'adresse spécifiquement à la communauté de Sijilmâsa indique sans doute assez clairement l'objectif, avoué ou non, de détournement du trafic transsaharien. Qu'un siècle plus tard les cartes majorquines, en cela premières de tout le monde occidental, figurent la chaîne des étapes commerciales menant des grandes cités nord-africaines à Sijilmâsa, puis de Sijilmâsa, *via* Taghâza, au royaume du Mâli, où siège un roi qui tient une boule d'or à la main, illustre son succès.

Si certaines informations relatives au Mâli du roi Mûsâ furent drainées par des communautés juives fixées le long des itinéraires commerciaux du Maghreb et de la Méditerranée occidentale, il est probable qu'elles furent aussi parfois captées à la source, c'est-à-dire auprès de marchands nord-africains effectuant la traversée du Sahara. Tel paraît être le cas de la vignette figurant Tombouctou sur la carte de l'Atlas catalan, qui échappe pour une fois à la représentation stéréotypée d'une tour circulaire, symbole appliqué à toute localité islamique de cette partie de l'Afrique. L'image montre ici un monument original, un bâtiment quadrangulaire surmonté de rangées de coupoles. Il y a là une anomalie qui attire l'attention et suggère l'idée que le bâtiment représenté a été vu, tant il évoque en effet l'architecture traditionnelle de la ville. Peut-il s'agir de la grande mosquée en banco de Djinguereber à Tombouctou, monument qu'une tradition malienne attribue à l'architecte et poète andalou Abû Ishâq al-Sâhilî, dit le Grenadin, et rapporte précisément au règne de Mûsâ ? Mais outre qu'on ne sait à peu près rien de cette première mosquée, la tradition n'a peut-être rien d'authentique ; elle puise sans doute aux sources arabes. Peut-être au récit d'Ibn Battûta, qui rapporte avoir visité à Tombouctou le tombeau de l'architecte ; c'était en 1353. Peut-être aussi au récit d'Ibn Khaldûn, qui en 1387 rencontre le petit-fils d'Abû Ishâq quelque part sur la mer Rouge et apprend de lui que son aïeul, mort en 1346, avait fait la rencontre du roi du Mâli à La Mecque en 1324. Il l'avait ensuite accompagné jusque dans son pays où il avait édifié « un édifice carré construit en voûte » que « d'habiles artisans revêtirent [...] de chaux et [...] rehaussèrent d'arabesques coloriées ». Dans un pays qui, nous dit l'auteur, n'avait pas connu auparavant de tradition d'architecture, le monument fit à ce point merveille que son auteur reçut en récompense 10 000 mithqâl d'or, une somme colossale. On ne saurait dire si le monument figuré sur l'Atlas catalan à côté du nom de Tombouctou représente ou non une mosquée. Mais on peut relever la coïncidence qui veut que plusieurs sources arabes du XIVe siècle pointent l'essor d'une tradition architecturale en lien avec Tombouctou.

Faut-il s'étonner qu'une information un peu précise sur un monument bâti au Pays des Noirs ait pu parvenir jusque dans l'atelier d'un cartographe des Baléares, ou bien que pour cela elle ait mis plusieurs décennies ? Ni l'un ni l'autre. La notoriété du roi Mûsâ filtre lentement mais, ce faisant, elle inonde le XIVe siècle. Le séjour de Mûsâ et de sa suite au Caire, sur le chemin du pèlerinage aux Lieux saints de l'islam, en Arabie, a profondément marqué les esprits. On en parle encore après un demi-siècle. Exactement contemporain de l'Atlas catalan, un auteur égyptien relate : « [En 1324], arriva le roi Mûsâ ibn Abû Bakr sur le territoire égyptien, dans le but de faire le pèlerinage à la vénérable maison de Dieu et de visiter le tombeau de son Prophète [Mahomet], spécialement glorifié et honoré. C'était un homme jeune, de couleur brune, agréable de visage et de belle allure [...]. Il se montrait au milieu de ses soldats magnifiquement vêtu et à cheval ; sa suite était composée de plus de dix mille de ses sujets. [Il apportait] des présents et des cadeaux remarquables par leur beauté et leur splendeur. On rapporte que l'étendue de son royaume est de trois ans de marche et qu'il a sous sa main quatorze subordonnés, tant rois que gouverneurs. »

Sagesse, piété, richesse. Ainsi pourrait-on résumer l'impression que fit le souverain du Mâli sur les habitants du Caire. Nombreux en sont les témoignages en Égypte au cours des vingt-cinq années qui suivirent l'événement. Ainsi, celui d'al-Umarî : « Lors de mon premier voyage au Caire et de mon séjour en cette ville, j'entendis raconter l'arrivée du sultan Mûsâ à l'occasion de son pèlerinage. J'ai vu des habitants du Caire qui s'enthousiasmaient à mentionner les larges dépenses qu'ils avaient vu faire par ces gens. » Et, tel un biographe, de recueillir des témoignages. Celui du *mihmandâr* de l'époque, l'officier mamelouk chargé d'accompagner les délégations étrangères à la cour du sultan d'Égypte, qui brosse ainsi le portrait du souverain du Mâli : « Vie large, un homme de classe, un esprit religieux [...]. Lorsque je sortis à sa rencontre, au nom du sultan al-Malik al-Nâsir, il m'accueillit de la façon la plus parfaite et me traita avec la politesse la plus exquise [...]. Puis il offrit pour le trésor du sultan de nombreuses charges d'or brut [...]. » Celui du fils de l'émir *hâjib*, le chambellan d'alors : « Il était noble et généreux, multipliant aumônes et bonnes œuvres. Il quitta son pays avec cent charges d'or. Il les dépensa, au cours de son pèlerinage, parmi les tribus rencontrées sur la route de son pays au Caire, puis au Caire même et ensuite entre Le Caire et le noble Hijâz [région qui abrite les lieux saints de l'Islam, dans l'ouest de la péninsule Arabique], à l'aller et au retour, si bien qu'il fut dans la nécessité d'emprunter au Caire. Il sollicita sous sa caution, auprès des commerçants, une créance qui accordait à ses derniers un profit considérable [...]. » Dépenses luxueuses, cadeaux, libéralité dans le don et l'emprunt : Mûsâ allie à la générosité un détachement qui apparaît comme une vertu, même si certains soupçonnent une naïveté abusée.

Mais on se souvient surtout de l'or qui afflua au Caire, qui fut échangé entre les sultans dans un cérémonial dosé, qui parada en ville aux damasquineries des armes, aux broderies des vêtements, qui passa dans les mains de détenteurs d'offices – on ne qualifiait pas encore cela de prise illégale d'intérêt. C'est encore le *mihmandâr* qui parle : « Cet homme a inondé Le Caire des flots de sa générosité : il n'a laissé émir, proche du sultan ou titulaire d'une charge sultanienne, sans lui faire remettre une somme d'or. Les habitants du Caire ont profité de lui et de son entourage, tant par achat et vente que par don et prise, de façon incalculable. [Ces gens] prodiguèrent tant d'or qu'ils en firent déprécier la valeur au Caire et qu'ils en avilirent le cours. » Al-Umarî se fait plus précis à ce sujet, douze ans après les faits : « L'or avait un cours élevé au Caire jusqu'à l'année de l'arrivée [du sultan Mûsâ]. Le mithqâl ne descendait pas au-dessous de 25 dirhams et avait même, la plupart du temps, tendance à la hausse. Mais, de ce jour-là, sa valeur baissa et son cours s'infléchit. Ce fléchissement s'est poursuivi jusqu'à ce jour ; le mithqâl ne dépasse plus 22 dirhams et se situe même au-dessous. Il en est ainsi [...] à cause de la grande quantité d'or que [les pèlerins du sultan Mûsâ] importèrent en Égypte et qu'ils y dépensèrent. » En termes modernes, nous dirions que nous assistons ici à un phénomène classique dans un système monétaire bimétallique : les deux unités ayant une parité variable, on voit la monnaie d'or se déprécier durablement et gravement (de plus de 10 %) par rapport à celle d'argent, du fait de la soudaine abondance de métal jaune sur le marché. La boule d'or, sorte d'énorme pépite, que lève le roi noir de l'Atlas catalan, pourrait bien condenser la brillance du souvenir laissé par le passage de Mûsâ et de sa suite.

Que la boule d'or tenue dans la main du sultan Mûsâ soit la figuration d'une pépite a bien souvent été dit. Mais on ne s'est pas demandé pourquoi. On a trouvé normal d'arborer une pépite pour exprimer la puissance économique d'un royaume possédant des mines d'or capables d'exercer une si puissante fascination sur un si vaste périmètre méditerranéen, tant islamique que chrétien. Mais on ne s'est pas demandé si la pépite tenue à la main et ainsi présentée au monde, au même titre que le sceptre et la couronne d'or, qui eux ne sont que des symboles royaux d'emprunt, n'avait pas une valeur un peu différente de celle d'allégorie de la richesse. L'historien Ibn Khaldûn, qui rédige son *Livre des exemples* à partir de 1375 et au cours des trois décennies qui suivent – son récit est donc lui aussi contemporain de l'atlas ou lui est légèrement postérieur –, nous livre peut-être une réponse : en 1373 est mort Mârî Djâta II, roi du Mâli, occupant du trône après plusieurs successeurs de Mûsâ. Ce souverain n'avait pas bonne réputation : « [Il] ruina le royaume, dissipa les richesses, mettant l'empire au bord de l'effondrement. » « Il poussa si loin ses gaspillages et ses dilapidations », rapporte Ibn Khaldûn sur la foi d'un homme de confiance qui fut juge à Gao, « qu'il vendit la pépite d'or du trésor royal, héritée de son père. Cette pépite pesait vingt *qintâr* [environ une tonne] ; elle était telle qu'on l'avait trouvée à la mine, à l'état brut. On la considérait comme le plus précieux des trésors, comme une merveille sans prix, à cause de sa rareté. [Mârî Djâta], ce roi dissipateur, l'offrit à des marchands d'Égypte qui fréquentaient son pays. Il la leur vendit à vil prix, car il dépensait les richesses du royaume [...] pour ses débauches et ses lubies ».

Cette pépite n'était peut-être pas une pépite au sens propre mais un tronçon de filon brut contenant beaucoup d'or. Quoi qu'il en soit, était-ce le même objet qui, d'après plusieurs auteurs des siècles antérieurs, avait été en possession du souverain du Ghâna (→ 8) ? On ne peut pas en être sûr ; mais peut-être en effet, quand le Ghâna devint une province du royaume du Mâli, cet attribut royal fut-il translaté vers le trésor mâlien. C'est peut-être cet objet qui fut fantasmé comme une énorme pépite par les auteurs arabes. En tout cas, cette « pépite » appartenait déjà au trésor du sultan du Mâli au temps du père du roi dispendieux, Mâghâ Ier, qui régna immédiatement après Mûsâ. Il n'est pas excessif de penser qu'elle était déjà en la possession de Mûsâ.

Note

L'Atlas catalan est conservé à la Bibliothèque nationale de France sous la cote Ms Est. 30. Il a fait l'objet de maintes éditions, dont l'une, en fac-similé, mérite une mention particulière : celle de la luxueuse et très rare collection du prince Youssouf Kamal, *Monumenta cartographica Africae et Aegypti* (Leyde, imprimé pour l'auteur, 1926-1951, 5 tomes en 16 fascicules), ici t. 4, *Époque des portulans, suivie par l'époque des découvertes*, f. 1301-1303. Le jugement émis en introduction à ce chapitre est énoncé par exemple par Tony Campbell dans l'entame de son compte rendu de l'ouvrage de Georges Grosjean, cité plus haut, paru dans *Imago Mundi*, 33, 1981, p. 115-116. On suit cette même recension dans sa prudence au sujet des auteurs de l'Atlas. La partie africaine de l'Atlas catalan est étudiée, avec d'autres cartes des XIVe et XVe siècles, notamment celle d'Angelino Dulcert, par Yoro K. Fall, *L'Afrique à la naissance de la cartographie moderne*, Paris, Karthala, 1982. Le texte cité et les noms de lieux mentionnés suivent l'édition des textes de l'atlas telle qu'elle a été donnée par J. A. C. Buchon, J. Tastu, *Notice d'un atlas en langue catalane, manuscrit de l'an 1375 conservé parmi les manuscrits de la Bibliothèque royale sous le numéro 6816* (Paris, Imprimerie royale, 1839), parfois corrigé d'après photographie. L'article de Michel Abitbol, « Juifs maghrébins et commerce transsaharien du VIIIe au XVe siècle » (dans Jean Devisse *et al.* [dir.], *Le Sol, la Parole et l'Écrit. Mélanges en hommage à Raymond Mauny*, Paris, Société française d'histoire d'Outre-Mer, 1981, vol. 2, p. 561-577), retrace l'histoire des communautés juives du Maghreb et leurs relations avec le commerce de l'or. L'auteur suggère la présence de communautés juives au sud du Sahara. Mais Nehemia Levtzion, « The Jews of Sijilmasa and the Saharan trade », dans M. Abitbol (dir.), *Communautés juives des marges sahariennes du Maghreb* (Jérusalem, Institut Ben Zvi, 1982, p. 253-264), a fait valoir qu'il n'y avait guère d'arguments en ce sens. Ces deux auteurs évoquent les liens entre Sijilmâsa et Majorque. Le texte d'Ibn Battûta relatif à Tombouctou se trouve dans Paule Charles-Dominique, *Voyageurs arabes*, Paris, Gallimard, « Bibliothèque de La Pléiade », 1995, p. 1042-1043. Ceux d'Ibn Khaldûn relatifs à Abû Ishâq et à Mârî Djâta se trouvent dans Joseph Cuoq, *Recueil des sources arabes*, Paris, Éditions du CNRS, 1985, p. 346-349 et 480-481. Du même ouvrage, p. 327-328, provient la citation de l'auteur égyptien qui écrit juste avant 1376-1377 (Badr al-Dîn al-Halabî) ainsi que les extraits d'al-Umarî, p. 275-276, 278-279. C'est à Bertrand Poissonnier que je dois l'hypothèse selon laquelle la figuration du monument de Tombouctou sur l'Atlas catalan pourrait être une vue réaliste de la grande mosquée de la ville. Les sondages archéologiques conduits par Poissonnier ont en tout cas établi que le premier état de la mosquée de Djinguereber date du XIVe siècle ; voir son chapitre « The Great Mosque of Timbuktu: Seven Centuries of Earthen Architecture », dans Stéphane Pradines (dir.), *Earthen Architecture in Muslim Cultures: Historical and Anthropological Perspectives*, Leyde, Brill, 2018, p. 22-36. Il est utile de préciser ici que l'architecture en terre crue (en l'occurrence en banco) est sujette à une érosion importante, qui nécessite des réfections fréquentes, voire des réhabilitations occasionnelles plus ou moins complètes. Dans son bref inventaire archéologique de Tombouctou, « Notes d'archéologie sur Tombouctou » (*Bulletin de l'Institut français d'Afrique noire*, t. XIV, n° 3, 1952, p. 899-918), Raymond Mauny écrit ainsi, très judicieusement : « Les monuments dont nous allons parler sont souvent la troisième ou quatrième "édition" de l'"original". Jusqu'à quel point elles ressemblent à la construction primitive, nous n'en savons rien. » John O. Hunwick, « An Andalusian in Mali. A Contribution to the Biography of Abū Isḥāq al-Sāḥilī, c. 1290-1346 », *Paideuma*, 36, 1990, p. 59-66, livre une première esquisse biographique de l'architecte ; mais il est bon de lire le point de vue critique de Suzan B. Aradeon, « Al-Sahili:

The Historian's Myth of Architectural Technology Transfer from North Africa », *Journal des Africanistes*, 59 (1-2), 1989, p. 99-131, qui révoque en doute l'idée selon laquelle le poète andalou aurait été l'importateur de l'« architecture » dans des régions sahéliennes qui en auraient ignoré l'usage et les techniques.

Chapitre 32

Un couac protocolaire

Le Caire, 1324

Toute rencontre diplomatique suppose des ajustements protocolaires. Dans quel salon sera reçue telle délégation ? Quelle forme aura la table autour de laquelle se dérouleront les discussions ? Comment les chefs d'État et de gouvernement seront-ils placés pour la photo ? Quelles questions pourront poser les journalistes lors de la conférence de presse ? En cas de règlement d'un conflit, qui tendra la main à l'autre en premier ? Dès l'annonce de la rencontre, des hommes et des femmes s'activent dans l'ombre pour vérifier que le menu prévu au dîner d'État conviendra à la délégation invitée, pour s'assurer que tel ou tel cadeau diplomatique sera apprécié, et bien sûr pour rédiger les termes du communiqué commun final. La pente étant glissante entre l'impair et la crise diplomatique, on s'emploie à éviter ou résoudre très vite tous les couacs.

Les officiers de la chancellerie mamelouke du Caire avaient recours à des manuels de protocole. Ces ouvrages permettaient de connaître les noms de règne, titres d'adresse et généalogies revendiqués par les souverains, musulmans ou pas, du reste du monde. Al-Umarî est l'auteur d'un tel manuel ; on y apprend que la lignée des sultans du Mâli prétend descendre de Ali, cousin du Prophète, époux de sa fille Fatima et quatrième calife de l'Islam (656-661), mais que l'administration mamelouke a intérêt à ne pas entériner cette revendication. On trouvait dans ces manuels les formules à employer dans les missives diplomatiques, les égards particuliers à prendre, les compliments à faire, les chausse-trappes à éviter avec les visiteurs royaux de passage dans la capitale. C'était d'autant plus nécessaire que les Mamelouks, dynastie non héréditaire d'esclaves issus d'Europe orientale et du Caucase et formés à l'égal d'une confrérie militaire, régnèrent durant plus deux siècles et demi (1250-1517) sur l'Égypte et le Levant : une part de leur prestige, qui entraînait des responsabilités diplomatiques, résidait dans le fait qu'ils se considéraient et étaient considérés comme les protecteurs des Lieux saints de l'Islam. Et il leur incombait d'organiser et d'assurer le dernier segment de la route du hajj, le pèlerinage islamique, entre Le Caire et La Mecque, pour tous ceux qui venaient de l'Occident de l'Islam et de diverses régions d'Afrique.

Il est difficile de savoir quelle gravité aurait pu avoir l'impair diplomatique qui fut résolu *in extremis* au Caire en 1324. Les Takrûrî, sous la conduite du sultan Mûsâ du Mâli, avaient planté leurs tentes dans la vaste nécropole de la Qarâfa, auprès des tombeaux de quelques saints musulmans, dont certains étaient eux-mêmes réputés originaires du Sud du Sahara. Plusieurs siècles avant, le Takrûr avait été un royaume indépendant situé dans la moyenne vallée du fleuve Sénégal (→ 9), et c'est ainsi que ce nom était parvenu dans le monde arabe. Mais au XIVe siècle, le nom de Takrûr en était venu à désigner, en Égypte et ailleurs dans le monde islamique, un espace vaguement défini par sa localisation dans l'ouest du Sahel et par l'adhésion de ses classes dominantes à l'Islam. Les habitants et habitantes de cette région étaient fort divers en termes d'identités et de langues (malinké, peule, soninké...), mais il se trouve qu'au siècle de Mûsâ beaucoup de leurs sociétés étaient placées sous l'hégémonie politique du Mâli. À l'extérieur, Mûsâ était considéré comme sultan « du Takrûr », chose qui l'agaçait – et on peut le comprendre. Le manuel d'al-Umarî prévenait pourtant que le nom du pays était Mâli et que Takrûr n'était que le chef-lieu d'une province parmi d'autres. Mûsâ et sa suite s'étaient installés au bout de la plaine, au sud de la Qarâfa, dans les jardins de Birkat al-Habash, sur la propriété d'un grand marchand d'Alexandrie qui avait ses habitudes au Mâli.

Le pèlerinage est-il une affaire privée ou publique ? Ce n'est certes pas tout à fait dans ces termes, un peu anachroniques, que se posa le problème. Mais il y avait de cela. Qu'un sultan étranger en route pour l'accomplissement de son hajj se trouvât séjourner au Caire, dans la capitale d'un autre sultan, attendant le départ de la caravane officielle du *mahmal* sous le patronage mamelouk, attisait le tiraillement entre le souverain et le particulier, sollicitait les deux qualités contraires de l'humilité et de la munificence. Le palais mamelouk n'avait évidemment pas été le dernier à être informé que le sultan du Mâli et des milliers de personnes venues d'Afrique de l'Ouest campaient en périphérie de la ville. Parmi elles se trouvaient sans doute des pèlerins ordinaires mais très certainement aussi des membres éminents de la cour du Mâli et une importante garde armée (on ne traverse pas le Sahara, on ne longe pas la Tripolitaine et la Cyrénaïque en Libye, sans prendre de solides précautions). Le bruit avait en outre déjà circulé que les Mâliens étaient riches et qu'ils dépensaient leurs richesses sans compter. Des officiers mamelouks du plus haut rang avaient été chargés d'agrémenter le séjour du sultan Mûsâ ; il suffit d'ailleurs à al-Umarî de recueillir le témoignage de ces hommes une quinzaine d'années plus tard pour que nous ayons un compte rendu assez précis de la teneur des conversations qui eurent lieu. Personne n'était dupe : aux officiers, ces conversations servaient à « faire remonter » leur avis informé au sujet du puissant souverain du Mâli et de sa cour ; à Mûsâ et à son entourage, elles servaient à faire passer des « éléments de langage » au sujet des sources de sa légitimité, de sa puissance, de sa richesse. Le pèlerinage d'un souverain du Mâli ne pouvait pas ne pas être une affaire politique.

Le palais mamelouk le sait et ne voit pas pourquoi il n'essaierait pas d'en tirer avantage. La cour mâlienne le sait et ne voit pas pourquoi ce jeu se pratiquerait à son désavantage. Al-Malik al-Nâsir, le sultan mamelouk en exercice, fait donc savoir qu'il serait apprécié que le sultan du Mâli se rendît à la citadelle pour une rencontre au sommet. Le message emprunte le canal des discussions qu'entretiennent les officiers mamelouks avec les Maliens – discussions qu'il faut prétendre informelles pour qu'elles soient efficaces, mais qui revêtent tout de même un caractère très officiel : c'est d'ailleurs le *mihmandâr*, l'officier mamelouk chargé du protocole, qui a approché Mûsâ. Celui-ci ne s'est évidemment pas départi de sa stature : bien qu'il parle parfaitement l'arabe, il attend que son traducteur transmette le propos dans sa langue, probablement le malinké, et il répond dans la même langue. Tout cela reste poli et filtré. Mais la réponse mâlienne à l'invitation de se rendre à la citadelle est ferme. Nous avons la réponse *verbatim* de Mûsâ : « Je suis venu pour le pèlerinage et pas pour autre chose. Je ne veux mêler mon pèlerinage à rien d'autre. »

On se rapproche donc du couac. Car si l'obligation de visite à son homologue mamelouk place Mûsâ dans la position inconfortable d'avoir à marquer sa déférence devant un égal, s'y dérober passerait pour un affront public. La discussion se poursuit, argument pour argument. Et Mûsâ se laisse fléchir ; son entourage lui a probablement fait valoir qu'il n'a pas vraiment le choix. Le jour venu, la réception ayant lieu dans la salle du trône, on annonce le sultan Mûsâ du Mâli. Comme le veut le protocole, un officier lui demande de s'incliner et de baiser le sol devant le sultan al-Malik al-Nasîr. Mûsâ marque un arrêt : c'est impossible. Le sultan du Mâli ne se prosterne pas devant un mortel. On imagine la panique. Le témoin ayant assisté à la scène nous dit que les choses se réglèrent dans les quelques secondes qui suivirent. On peut aussi penser qu'en réalité les diplomates des deux parties avaient déjà envisagé ce cas de figure et trouvé la parade. Toujours est-il qu'un homme de l'entourage de Mûsâ s'approche et lui dit à l'oreille quelques mots que nul autre que lui n'entend ou ne comprend. Alors Mûsâ s'avance et déclare : « Je me prosterne devant Dieu qui m'a créé et donné la vie ! » La trouvaille n'est pas mauvaise : elle permet ou oblige (selon le point de vue) Mûsâ à se prosterner *en face* d'un autre sultan mais pas tout à fait *devant* lui, en tout cas pas en signe d'hommage à sa personne. Soulagement – des deux côtés, les apparences sont sauves. Al-Malik al-Nasîr s'avance au-devant de Mûsâ, l'accueille, le fait asseoir près de lui ; les deux hommes « eurent ensemble un long entretien, après lequel le sultan Mûsâ se retira ».

Note

Au sujet des Mamelouks, voir l'ouvrage de Julien Loiseau, *Les Mamelouks,* XIIIe-XVIe *siècle. Une expérience du pouvoir dans l'Islam médiéval*, Paris, Seuil, 2014. Le manuel de chancellerie d'al-Umarî est cité par Joseph Cuoq, *Recueil des sources arabes*, Paris, Éditions du CNRS, 1985, p. 285-287. Au sujet du Takrûr comme espace géographique et de culture islamique, voir Hadrien Collet, *Le Sultanat du Mali. Histoire régressive d'un empire médiéval,* XXIe-XIVe *siècle*, Paris, CNRS Éditions, 2022. Au sujet du pèlerinage des Takrûrî et en particulier de Mûsâ, voir Hadrien Collet, « Échos d'Arabie. Le Pèlerinage à La Mecque de Mansa Musa (724-725/1324-1325) d'après des Nouvelles Sources », *History in Africa*, 46, 2019, p. 105-135, et, du même auteur, « A West African History of the Medieval Qarāfa. Takrūrī Muslims and the Great Cairene Necropolis (10th-15th Centuries) », dans Julien Loiseau (dir.), *An African Metropolis. Cairo and Its African Hinterland in the Middle Ages*, en préparation. Sur l'empire du Mâli au Moyen Âge, on pourra lire mon chapitre « Ghâna, Mâli, Songhay, royaumes courtiers du Sahel occidental (VIIIe-XVIe siècle) », dans François-Xavier Fauvelle (dir.), *L'Afrique ancienne. De l'Acacus au Zimbabwe, 20 000 ans avant notre ère-*XVIIe *siècle*, Paris, Belin, 2018, p. 171-201. Une illustration de l'agacement de Mûsâ devant la désignation de son royaume sous le nom de Takrûr est présentée par Joseph Cuoq, *Recueil des sources arabes*, p. 263. Les témoignages recueillis par al-Umarî auprès de témoins du séjour du Mûsâ au Caire sont cités dans le même ouvrage, p. 262-283 ; l'épisode ayant donné lieu au couac en question figure p. 276.

Chapitre 33

Le roi de parole

Dans la ville de Mâli, capitale du royaume,
entre juin 1352 et février 1353

« Le sultan de Mâli est le *mansa* Sulaymân (*mansa* signifie "sultan" et Sulaymân est le nom propre de ce personnage). C'est un souverain avare dont on ne peut espérer de présent important. » Par ces mots, Ibn Battûta évoque le sultan régnant au moment où il effectue son voyage. On l'avertit un jour de ce que le sultan vient de lui faire envoyer le don d'hospitalité, en l'occurrence des vêtements et un cadeau. Il accompagne donc le porteur du message : « Je pensais que les vêtements étaient des robes d'honneur et le présent une somme d'argent. Mais je découvris trois pains ronds, un morceau de viande de bœuf frit dans du *ghartî* [du beurre de karité] et une calebasse remplie de lait caillé. Quand je vis tout cela je me mis à rire, déconcerté par la sottise de ces gens qui faisaient si grand cas d'un présent aussi méprisable. »

Toute sa vie durant, passé disons les vingt ans, Ibn Battûta fut l'insatiable pique-assiette des sultans et des grands notables religieux du monde islamique, à qui il réclamait, à chaque étape, le vivre et le couvert. Né en 1304 à Tanger, il parcourut de très larges parties du monde islamique d'alors, effectuant à plusieurs reprises le pèlerinage à La Mecque, passant quelques années en Inde, où il résida à la cour du sultan de Delhi, ou encore dans l'archipel des Maldives, où il exerça la charge de juge. Si visiter l'ensemble du monde islamique ne fut peut-être pas l'ambition de ses voyages, ce fut en tout cas l'ambition de son récit que de le décrire tout entier. Si prégnant est ce projet encyclopédique d'un tableau des hauts lieux et une galerie des grands de son temps, qu'il rendit peut-être nécessaires quelques arrangements avec les faits vécus. Ainsi a-t-on pu douter de la réalité du voyage en Chine, sur la Volga ou en Afrique orientale. On peut même avoir quelque suspicion au sujet du Mâli : la description paraît bien mince pour un séjour de huit mois. Il y manque tout ce qui ne devrait pas y manquer : la vie quotidienne, le climat et la météo, les divertissements, les campagnes alentour, les femmes. Inversement, on ne trouve dans le récit que ce qu'on était sûr d'y trouver : le portrait moral du sultan, la liste des notables, le protocole, la description des audiences et des grandes cérémonies. Mais n'allons pas pour autant conclure, des incertitudes du récit, à l'impossibilité du voyage, ni de l'impossibilité du voyage, à la fausseté du récit dans son entier. L'insuffisance du témoignage peut avoir d'autres raisons que celle de l'expérience ; l'insuffisance de l'expérience peut avoir été palliée par de bonnes sources. Faisons donc comme si tout ce qui est relaté par Ibn Battûta avait été vu par lui.

Ibn Battûta n'a pas pris la peine de nous décrire exactement l'itinéraire qui, de Oualata (→ **29**), dans le sud de la Mauritanie, permet de se rendre à la capitale du Mâli. On sait seulement qu'il faut partir en direction du sud. « La route est bordée de nombreux arbres qui sont si grands qu'un seul d'entre eux peut ombrager toute une caravane. » On reconnaît bien sûr des baobabs, silhouette caractéristique de la savane arborée. De la description des ressources on reconnaît également le karité, du fruit duquel on tire un beurre qui sert de friture et d'onguent mais aussi, nous apprend Ibn Battûta, d'enduit pour les habitations. On traverse maints villages bien approvisionnés. Après dix jours, voici Zâghari, gros bourg qui abrite des marchands noirs, des Wangâra (→ **19**), et quelques Blancs également musulmans, mais schismatiques, des kharijites (→ **5**). Puis on arrive à une ville, Kârsakhu, près du « grand fleuve », qui coule en direction de Tombouctou ; on reconnaît le Niger. Puis voici un autre fleuve, le Sansara, qu'il faut traverser. Et vous entrez à Mâli-ville, « capitale du roi du Pays des Noirs ». Le trajet a duré vingt-quatre jours à marche rapide. Le problème est qu'à l'exception du point de départ, Oualata, aucun nom ne nous est reconnaissable.

Depuis que ce texte est connu, on a beaucoup joué de la carte et du compas. À vingt-quatre jours de Oualata, selon que l'on tire plutôt au sud-ouest ou plutôt au sud-est, selon les fleuves que l'on franchit, selon que la marche rapide l'est plus ou moins, selon bien sûr l'idée que l'on se fait de la région où il est le plus concevable qu'ait été située la capitale, enfin selon la latitude que l'on se donne dans le jeu des approximations toponymiques, on a pensé reconnaître la capitale du Mâli médiéval dans le petit village de Niani situé dans l'est de l'actuelle Guinée Conakry ; dans un village du nom de Mali en bordure de la Haute-Gambie, au Sénégal actuel ; quelque part à mi-chemin entre Bamako et Niamina en rive gauche du Niger, au Mali actuel. Trois hypothèses de localisation, dans trois pays actuels. On peut penser résoudre l'énigme en supposant qu'il y eut dans l'empire du Mâli plusieurs capitales successives ou simultanées, hypothèse crédible mais sans pertinence pour rendre compte de celle dont parle Ibn Battûta. Il est instructif que la zone balayée par ces hypothèses couvre une région d'environ 800 kilomètres de longueur pour 400 de large. Nous n'aurions pas une géographie dissemblable de l'Europe si, pour nous aider à décider de la localisation de la capitale de l'empire carolingien à Aix-la-Chapelle, Aix-les-Bains ou Aix-en-Provence, nous n'avions que le texte d'un géographe andalou du xe siècle.

Mais si la localisation de la ville de Mâli se dérobe, ce n'est pas tout à fait le cas de son organisation spatiale. Du moins peut-on tenter, sur la base de la narration faite par Ibn Battûta des différentes cérémonies et festivités auxquelles il lui fut donné d'assister, et qui lui fournit la matière à son banc comparatif des apparats royaux, une description des lieux.

Nous découvrons tout d'abord un palais ; ou plutôt, nous l'apercevons. Nul n'y entre que la famille royale et les hommes et femmes de condition servile attachés à son service, et nous n'avons donc point de description de son apparence. On croit deviner qu'il s'agit d'un complexe comprenant plusieurs enclos ; il doit y avoir des grappes d'habitations formant des quartiers pour le roi, sa famille, ses dépendants, les offices royaux, les fonctions régaliennes. Sans doute est-ce un vaste ensemble architectural en banco. Dans un angle de ce complexe se trouve une salle à coupole. Peut-être s'agit-il de celle construite un quart de siècle plus tôt, au temps du *mansa* Mûsâ (→ **31, 32**), frère de Sulaymân. Un archéologue convaincu d'avoir fouillé le site de la capitale en a proposé une restitution, à vrai dire davantage dépendante des données textuelles que des données archéologiques elles-mêmes, qui sont fort minces. Ibn Battûta dit simplement que c'est un bâtiment d'une pièce unique surmonté d'une coupole. Il n'y a semble-t-il qu'une porte, qui donne dans l'intérieur du palais. La face extérieure, celle donnant sur l'esplanade appelée *mechouar*, terme arabe désignant en Afrique du Nord une place où ont lieu les cérémonies publiques, est seulement percée de fenêtres. Surtout remarquable est le décor de cette façade, qui comprend deux registres de trois fenêtres à encadrement de bois, plaqué d'or ou de vermeil au registre inférieur, d'argent au registre supérieur. Ces fenêtres sont grillagées et drapées de rideaux. Le *mechouar* n'est pas décrit, mais à ce qui s'y passe et à la façon dont cela s'y passe on comprend que c'est un espace allongé faisant face à la salle à coupole. Il est sans doute clos d'une enceinte. À l'autre extrémité, faisant symétriquement face à la salle à coupole, est un portail qui ferme le *mechouar*. L'espace extérieur prolongeant le *mechouar* est une rue bordée d'arbres. Nous savons qu'il y a aussi une mosquée, vraisemblablement située dans le même quartier, peut-être d'un accès direct depuis le palais et le *mechouar*.

À Mâli-ville, Ibn Battûta a assisté à plusieurs cérémonies, dont plusieurs qu'il range sous le nom d'audiences. Au sens strict, seules celles où le sultan siège dans la salle à coupole méritent cette appellation. Ces jours-là, « quand le souverain a pris place, on fait sortir, de la grille d'une des fenêtres [de la salle à coupole], un cordon de soie auquel est attaché un mouchoir rayé fabriqué en Égypte. Lorsqu'on voit ce mouchoir, les tambours et les trompettes retentissent ». C'est le signal d'un ordonnancement précis, qu'observe Ibn Battûta depuis le *mechouar* où il a pris place en compagnie d'autres résidents de la ville, qui lui glissent parfois à l'oreille la signification de tel ou tel geste.

Trois cents hommes armés, qui d'arcs, qui de lances et de boucliers, sortent du palais et viennent se ranger à gauche et à droite de l'esplanade. C'est la garde rapprochée, au statut servile. On fait alors venir deux chevaux bridés et sellés ainsi que deux béliers, et le lieutenant, littéralement celui qui « tient lieu » de sultan, sa doublure en quelque sorte. C'est l'entrée en scène symbolique du roi. Arrivent ensuite les chefs traditionnels et les religieux musulmans, c'est-à-dire les notables « civils ». À l'extérieur du *mechouar* sont rangés les soldats, à pied ou à cheval, chaque compagnie derrière son émir. Les hommes portent « lances, arcs, tambours, trompettes en défenses d'éléphant, instruments de musique faits en roseau et en calebasse qu'on frappe avec des baguettes et qui rendent un son agréable ». Là se sont aussi massés les eunuques et les étrangers. Un homme à l'accoutrement curieux se tient au portail du *mechouar*. Ibn Battûta, qui l'a rencontré au tout début de son séjour, le désigne sous le nom d'interprète ; il s'appelle Dûghâ. Ce jour-là, « il a mis des vêtements somptueux [en étoffe de soie] ; il est coiffé d'un turban à franges que les gens, ici, savent enrouler élégamment ; il est ceint d'un sabre à fourreau d'or et chaussé de bottes avec éperons. Il n'y a d'ailleurs que lui, ce jour-là, qui porte des bottes. Il tient deux petites lances, l'une en or, l'autre en argent, dont la pointe est en fer ».

Ainsi ont lieu les audiences. Voici un simple sujet du roi qui formule une requête ; on ne sait d'ailleurs laquelle, mais on sait comment : il ôte ses vêtements puis, ayant revêtu des haillons, s'avance en rampant. Quand le roi lui répond, il est à genoux. Quand le roi a fini de parler, l'homme saisit de la poussière au sol et la jette sur sa tête et son dos. Voici un homme de plus haut rang qui vient vanter ses propres mérites ; si quelqu'un souhaite approuver ses propos, il le fait en faisant résonner la corde de son arc. Si le sultan prononce un discours, chacun ôte son turban. Voici un homme de loi qui arrive d'une province lointaine ; il vient porter témoignage de l'injustice. C'est un homme avisé. Des sauterelles, dit-il, se sont abattues sur le pays. On a fait venir un saint homme, et les sauterelles lui ont parlé. Elles ont dit : « Dieu nous envoie pour anéantir les récoltes du pays où règne l'oppression. » Si le sultan Sulaymân était un tyran oppresseur de son peuple, il est probable que personne n'eût osé le lui reprocher ouvertement – mais va-t-on le reprocher à des sauterelles ?

Le dispositif spatial et le déroulement des audiences royales au Mâli nous révèlent un curieux aspect : le roi y est caché. Commençons par dire que c'est un trait que l'on rencontre, jusqu'aux XIXe et XXe siècles, dans maintes royautés d'Afrique, et en particulier dans les régions sahéliennes. On y a vu un indice de royauté sacrée ; c'est trop vite dit. Car le roi n'est pas en tout ni en toutes occasions soustrait aux regards. Il n'est d'ailleurs pas absent, mais au contraire éminemment présent, royalement montré par son occultation physique. À Mâli-ville, sa présence est de multiples façons affirmée, par les draps écartés des fenêtres, le mouchoir passé au grillage, la musique, la doublure, les animaux royaux et tout le cérémonial qui entoure l'humilité de qui ose braver la présence royale. Il n'y a là rien d'une royauté divine mais l'affirmation, remarquable par la sophistication de sa mise en scène, de la présence d'un corps politique qui augmente d'autant que se dissimule le corps individuel qui l'incarne.

Cependant, le roi n'est pas toujours invisible. Il est d'autres cérémonies publiques où chacun peut le voir ; chaque vendredi il se rend à la mosquée et prie avec les fidèles. En maintes autres occasions, le peuple, musulman ou non, notable ou de basse condition, requérant ou satisfait de son état, peut voir le roi dans l'exercice de son statut de roi. Mais ce n'est que lors des audiences de justice que l'homme qui exerce la souveraineté est ainsi caché aux regards de ses semblables. Ces jours-là, à la dissymétrie des regards s'ajoute celle de l'échange verbal, qui voit une parole autoritaire répondre à une parole humble, mesurée, allégorique, et imposer à tout un chacun, individus de rien et grands du royaume, les manifestations de l'abaissement le plus ostensible. Ce n'est pas un dialogue, encore moins une assemblée délibérative. C'est un étrange dispositif de la circulation de la parole. Observons-le de plus près : on ne s'adresse pas directement au sultan, mais à un homme situé sous les fenêtres de la salle à coupole. C'est lui qui transmet au sultan le cas ou la requête qui s'est exprimée sur la poussière extérieure ; c'est lui qui en reçoit la réponse et la répercute en direction du *mechouar*, devant les dignitaires formant ainsi chambre du conseil. Faut-il l'appeler le porte-parole, le crieur public ? Mais ce n'est pas lui, pour autant, qui est la pièce maîtresse du dispositif. C'est Dûghâ, qu'Ibn Battûta appelle l'interprète parce qu'il parle le malinké et l'arabe et ainsi peut se faire traducteur d'une langue à l'autre, mais aussi et peut-être surtout parce qu'il est l'homme qui *formule* les demandes adressées au sultan aussi bien, en retour, que les décisions royales. Debout au portail, le seuil politique qui sépare le *mechouar* et la rue, Dûghâ entend les plaintes et les griefs. « Quiconque veut s'adresser au sultan, dit Ibn Battûta, parle à l'interprète qui s'adresse à l'homme [sous les fenêtres], qui lui-même parle au sultan. » Si elle est politique, et elle l'est en ce lieu et en ces circonstances, il faut que la parole soit criée.

Point de secrets, point de demandes murmurées en douce, point d'avis émis par faveur. En ces jours d'audience où le sultan juge, honore, décrète, bref, gouverne, il n'y a de requêtes et de décisions que publiques, prononcées par Dûghâ. Lui, de chair et d'os, est en quelque sorte le ministre de la Parole. Quant à celui qui, en ces jours et en ce lieu, est la source ultime du droit, il doit rester invisible et silencieux.

Note

Le récit d'Ibn Battûta est disponible en plusieurs éditions. Je me sers ici de la traduction par Paule Charles-Dominique, *Voyageurs arabes*, Paris, Gallimard, « Bibliothèque de La Pléiade », 1995 ; les passages concernés sont aux pages 1028-1037. Sur le voyage d'Ibn Battûta au Mâli et les doutes que l'on peut émettre à son sujet, comme plus généralement sur les logiques narratives du récit, on pourra se référer à l'article que Bertrand Hirsch et moi-même avons consacré au sujet : « Voyage aux frontières du monde. Topologie, narration et jeux de miroirs dans la *Rihla* de Ibn Battûta », *Afrique & Histoire*, 1, 2003, p. 75-122. Sur l'intention du voyage, voir Gabriel Martinez-Gros, « Les Merveilles, les rois et les savants : le voyage d'Ibn Battûta », dans Henri Bresc, Emmanuelle Tixier du Mesnil (dir.), *Géographes et voyageurs au Moyen Âge*, Nanterre, Presses universitaires de Paris-Ouest, 2010, p. 225-252. Le site de Niani en Guinée-Conakry a été fouillé par une équipe polono-guinéenne ; voir Władysław Filipowiak, *Études archéologiques sur la capitale médiévale du Mali*, Szczecin, Muzeum Narodowe, 1979. Sur les réserves qu'il convient d'avoir au sujet de cette fouille, on se reportera à l'article suivant : François-Xavier Fauvelle, « La correspondance entre Raymond Mauny et Władisław Filipowiak au sujet de la fouille de Niani (Guinée), capitale supposée de l'empire médiéval du Mali », dans François-Xavier Fauvelle, Bertrand

Hirsch (dir.), *Les Ruses de l'historien. Essais d'Afrique et d'ailleurs en hommage à Jean Boulègue*, Paris, Karthala, 2013, p. 331-355. Pour une histoire de la question de la capitale impériale du Mâli et une nouvelle hypothèse de la localisation, voir mon ouvrage *Les Masques et la Mosquée*, Paris, CNRS Éditions, 2022. À titre d'illustration de la vision qu'offre un marchand de tradition islamique, en l'occurrence juif d'al-Andalus, de l'Europe du xe siècle, et des doutes qui se posent au sujet du toponyme AQSH où l'on reconnaît Aix, voir André Miquel, « L'Europe occidentale dans la relation arabe d'Ibrâhim b. Ya'qûb (xe s.) », *Annales. Économies, sociétés, civilisations*, 21 (5), 1966, p. 1048-1064. Les réflexions sur le roi caché sont inspirées d'un article de Jean Bazin, « Le roi sans visage », dans *À visage découvert*, catalogue d'exposition, Jouy-en-Josas/Paris, Fondation Cartier pour l'art contemporain/ Flammarion, 1992, p. 103-111, republié dans Jean Bazin, *Des clous dans la Joconde. L'anthropologie autrement*, Toulouse, Anacharsis, 2008, p. 252-269.

CHAPITRE 34

Production d'eunuques en Abyssinie, ou petits arrangements entre ennemis

Éthiopie et Somaliland, vers 1340

De tous les rois régnant sur les parties de l'Abyssinie, le seigneur de l'Amhara, celui que l'on a coutume d'appeler le *negus* d'Éthiopie, exerçait, de longue date et peut-être en vertu d'un vieux privilège lignager, la suzeraineté sur les autres rois ses voisins ; or le roi de l'Amhara était chrétien, et quelques-uns des autres étaient musulmans. Cette situation était en apparence enviable pour le souverain d'Éthiopie. Plusieurs manuscrits éthiopiens préservent le récit en langue guèze de la campagne conduite en 1332 par le roi Amda Seyon (r. 1314-1344) contre une coalition d'« infidèles » (des musulmans) formée par le sultan de l'Awfât. Avec arrogance et superbe, nous dit le récit, ce sultan du nom de Sabraddin s'était tourné contre le roi chrétien et avait dit : « Je deviendrai roi de toute la terre d'Éthiopie, je dominerai les chrétiens selon ma religion et j'abattrai les églises. » Raids, batailles, listes de pays soumis et d'ennemis passés au fil de l'épée, trahison, affrontements décisifs : le récit de la campagne d'Amda Seyon est celui d'une marche irrésistible vers la consolidation territoriale, politique et religieuse d'un empire dont les institutions sont chrétiennes.

Mais on aurait du mal à comprendre la pérennité des principautés islamiques d'Abyssinie, toutes coalisées qu'elles peuvent être parfois, si l'on ne se fiait qu'à ce monument écrit produit par le parti royal chrétien, sans doute à l'adresse de communautés monastiques enclines à la remontrance ou à l'indiscipline. Le récit des guerres victorieuses d'Amda Seyon n'est pas seulement l'expression du point de vue chrétien sur les relations avec les musulmans ; c'est un outil de propagande servant à prouver la valeur guerrière du roi et son rôle d'éclaireur des moines évangélisateurs. Dès lors, quelle foi accorder à ce discours de guerre sainte, quand les paroles attribuées à Sabraddin relèvent aussi évidemment de la ventriloquie ?

Le cas est assez rare en histoire de l'Afrique : nous disposons, dans une source exactement contemporaine, du point de vue exactement adverse. Voilà qui permet peut-être, comme en contrechamp, de mieux cerner la nature de l'interaction entre chrétiens et musulmans aux environs de 1340.

Notre informateur est al-Umarî, ancien fonctionnaire égyptien du sultan mamelouk, désormais retiré à Damas par suite d'une disgrâce. Dans ces années 1340, il se souvient d'une délégation de dignitaires religieux musulmans, habitants de Zeyla (→ **15**), débouché maritime du sultanat de l'Awfât, venus au Caire pour une curieuse mission diplomatique. « Le savant juriste Abd Allah ez-Zeilâi, écrit-il, est intervenu activement auprès des Portes sultaniennes au Caire, au moment où y arrivait un ambassadeur du souverain d'Amhara, afin de faire rédiger au Patriarche [c'est-à-dire le chef de l'Église copte] une lettre qui interdisait au roi de commettre des exactions dans le pays des musulmans et de prendre leurs biens les plus sacrés. Ordre lui en fut donné, et le Patriarche écrivit une lettre éloquente et efficace pour blâmer ces actes et interdire à quiconque de les commettre ; ses exhortations furent excellentes, mais cet incident est caractéristique de la situation. » Il l'est en effet : le chef de l'Église éthiopienne est un métropolite, archevêque d'une province ecclésiastique, nommé par le patriarche copte d'Égypte, sujet d'un État islamique. C'est donc par un souverain musulman étranger que le roi chrétien d'Éthiopie est contraint en dernier lieu de faire viser l'accréditation du chef de son Église (→ 4). Les musulmans abyssins l'ont bien compris, qui profitent de l'envoi d'une ambassade chrétienne pour dépêcher leurs propres délégués en Égypte et obtenir, sous la pression du sultan, une injonction écrite du Patriarche au roi d'Éthiopie.

À vrai dire, il n'y avait pas besoin de cet éclairage diplomatique pour montrer que l'impératif de guerre sainte entre les communautés religieuses de l'Abyssinie était bien plus tempéré que ne le suggérait la geste d'Amda Seyon. La description de l'Abyssinie musulmane par al-Umarî mentionne sept royaumes islamiques, « de construction frêle et de petite richesse » ; le cheikh de Zeyla regrette d'ailleurs « leur faiblesse et la dispersion de leur autorité ». Mais il souligne comme une évidence nullement problématique, encore moins répréhensible, le voisinage qu'entretiennent ces formations islamiques avec le royaume chrétien et leur commun substrat culturel. Les Abyssins du Moyen Âge se nourrissent de teff, une variété locale de céréale ; ils mangent de la viande crue ; ils produisent du beurre et du miel ; ils mâchent des pousses de *khat*, un stimulant et euphorisant ; ils parlent l'amharique et emploient un système d'écriture qui leur est propre (l'alpha-syllabaire éthiopien). On se croirait sur les hauts plateaux de l'Éthiopie d'aujourd'hui. Sans doute fruits de la même matrice culturelle, musulmans et chrétiens ne se pensent pas ennemis naturels. Bien plus, mis à part les prônes vindicatifs lancés à l'église ou à la mosquée contre l'infidèle, c'est-à-dire l'autre, tout suggère qu'en ce temps d'avant les guerres de religion destructrices du XVIe siècle, chrétiens et musulmans d'Abyssinie se pensent encore une communauté d'histoire et de destin. Elles auront changé de perception et de stratégie deux siècles plus tard : il faut, pour se faire la guerre à mort, s'inventer des identités séparées.

Pour l'heure, musulmans et chrétiens sont pris dans un tissu serré d'intérêts économiques convergents, c'est-à-dire potentiellement conflictuels. Les États islamiques d'Abyssinie se procurent de l'or dans un royaume de l'intérieur appelé le Dâmût. C'est un puissant royaume païen. On ne sait où précisément le localiser, mais on sait qu'il était aussi un voisin et un vieil ennemi du royaume chrétien. Il n'est pas interdit de suggérer que derrière la compétition religieuse à laquelle se livrent le christianisme et l'islam pour gagner de nouveaux fidèles se dissimule une concurrence politique et économique pour l'accès aux zones productrices de biens exportables. Mais le « produit » le plus demandé est sans conteste l'esclave. L'un des royaumes islamiques d'Abyssinie, le Hadya, s'est d'ailleurs fait une spécialité de les importer du « pays des infidèles », c'est-à-dire – on peut le présumer – des chrétiens.

Mais il y a un problème. Le Hadya veut exporter des eunuques ; les eunuques d'Abyssinie ont sur le marché international de l'époque, c'est-à-dire dans le monde islamique, une excellente réputation. Depuis des siècles, on les retrouve dans les harems d'Égypte ou d'Irak. Seulement, le roi chrétien réprouve la castration, qu'il considère comme abominable. Il a donc fallu faire intervenir un troisième partenaire dans l'échange. Les esclaves sont donc achetés dans le royaume chrétien. On les achemine ensuite à une ville appelée Washlû (Wašlū), sans doute quelque zone franche peu recommandable hors des frontières du pays chrétien et à peu de distance du pays musulman. Là vit, nous dit-on, « une population mélangée et sans religion », autant dire sans morale ; d'ailleurs, les gens de Washlû ne sont-ils pas, au dire d'al-Umarî, « les seuls dans tout le pays abyssin [qui] osent agir ainsi » ? Car ce sont eux en effet qui pratiquent la castration, opération qui augmente beaucoup la valeur commerciale des esclaves. Alors les marchands reprennent vite leur route avec leur marchandise, car il faut soigner les survivants. Au Hadya, « on leur repasse une seconde fois le rasoir, pour rouvrir le canal urinaire qui s'est trouvé bouché par le pus. Ensuite on les soigne [...] jusqu'à leur guérison ». Mais dans le déplacement et les suites de l'opération davantage ont succombé qu'il n'en est survécu. Comme nous, al-Umarî s'est étonné de ces soins accomplis à un endroit différent de celui de la castration. Il paraît que les habitants du Hadya s'étaient fait une spécialité de ces soins traumatiques, car les gens de Washlû ne savaient pratiquer que le rasoir. Parions que cette étrange répartition de ces rôles sordides vise moins à satisfaire la rationalité économique que la commune hypocrisie qui permet à des chrétiens et des musulmans de coopérer à une pratique dont ils ne veulent pas voir l'accomplissement.

Note

Le récit des guerres d'Amda Seyon a été édité en guèze et traduit en italien par Paolo Marrassini, *Lo Scettro e la croce. La campagna di 'Amda Ṣeyon I contro l'Ifāt (1332)*, Naples, Istituto Universitario Orientale, 1993. Le passage cité est aux pages 51-52. Bertrand Hirsch, dans son article « Le récit des guerres du roi 'Amda Ṣeyon contre les sultanats islamiques, fiction épique du XVe siècle », *Médiévales*, 79, 2020, p. 91-116, a définitivement montré qu'on ne pouvait plus considérer ce texte comme une chronique contemporaine des événements, et qu'il fallait l'envisager comme une épopée plus tardive dont l'action est située sous le règne d'Amda Seyon. Sur les relations entre la cour et les communautés monastiques d'Éthiopie dans le contexte de l'extension du domaine royal, voir Marie-Laure Derat, *Le Domaine des rois éthiopiens (1270-1527)*, Paris, Publications de la Sorbonne, 2003. Le récit d'al-Umarî sur les royaumes musulmans d'Éthiopie a été publié dans Ibn Fadl Allah al-'Omarī, *Masālik el absār fi mamālik el amṣār*, I, *L'Afrique moins l'Égypte*, trad. par Maurice Gaudefroy-Demombynes, Paris, P. Geuthner, 1927, chap. VIII-XV. Les passages cités proviennent des p. 2-3, 16-17. Par convention, j'emploie le terme « Éthiopie » pour désigner le royaume chrétien et « Abyssinie » dans l'acception qu'il a dans les sources arabes, pour désigner l'ensemble géographique comprenant d'autres formations politiques et religieuses. Au sujet de l'économie de la production d'eunuques dans le monde islamique, et notamment de l'obligation de « délocalisation » compte tenu de l'interdit qui pèse sur cette pratique dans le Dar al-Islam, voir Jan Hogendorn, « Economic Aspects of the "Manufacture" and Sale of Eunuchs », *Paideuma*, 45, 1999, p. 137-160, ou encore, du même auteur, « The Location of the "Manufacture" of Eunuchs », dans Tôru Miura, John Edward Philips (dir.), *Slave Elites in the Middle East and Africa: A Comparative Study*, Londres, Kegan Paul International, 2000, p. 41-68.

Chapitre 35

Vestiges d'avant le Gaucher

Nora, escarpement du haut plateau d'Éthiopie,
XIVe-XVe siècle

Les distances sont courtes, moins de deux cents kilomètres à vol d'oiseau, mais le temps pour les parcourir, élevé. Comptez deux journées de voiture, avant de finir à pied. Au départ de la capitale, vous commencerez par emprunter la route du nord-est, relativement droite et plane : vous êtes sur le haut plateau, entre 2 500 et 2 800 mètres d'altitude. Prévoyez tout de même les embouteillages au sortir de la mégalopole qu'est Addis Abeba, les accidents de camions qui peuvent bloquer la circulation pendant plusieurs heures et imposer de longs détours en file indienne de véhicules à travers les champs boueux. Pendant le *kremt*, la période des pluies, qui a lieu de juin à août, un été que certains appellent l'hiver parce que tout est humide et froid, la route sera défoncée d'ornières. Passé Debre Berhan, qui fut le siège du roi chrétien Zara Yaqob (r. 1434-1468) au milieu du XVe siècle, poursuivez la même route, au nord. Si elle commence à onduler en ascendant légèrement, c'est parce que le paysage change : vous suivez en effet un couloir étroit de quelques kilomètres, bordé de gauche et de droite par des canyons profonds. À main gauche, toutes les précipitations rejoindront le Nil, qui se jette en Méditerranée ; à main droite, elles s'écoulent vers le fleuve Awash, qui se perd dans le désert Afar du côté de la frontière avec Djibouti, sans réussir à atteindre la mer Rouge. Vers 3 000 mètres d'altitude, à condition que la brume épaisse située sous vos pieds n'encombre pas la vue, on peut faire une pause sur le bas-côté pour admirer le panorama : les champs cultivés en terrasse à l'ouest, où les paysans cultivent le teff, la seule céréale qui pousse à cette altitude, le dénivelé abrupt du haut plateau vers le désert, à l'est. Vous découvrirez ce dernier au travers d'une trouée naturelle appelée localement la « brèche de Gragn », le « Gaucher », surnom de l'imam Ahmed ibn Ibrahim, conquérant brièvement victorieux de l'Éthiopie chrétienne dans la décennie 1530. C'est qu'en effet ici les plissements de la topographie forment les pliures du livre où est écrite l'histoire. Il est probable que des enfants chercheront à vous vendre des sachets de thym sauvage ou un chapeau en fourrure de babouin.

Les derniers lacets de l'ascension vous feront passer un col et changer de versant. Les trente kilomètres qui suivent sont vertigineux : la route vous fait descendre de deux mille mètres dans l'escarpement du haut plateau, et cette descente vous fait gagner une vingtaine de degrés en température. Ce mur presque vertical est le Rift, une formation tectonique qui traverse l'Afrique du Malawi jusqu'à l'Érythrée, et qui prend ici son apparence la plus accusée. Au terme de cette descente éprouvante, vous aurez atteint un replat structural, large d'une vingtaine de kilomètres, qui court le long de l'escarpement, du sud au nord. Il n'y a que deux passes pour l'atteindre : celle que vous avez empruntée, et celle à l'autre extrémité, à près de cent cinquante kilomètres. Mais ce n'est pas là que vous allez. Comme il est déjà tard, vous passerez la fin de journée et la nuit à Choa Robit, ville de la vieille province du Choa où sans doute naguère se tenait un marché le mercredi, *erob* en amharique (de nos jours, c'est le mardi). Au petit matin, vous remonterez dans les voitures et emprunterez une bonne piste transversale, large et damée, en direction de l'est. En vous éloignant du « mur » du Rift, que vous laissez dans votre dos, remarquez de part et d'autre de la piste les champs irrigués de canne à sucre et de sorgho, les troupeaux de dromadaires. Commence alors la piste ardue. Si vous avez pu arriver jusqu'ici sans véhicule tout-terrain au bas de caisse renforcé et à l'échappement tropicalisé, il faudra renoncer à poursuivre. La dizaine de kilomètres qui suit prendra la journée. Les voitures avancent bien plus lentement qu'à pied, et d'ailleurs il faut souvent marcher au-devant ou derrière, élargir le passage ou bourrer les trous, sonder les cours d'eau temporaires qui se forment s'il a plu la nuit dernière sur le haut plateau. Le soir, vous arriverez à W***, village d'agriculteurs et d'agricultrices qui sont musulmans et parlent amharique. Dense et arborée, la localité est faite de belles et soigneuses maisons de torchis ; elle est traversée de venelles bordées de puissants murs de pierre seulement percés d'entrées donnant dans les cours. On vous aura autorisé à stationner les voitures et installer votre camp de base à l'extérieur. C'est là que vous passerez la nuit avant de rejoindre Nora.

Marchez deux heures, si possible tôt le matin pour éviter la chaleur excessive. Vous emportez votre ravitaillement et votre équipement personnel. Le gros de la logistique suivra plus tard sur les chameaux. L'ascension, en compagnie d'habitants de W*** qui portent des fusils automatiques inusables, italiens ou russes, vous mène au sommet d'un chapelet de collines qui ferment le replat sur sa bordure orientale. Celle où se trouve Nora, à 1 300 mètres d'altitude, surveille et domine le désert, que l'on devine derrière le ruban pastel de l'Awash ; de là-bas montent parfois de violents orages de mousson ou des vents de sable rouge. La colline a une allure d'éperon ventru, pincé à ses deux extrémités, au sud-ouest et au nord, cette dernière étant fermée par un puissant mur. Si vous vous y rendez avant le *kremt*, la colline sera seulement couverte de grands acacias et d'arbustes épineux que broutent les chèvres ; après le *kremt*, elle sera également tapissée de hautes graminées, qu'affectionnent les vaches. Acacias et graminées constituent la végétation spontanée de la savane qui, venue du contrebas de la colline, l'a reconquise au cours des derniers siècles, après que Nora fut abandonnée. (Nous l'appelons Nora par convention, mais Nora n'est que le nom actuel du site.)

De Nora, il subsiste des ruines, raison pour laquelle nous sommes là. Les villageois d'en-bas, qui fréquentent la colline parce qu'elle sert de terrain de pâture à leurs animaux, connaissent la vieille mosquée, où ils pratiquent des cérémonies une fois l'an, à l'occasion de l'anniversaire de la naissance du Prophète. C'est un bâtiment rectangulaire, bâti en petits moellons équarris de rhyolite, la roche extraite du socle rocheux de la colline. Construit sur le point haut, bâtiment le mieux conservé du site, faisant saillie au-dessus du couvert arbustif, ses quatre murs ont encore leurs élévations d'origine, mais la toiture n'existe plus. Elle était portée, à l'origine, par des piliers ; il n'en subsiste qu'un. Le mihrab, la niche murale en regard de laquelle les fidèles musulmans effectuent la prière publique du vendredi, est aménagé dans le mur nord, celui qui est orienté vers La Mecque, comme il se doit. À l'extérieur de la mosquée, du même côté nord, s'étendait le cimetière, aujourd'hui très dégradé parce qu'implanté dans un thalweg soumis à l'érosion. On repère cependant au sol des dizaines de structures quadrangulaires formées de dalles plantées de chant, qui sont des marqueurs de sépultures. Aucune de ces dalles, qui sont toujours en rhyolite, ne porte d'inscription arabe, comme ce peut être parfois le cas dans les sites musulmans ailleurs en Éthiopie ou dans le monde islamique. On se perd facilement sur le site envahi d'épineux qui ont prospéré sur les décombres, mais on retombe presque toujours sur des allées mieux dégagées, qui sont de vieilles rues circulant parmi l'habitat. Les ruines encore apparentes montrent que les maisons présentant le même appareil de pierre étaient de plan carré ; à l'intérieur, un mur était parfois agrémenté d'une niche où, on le suppose, était posé un livre ou une cruche. La céramique que l'on rencontre sur le site est atypique, en tout cas atypique par rapport aux corpus de céramique connus pour l'Éthiopie, il est vrai peu nombreux et qui se rapportent essentiellement au domaine chrétien. Quoi qu'il en soit, c'est déjà une information.

Ailleurs dans l'escarpement du haut plateau, quand on découvre de semblables sites archéologiques dont le bâti quadrangulaire est fait du même appareil, soigneux mais fruste, on ne s'y trompe pas : le site est musulman et il date des XIVe et XVe siècles, un peu avant (fin du XIIIe), un peu après (début du XVIe siècle). À une vingtaine de kilomètres au nord de Nora, sur la même ligne de collines, se trouve ainsi Asbäri, une autre ville en ruines ; à une vingtaine de kilomètres au sud, Awfât, encore une autre. Il faut croire, même si tout l'escarpement n'a pas été prospecté de façon systématique, que les établissements urbains musulmans de la période s'échelonnaient ainsi à des distances d'une journée de marche les uns des autres, le long d'un axe nord-sud parallèle au rebord du haut plateau. D'ailleurs, du haut du minaret qui a été adossé contre la mosquée, peut-être lors d'une phase de construction postérieure à la mosquée elle-même, et dans lequel on monte par un soupirail depuis la salle de prière, le muezzin de Nora pouvait clairement distinguer, là-bas, à deux ou trois jours peut-être, les lignes étagées du mur du Rift, surmontées de celle, là-haut, juste en dessous du ciel, qui était le monde des chrétiens. Il ne fait guère de doute que ce sont eux, les habitants de Nora et d'autres localités aujourd'hui en ruines qui étaient les musulmans évoqués dans les chroniques chrétiennes d'Éthiopie parvenues jusqu'à nous (→ **34**). Il ne fait désormais guère de doute non plus que, loin que ces musulmans fussent des ennemis compulsifs des chrétiens, comme aiment à le suggérer les chroniques, ils étaient au moins autant leurs prochains économiques que leurs adversaires religieux : ces villes formant une chaîne parallèle à la bordure du haut plateau évoquent en effet irrésistiblement un dispositif de symbiose commerciale qui permettait au royaume chrétien d'exporter son trop-plein de produits agricoles (animaux sur pied, cuirs et peaux, grain), aux cités musulmanes d'être les jalons d'une ou de plusieurs routes qui rejoignaient les ports de la mer Rouge et du golfe d'Aden.

Aussi modeste que soit sa superficie (une dizaine d'hectares tout au plus), faible qu'apparaisse la densité de sa population (peut-être quelques centaines d'habitants seulement), frustes que soient ses infrastructures urbaines (on n'observe ni adduction ni égout), c'est une authentique petite ville que Nora, solidement sise au-dessus des pentes environnantes où se repèrent encore des terrasses agricoles et des réservoirs, fièrement dotée de sa mosquée communautaire et de plusieurs petits oratoires de quartier. Mais qui étaient les habitants et habitantes de Nora ? Les plus riches des propriétaires de terres des environs qui s'étaient assemblés pour faire cité, des étrangers installés à demeure pour y faire commerce, une classe de négociants et de lettrés formant l'élite politique de la ville ? Quelle langue parlaient-ils ? La même langue que les chrétiens du haut plateau, à savoir l'ancêtre de l'amharique actuel, ou bien l'argobba, une langue voisine mais cependant distincte, qui semble bien s'être individualisée dans l'escarpement du haut plateau, et que ne parlent plus aujourd'hui que quelques communautés de la région, qui d'ailleurs habitent des villages tout à fait semblables à Nora ? Où sont passés les habitantes et habitants de la ville et des autres villes abandonnées ? Ont-ils été tentés de s'émanciper de leurs relations profitables mais contraignantes avec leurs voisins, de lancer des razzias contre des monastères d'en haut, voire de participer au djihad du Gaucher ; ont-ils été punis pour cela par un souverain chrétien, expulsés, exterminés ? Ou bien ces villes ont-elles été désertées pour des raisons autres que l'hostilité religieuse entre chrétiens et musulmans qui culmine dans le premier tiers du XVIe siècle : une épidémie, un phénomène migratoire qui a recomposé la démographie du pays, des changements environnementaux qui auraient affecté plus durement les seuils fragiles comme l'escarpement ? Et pourquoi – chose plus intrigante que tout –, pourquoi aucune communauté de l'Éthiopie multiethnique et multiconfessionnelle moderne et actuelle n'a-t-elle pris en charge la mémoire de ces lieux ou de leurs habitants, perpétué en somme le lien généalogique ténu et inavoué, forcément sujet à contestation mais inévitable, qui presque partout ailleurs dans le monde dispense l'historienne ou l'archéologue de poser cette question : « À qui appartiennent ces vestiges ? »

Note

Le nom du village de W*** a été anonymisé afin de préserver la tranquillité de ses habitants, qui depuis 2010 n'ont pas souhaité recevoir de visites. Au sujet du Rift comme formation tectonique, comme milieu naturel et comme espace formidablement diversifié sur le plan des sociétés, voir l'ouvrage de Bertrand Hirsch, Bernard Roussel (dir.), *Le Rift est-africain. Une singularité plurielle*, Marseille, IRD Éditions, 2009. Plus précisément au sujet de l'escarpement du Rift en Éthiopie et du seuil écologique qu'il représente, voir Ib Fris, Sebsebe Demissew, Paulo Van Breugel, *Potential Vegetation of Ethiopia*, Addis Abeba, Addis Ababa University Press/Shama Books, 2011. La synthèse historique la plus à jour sur l'Éthiopie médiévale est l'ouvrage édité par Samantha Kelly (dir.), *A Companion to Medieval Ethiopia and Eritrea*, Leyde, Brill, 2020. Au sujet des quelques villes musulmanes mentionnées dans le texte, les principales publications académiques de référence sont : François-Xavier Fauvelle, Bertrand Hirsch, « Établissements et formations politiques musulmans d'Éthiopie et de la Corne de l'Afrique au Moyen Âge. Vers une reconstruction », *Annales islamologiques*, 42, 2008, p. 339-376 ; François-Xavier Fauvelle, Bertrand Hirsch, Amélie Chekroun, « Le sultanat de l'Awfât, sa capitale et la nécropole des Walasmaʿ : quinze années d'enquêtes archéologiques et historiques sur l'Islam médiéval éthiopien », *Annales islamologiques*, 51, 2017, p. 239-295. Au sujet du Gaucher, qui donne son surnom à ce chapitre et dont la mémoire hante l'histoire de l'Éthiopie, voir Amélie Chekroun, *La Conquête de l'Éthiopie. Histoire d'un djihad au* XVIe *siècle*, Paris, CNRS Éditions, sous presse.

Chapitre 36

Inventaire à Grand Zimbabwe

Actuel Zimbabwe, XIVe-XVe siècle

À ce qu'on a pu en dire, ce sont les ruines d'un comptoir antique phénicien, ou égyptien, ou encore arabe. Ou encore celles de la capitale du pays d'Ophir (→ **20**) ou, pourquoi pas, de la reine de Saba. De l'avis des uns et des autres, c'est en tout cas une grande ville commerciale, ou bien une forteresse royale, ou bien encore un centre cérémoniel. Convenons que l'on n'est pas en mal d'hypothèses. Aujourd'hui, et quoique l'on dise encore beaucoup de choses très variées à leur sujet, on admet que ces ruines sont celles d'un établissement qui fut créé et habité par une société et un pouvoir africains, probablement locuteur d'une langue bantoue apparentée à celle des Shona qui constituent aujourd'hui la vaste majorité de la population du Zimbabwe. Quant à savoir précisément quelles étaient les fonctions de cet établissement, le mieux serait encore de réserver son jugement quelque temps.

Nous voici dans la partie orientale du plateau zimbabwéen, sur le site appelé Grand Zimbabwe (anglais *Great Zimbabwe*). Sur deux collines qu'adjoint une petite vallée en thalweg, sont sises des ruines monumentales de blocs de granite. Les murs, au tracé tout en rondeur épousant les courbes de niveau, atteignent encore des élévations de 7 mètres et des épaisseurs de 4 à 5. On circule à ciel ouvert dans des passages étroits, on emprunte des escaliers, on pénètre dans de grands espaces plans enceints de murailles, on devine des dépendances. À l'échelle des enclos domestiques qui constituent l'unité d'habitation dans de larges parties de l'Afrique, ce serait une forteresse des plus impressionnantes. On y a repéré une tour conique, pleine, donc sans le moindre accès intérieur, et que l'on qualifiera donc, faute d'explication fonctionnelle, de « rituelle », terme commode qui dit tout et qui ne dit rien. Lors des premières visites du site par des Européens, dans le dernier quart du XIXe siècle, lorsque le site était encore occupé par des huttes de torchis et envahi de lianes, on trouva en place plusieurs stèles monolithiques en stéatite surmontées d'un oiseau de proie sculpté, qui mériteront par conséquent l'appellation « symbolique », terme tout aussi commode, tout aussi vain. L'essentiel du site a été fouillé à une époque où fouiller voulait encore dire déblayer le sédiment accumulé à la recherche d'objets, sans s'intéresser à leur position stratigraphique ; on a donc pléthore de « trouvailles » dont il est à peu près possible de dire de quel secteur elles proviennent, mais plus difficilement de quelle phase archéologique. On peut toutefois affirmer que les constructions monumentales de Grand Zimbabwe, faisant suite à diverses occupations du site, datent du XIVe et de la première moitié du XVe siècle.

Il y a beaucoup d'autres *zimbabwe* ou « maisons de pierre » sur le plateau. À l'ouest, il y en a quelques-uns également au Botswana voisin ; à l'est, on en compte un petit nombre dans la plaine côtière jusqu'au Mozambique.

Grand Zimbabwe est le plus important d'entre eux ; c'est de lui que le pays actuel tient son nom. Il faut dire que le royaume dont Grand Zimbabwe était la capitale étendait sa domination sur de vastes régions et devait son pouvoir au contrôle de l'approvisionnement en or destiné à l'exportation vers la côte swahilie (→ **20**, **21**). Mais peut-être, ici encore, devrait-on placer des guillemets à « royaume » : nous ne savons rien ou presque de l'organisation sociale et politique de cet espace. Faut-il y voir un royaume au pouvoir pyramidal ou autant de fiefs seigneuriaux que de *zimbabwe* ? Et mettons donc aussi des guillemets à « capitale ». On affirme que l'immense majorité des tessons de céramique importée trouvés sur le plateau proviennent de Grand Zimbabwe et soutiennent par là son statut privilégié. C'est exact, mais l'opinion à ce sujet serait sans doute notablement différente si quelques autres *zimbabwe* avaient fait l'objet d'une pareille attention depuis aussi longtemps.

En juillet 1903, fut fouillé l'un des ensembles de ruines de Grand Zimbabwe, appelé Renders Ruin. C'est une grappe de compartiments circulaires liés par des murs, au sein de laquelle il est aujourd'hui impossible de repérer les espaces autrefois ouverts et fermés, ou même les niveaux de sol ou quelque structure que ce soit pouvant témoigner du type de fonctions et d'usages affectés aux lieux. Mais au moins savons-nous que là, dans l'enclos n° 1, parmi les témoins d'aménagement et de l'histoire sédimentaire dégagés en vrac avec les sédiments, fut trouvé un ensemble hétéroclite d'objets assez singuliers ou précieux pour avoir constitué un trésor. Pour commencer, tentons de le reconstituer, à partir de l'inventaire des objets issus de la fouille effectuée au cours des campagnes 1902-1903, qui préserve heureusement leur lieu d'origine au sein du site (les chiffres sont les numéros d'entrée de l'inventaire d'origine). Sont ajoutés entre crochets les commentaires rendus possibles par d'autres indications données dans les comptes rendus : *74* : bagues en cuivre (deux) ; motif de serpent. *76* : gong en fer simple. *77* : gros morceau de corail [ou plutôt de calcaire corallien]. *84* : amulette ou sceau (?) en stéatite. *85* : bloc de cuivre massif. *86* : percuteur de fer trouvé avec le gong [*76*]. *92* : [objet de] stéatite avec perforations rayonnantes. *97* : cuillère en fer. *98* : lampe et pied de lampe en fer (conjectural). *101* : fil de fer torsadé en rouleaux [7 à 8 kilos en tout ; le fil est prédécoupé à la taille de bracelets]. *104* : lot de bracelets de fil de laiton [dont 2 à 3 kilos de fil torsadé plat en larges rouleaux, 2 à 3 kilos de fil torsadé rond, 4 douzaines de bracelets et une grande quantité de fragments]. *108* : armature de lance [en bronze]. *110* : collection de spécimens de houes, armatures de sagaies, pointes de flèches, haches et autres objets de ferronnerie trouvés dans les ruines [et notamment dans Renders Ruin, d'où provient une centaine de kilos de ces objets]. *115* : deux petites cloches en bronze. *117* : collection de lingots de cuivre, de barres de cuivre, de fil de cuivre, de bracelets de cuivre et de pains de cuivre [diverses provenances indiquées, dont Renders Ruin]. *118* : ruban de cuivre de 12 pieds 6 pouces de long [= 3,75 m] et un pouce de large [2,5 centimètres]. *119* : une caisse de porcelaine de Nankin [c'est-à-dire de porcelaine chinoise], présentant des plats de diverses tailles et divers motifs [en provenance « de la plupart des ruines »]. *121* : poterie à glaçure, avec caractères « coraniques », c'est-à-dire arabes [dont une dizaine de fragments d'un exceptionnel bol émaillé à décor peint bleu et or sur fond blanc]. *122* : fragments de verre vénitien [de couleur vert sombre]. *123* : fragments de faïence ancienne montrant des traces de tour de potier. *124* : trois fragments de poterie ancienne, à glaçure [une poterie à glaçure verte : il s'agit de céladon chinois]. *125* : 12 pieds [3,60 mètres] de fine chaîne de cuivre. *126* : bouche de tuyère en terre cuite. *127* : fil de laiton soudé [par la corrosion]. *128* : deux instruments de fer. *130a* : partie de la mâchoire d'un jeune lion. *130b* : gros morceau de résine. *130c* : défense de phacochère. *130d* : deux morceaux de prisme de verre. *131* : restes d'une boîte en cuivre ancienne.

Tous ces objets ont semble-t-il été trouvés dans l'« épaisse couche de sédiment » interposée entre un niveau d'occupation moderne (en haut de la séquence) et le socle rocheux (tout en bas de la séquence). Mais les comptes rendus de la fouille ne nous ont pas conservé les arguments, hormis le sentiment du fouilleur, permettant d'affirmer que tous ces objets provenaient bien d'un ensemble individualisé qui correspondrait à un unique dépôt archéologique. Certains ont en effet été trouvés au contact du rocher sous-jacent, d'autres dans toute l'épaisseur du sédiment, lequel donne à l'archéologue l'impression de s'être accumulé depuis la pente située en amont du site. Bref, cette disposition semble à première vue nous inciter à placer, là encore, des guillemets au mot « trésor », en observant que si certains objets constituent en effet des lots qui ne doivent rien au hasard, d'autres ont fort bien pu se trouver réunis au même endroit par suite de phénomènes de sédimentation ou de résidualisation. Au mieux pouvons-nous dire avec quelque garantie que l'ensemble archéologique dont nous avons isolé l'inventaire ci-dessus a pu se constituer *autour* d'un (ou de plusieurs) trésor(s) dans un temps relativement court d'un à deux siècles.

À ce trésor aux contours flous, ajoutons quelques lots et objets qui semblent bien en faire partie, bien qu'ils n'aient pas été mis à l'inventaire, pour des motifs inexpliqués. On leur attribuera ici des lettres : *a* : deux pintes [un litre] de petites perles de verre bleues et vertes « inconnues des Indigènes actuels ». *b* : une pinte [un demi-litre] de perles similaires mais de taille plus grande, également « inconnues des Indigènes actuels ». *c* : (au moins) 100 perles de porcelaine, côtelées, vert de mer, également inconnues localement. *d* : cauris [plusieurs kilos de ces coquillages]. *e* : deux défenses d'éléphant très dégradées. *f* : environ 20 fragments d'or martelé, plusieurs pièces de bracelets de fil d'or cassées et plusieurs perles en or, « le tout s'élevant ensemble à trois onces [environ 90 grammes] ». *g* : deux fragments d'une coupe en verre islamique à motifs floraux bleus, roses et blancs. *h* : un large bol en stéatite. *i* : 200 perles d'ivoire et de verre, d'un lot apparemment distinct de celles déjà comptées. *j* : deux paires de double gong en fer [apparemment distinctes de l'exemplaire *76*]. *k* : des creusets pour couler le cuivre.

Richard Hall, journaliste de son état et l'un des premiers fouilleurs du site, a cru pouvoir avancer que ce trésor témoignait de l'existence d'une « station commerciale arabe ». Dans son esprit, il s'agit du « fonds de commerce » d'une communauté de marchands musulmans du Moyen Âge. C'est ainsi que s'exprimait alors le point de vue « orientaliste » au sujet de Grand Zimbabwe – ce même point de vue qui faisait désigner l'enceinte la plus grande et la plus haut perchée du nom d'« acropole », et qualifier ces restes architecturaux de proche-orientaux. La présence de verre et de céramique islamiques, dont de magnifiques productions persanes, de porcelaine chinoise et d'un grand nombre de perles de pâte de verre « inconnues des Indigènes », autrement dit importées, rendait possible ce scénario : appartenant à une grande nation de commerce et de voyage, des hommes avaient établi là leur comptoir ; contre des biens de grand luxe venus de leur monde, ils achetaient de l'or et de l'ivoire. Ajoutons deux arguments que Hall eût trouvés de poids : les cauris (→ 27) ne furent récoltés en larges quantités qu'aux Maldives, et l'assemblage surtout bleu et vert de perles de verre filé trahit une origine dans des ateliers de production de la région indo-pacifique. Mais avouons que, sur la base du même inventaire, on pourrait aussi bien affirmer que le trésor de Renders Ruin reflète l'assortiment d'un négociant swahili ou local : d'une nation ou d'une autre, un traitant ou un colporteur aura ouvert là son étal ; acheté un peu d'or et un peu d'ivoire pour le prix de quelques pièces de vaisselle remarquables qu'il possède ; surtout, acquis et revendu à des chalands ordinaires des objets usuels en fer, débité du métal au détail.

Le propriétaire du trésor de Renders Ruin a changé d'identité presque autant de fois qu'une ou un archéologue s'est intéressé au site. Sur la foi de comparaisons ethnographiques, l'un des exégètes du site, Thomas Huffman, a cru voir dans certains objets (notamment les gongs) des insignes royaux, dans l'abondance de métal (notamment la collection de houes) l'indication d'un privilège régalien, dans les objets importés la confirmation du prestige attaché à l'exercice de la royauté. Là résidait donc la première épouse, pense-t-il, sous la garde de qui se trouvait le trésor. Chacune des hypothèses émises à propos du trésor de Renders Ruin peut être valide à tour de rôle ; mais à toutes il manque l'argument décisif. Surtout, elles resteront lourdement hypothéquées par l'ignorance dans laquelle nous sommes des conditions de la constitution de ce « trésor » à travers le temps. Quant à l'incertitude sur la représentativité des pièces, en particulier les plus inhabituelles, elle peut nourrir toutes les spéculations faites dans la boule de cristal, au sujet de leur circulation plus ou moins large et régulière en compagnie d'un marchand ou, à l'inverse, de leur immobilisation dans un enclos royal. Disons que le trésor de Grand Zimbabwe, s'il n'était peut-être pas le reliquaire d'une fonction sociale que l'on voudrait qu'il soit (le commerçant, le roi), serait l'assemblage involontaire, discontinu, opportuniste, d'activités qui engagent, à des moments qui ne sont pas nécessairement contemporains, différents segments d'un vaste réseau océanique et continental. Sa signification changeante jaillit des reflets variés qui naissent selon les objets qu'on éclaire.

Note

Un résumé des recherches au sujet de Grand Zimbabwe et des interprétations auxquelles le site a donné lieu est présenté dans mon ouvrage *Histoire de l'Afrique du Sud*, Paris, Seuil, 2006, p. 178-186. Innocent Pikirayi, *The Zimbabwe Culture. Origins and Decline of southern Zambezian States* (Walnut Creek, Altamira Press, 2001, p. 123-155), offre une excellente synthèse archéologique à la lumière des données régionales. Les ouvrages de Richard N. Hall, W. G. Neal, *The Ancient Ruins of Rhodesia* (Londres, Methuen, 1904) et R. N. Hall, *Great Zimbabwe* (Londres, Methuen, 1905), constituent les comptes rendus des fouilles anciennes. Ce dernier ouvrage fournit en annexe, p. 442-448, l'inventaire des principales trouvailles faites durant les campagnes 1902-1903 ; j'y ajoute quelques-unes des observations rencontrées aux pages 126-134, 386-388, 436. J'ai effectué des recoupements entre les diverses listes et descriptions, sans certitude d'avoir parfaitement clarifié un inventaire rendu confus par l'imprécision des descriptions. Les réflexions de Hall au sujet de la station commerciale « arabe » sont empruntées aux pages 132-133. Peter Garlake, « The Value of Imported Ceramics in the Dating and Interpretation of the Rhodesian Iron Age », *Journal of African History*, IX (1), 1968, p. 13-33, a également tenté une reconstitution virtuelle du trésor. Du même auteur, *Great Zimbabwe* (Londres, Thames and Hudson, 1973) est un ouvrage recommandable doté d'une très bonne iconographie, et notamment d'excellentes photographies couleur et noir et blanc du site et du matériel trouvé. De Thomas Huffman, on lira, avec les précautions rendues nécessaires par son usage excessif du comparatisme ethnographique et de l'« archéologie cognitive », *Snakes and Crocodiles: Power and Symbolism in Ancient Zimbabwe*, Johannesburg, Witwatersrand University Press, 1996. Une très utile critique de cette approche est fournie par David Beach, « Cognitive Archaeology and Imaginary History at Great Zimbabwe », *Current Anthropology*, 39 (1), 1998, p. 47-72 ; l'article est suivi d'un échantillon des débats sur ce sujet. Au sujet des perles produites dans la région indo-pacifique, la référence indispensable est toujours : Peter Francis Jr., *Asia's Maritime Bead Trade*, Honolulu, University of Hawaii Press, 2002.

Chapitre 37

La découverte de l'Afrique par un Européen

Ksar de Tamentit, oasis du Touat, Sahara algérien, seconde moitié du XVe siècle

La lettre, datée de 1447, est adressée à un négociant génois du nom de Giovanni Marioni, représentant à Majorque de la maison de commerce – « multinationale » serait anachronique mais plus juste – des Centurione de Gênes. Elle est en latin. Elle a été envoyée du Touat, l'oasis du centre-ouest algérien, qui dessine une chaîne de ksour en bordure du grand erg occidental du Sahara. Rédigée à Tamentit, le principal centre économique et le chef-lieu du Touat, la lettre dut, pour parvenir à son destinataire, remonter en direction du nord en suivant les itinéraires balisés des caravanes marchandes, atteindre Tlemcen en Algérie puis, du port de Honayn, s'embarquer pour les Baléares. Son auteur est également génois ; il signe MBLFBNT, cryptogramme limpide d'Antonio Malfante. Il nous dit qu'il est le premier chrétien à s'être trouvé dans ces lieux, et cela est sans doute vrai ; mais ajoutons : latin (car il dut y avoir auparavant quelque Arabe d'une chrétienté africaine ou orientale) et libre (car il dut y avoir quelques esclaves chrétiens pris en Méditerranée). « Dans les débuts de mon arrivée, écrit-il, la curiosité générale m'était fastidieuse. Tous voulaient me voir et s'exclamaient stupéfaits "Il est chrétien ! Mais il a le même visage que nous". Ils prêtaient en effet aux chrétiens une figure contrefaite. » Premier « chrétien » à s'aventurer si avant dans le Sahara, il est aussi le premier à en donner des nouvelles. Un siècle plus tôt, les seules informations qui parvenaient en Europe étaient transmises par les communautés juives d'Afrique du Nord (→ **31**).

Malfante n'était bien sûr pas là tout à fait par hasard : le contexte et le contenu de la lettre indiquent assez clairement qu'il avait été dépêché comme agent commercial de sa compagnie, et que sa mission consistait à prendre autant de renseignements que possible sur les perspectives et les conditions du commerce. C'est surtout du commerce avec les pays situés outre-Sahara qu'il s'agit, et en premier lieu, bien entendu, du commerce de l'or. Le Touat, dit-il, est l'endroit où le métal précieux acheminé depuis le sud est acheté par les marchands du Maghreb ou d'Égypte. Lorsqu'on travaille pour les Centurione, patriciens, banquiers et grands commerçants d'épices et de métaux, qui viennent d'imposer l'étalon-or dans les règlements de change, c'est donc l'endroit où il faut être. Quant à se renseigner sur l'origine de l'or, Malfante l'a fait, sans peut-être beaucoup de subtilité : « Souvent interrogé par moi sur le lieu où l'on trouve et où l'on récolte de l'or, mon protecteur répond invariablement : "Je suis resté quatorze ans en pays noirs, et jamais je n'ai entendu ni vu quelqu'un qui pût dire de science certaine : voilà ce dont j'ai été témoin, voilà comment on trouve et on recueille l'or." » Et l'informateur d'ajouter : « Aussi est-il à penser qu'il [l'or] vient de loin et, c'est mon idée, d'une zone

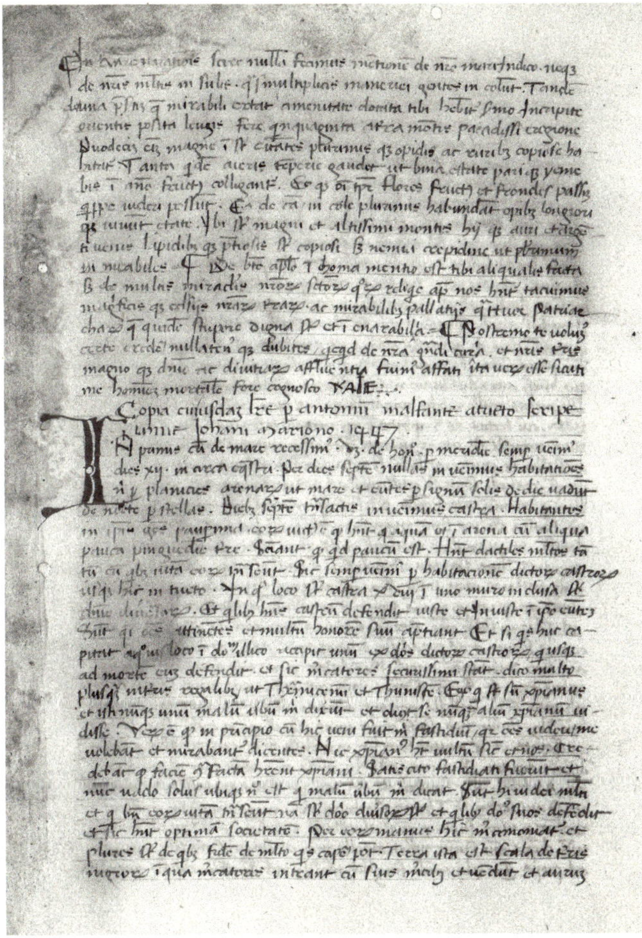

La « Lettre du Touat » d'Antonio Malfante, 1447. Au milieu de la page commence la copie, datée du XVe siècle, de la lettre en latin envoyée par Malfante de l'oasis du Touat, dans l'actuelle Algérie, à ses commanditaires génois. Le texte débute ainsi : « D'abord, nous éloignant de la mer […] nous sommes allés toujours vers le sud pendant douze jours, en caravane. Pendant sept jours, nous n'avons rencontré aucune habitation, rien que des plaines de sable ; nous allions comme en mer en nous guidant le jour sur le soleil, la nuit sur les étoiles. Au bout du septième jour, nous trouvons des châteaux, habités de très pauvres gens […]. Ainsi sommes-nous parvenus par lesdits châteaux jusqu'ici dans le Touat. »

bien déterminée. » Voilà ce qui s'appelle de la langue de bois. Car, n'en doutons pas, pour imprécise qu'ait pu être l'opinion de cet homme, dont un frère était pourtant le plus grand marchand de Tombouctou, il avait vite saisi qu'il convenait de n'être pas trop disert avec le Génois.

Malfante nous éclaire sur les conditions économiques et sociologiques du commerce transsaharien. Les marchands arabes de la côte méditerranéenne viennent ici avec du grain qu'ils écoulent sur place où l'on ne trouve à se nourrir que de dattes. Ils apportent également du cuivre (→ **30**) et du sel qui serviront à payer l'or. On ne sait, dit Malfante, ce que les Noirs en font, mais leur besoin en est si grand que ce qu'on exporte chez eux n'épuise jamais le marché. Des Égyptiens font eux aussi commerce avec le Sud. Ce sont ces marchands qui reviennent du Pays des Noirs avec la poudre d'or. Mais l'achat et la vente, au Touat, ne se font pas de gré à gré ; ils passent nécessairement par des intermédiaires, qui consignent les dépôts, supportent les risques de change, signent les titres de créance qu'on réalisera à Marseille, à Tunis ou au Caire. Ce sont les Juifs qui effectuent, qui seuls sont capables d'effectuer ces opérations, du fait de l'existence d'un réseau diasporique et de liens commerciaux appuyés sur les solidarités familiales (→ **16, 17**). S'ajouteront donc les commissions prises par les Juifs aux marges de 100 % réalisées par les marchands musulmans. Malfante croit bon d'informer de ce point sa hiérarchie, puisqu'elle n'est pas sans répercussion : « J'ai subi cette année – loué soit Dieu ! – une perte de deux mille doubles sur les marchandises que j'ai apportées. » Dans le monde cruel du grand commerce, il n'y a décidément pas de place pour les naïfs.

Les Juifs du Touat, aussi riches et influents que puissent être certains d'entre eux, vivent « dans la dépendance de divers maîtres qui défendent chacun leurs subordonnés ». Malfante décrit là le statut particulier des *dhimmî* qui s'applique, en pays soumis à un pouvoir musulman, à toutes les communautés de gens du Livre (juifs et chrétiens principalement). Le statut de *dhimmî*, littéralement les « protégés », accordait la protection à une communauté et la préservation de sa religion en contrepartie de sa soumission formelle à l'autorité islamique et de l'acceptation d'un statut d'infériorité légale imposant le respect d'un certain nombre d'obligations, notamment le paiement d'un impôt de capitation, la *jizya*. Ce statut ne s'appliquait pas au voyageur venu d'au-delà des pays d'Islam, ce qui est le cas de notre Génois, qui disposait probablement d'un sauf-conduit. Mais c'est bien d'un semblable système de patronage dont il bénéficiait : son protecteur est l'un des chefs de quartier, nous dit-il, sans doute le cheikh de l'une des tribus qui cohabitent dans le ksar de Tamentit. Ces chefs constituent un gouvernement oligarchique. « Chaque chef de quartier défend, envers et contre tous, ses ressortissants », comprenons : ses clients. « Aussi les marchands se trouvent-ils en complète sécurité, je veux dire en beaucoup plus grande sécurité que dans les États monarchiques comme Tlemcen et Tunis. »

Tamentit est le poste commercial maghrébin le plus avancé dans le Sahara au milieu du XVe siècle. À quelque 600 kilomètres au sud-est de Sijilmâsa, qui jouait ce rôle jusqu'au siècle précédent et qui se trouve depuis lors confiné dans le rôle moins enviable de halte caravanière, elle est à la fois ville pionnière, port et entrepôt. Tout autour, donc dans le désert, qui « campent sous la tente » et « règnent en maîtres depuis les confins de l'Égypte jusqu'à l'océan [Atlantique] », sont les « Philistins », écrit Malfante, des Blancs qui sont d'« incomparables cavaliers », ne mangent que lait, viande et riz, et se couvrent le bas du visage d'un voile. On reconnaît des nomades berbères. Ils peuplent la « terre de Gazola », nom inédit et mystérieux que Malfante donne au désert que nous appelons Sahara. C'est qu'il doit se faire géographe et qu'il n'a peut-être pas ce talent-là. À Majorque ou à Gênes, des secrétaires et des cartographes ont dû se pencher avec gravité sur la liste de Malfante : de Tamentit, donc, on pourra se rendre dans des pays ou localités aux noms plus ou moins reconnaissables : Teghida, sans doute la Takedda des sources arabes, qui peut correspondre à un groupe de sites présentant des restes d'artisanat du cuivre et du sel, dans la région d'Azelik, au Niger, à quelque 1 400 kilomètres à vol d'oiseau ; Chuchiam, peut-être Kûkiyâ, sur le Niger en aval de Gao ; Thambet, sans doute Tombouctou ; Geni, l'actuelle Djenné ; Meli, Mâli, capitale de l'empire du même nom (→ **27, 29, 31, 32, 33**) ; Oden, peut-être Ouadane, dans l'Adrar de Mauritanie, à 1 500 kilomètres ; et ainsi de suite. Une chose est claire : l'information balaie l'horizon d'est en ouest. Puis, au second plan, dans un lointain qu'il faut situer à près de 2 000 kilomètres, des noms jetés en vrac : Dendi, Sagoto, Bofon, Igdem, Bembo, « États très grands, chefs-lieux de province dont dépendent d'innombrables territoires et villes ». On s'y retrouve à peine : Sagoto paraît être Sokoto, et cette seconde liste pourrait alors se rapporter aux nouvelles cités haoussa, aux confins du Niger et du Nigeria. Et puis, l'au-delà : « Au sud de ces États il y a une foule d'autres États et de territoires habités uniquement par des Noirs idolâtres, sans cesse en guerre les uns contre les autres pour soutenir chacun leurs croyances et leur fétiche. Les uns adorent le soleil, d'autres la lune, les sept planètes, le feu ou l'eau ; d'autres, un miroir qui reflète leur visage où ils voient l'image d'une divinité ; d'autres, des arbres touffus, sièges d'un esprit, qu'ils honorent de sacrifices ; d'autres enfin, des statues de bois et des pierres auxquelles les incantations, disent-ils, prêtent un langage. » C'est de là-bas, des guerres intestines que se font ces peuples, que viennent les esclaves que l'on vend ici à vil prix, « deux doubles au plus par tête ». Comment n'en ferait-on pas une main-d'œuvre servile, alors que cette humanité innombrable se livre, croit-il savoir, à l'inceste et à l'anthropophagie ?

Le tableau géographique que nous livre Malfante, sa « géographie humaine », pourrait-on dire, nous fait sourire. On dit Malfante « découvreur » ou « explorateur » de l'oasis du Touat et c'est bien sûr inexact : bien que découvrant pour lui-même de nouveaux paysages par-dessus l'encolure de sa monture, Malfante ne fait que mettre ses pas dans ceux de ses prédécesseurs, les commerçants musulmans aussi bien que juifs qui depuis des siècles sont établis en ces lieux. Sa « découverte », d'ailleurs, et peut-être n'est-ce qu'en cela qu'elle mérite ce nom, nous paraît bien sommaire. De l'Afrique subsaharienne, en tout cas, elle nous livre une image baroque où se mêlent à quelques échos indirects et inutiles de religions traditionnelles les premiers clichés, bonnes histoires et justifications morales qui plus tard feront fortune dans la littérature de voyage européenne.

Cependant, sa description est neuve, parce qu'est neuf le paysage politique qu'on devine par son travers. Si le Touat est sans doute une vieille palmeraie, son rôle de port du commerce transsaharien est semble-t-il récent, deux siècles peut-être, et sa domination dans ce rôle, plus récente encore. Elle ne peut qu'être liée à l'ascendant économique sur toute la région du Sahel que prennent les sociétés de la Boucle du Niger, à laquelle le Touat est relié par la route la plus directe. D'un saut, d'environ 1 300 kilomètres, on atteint Kûkiyâ, mentionnée pour la première fois dans nos sources, berceau du royaume songhay qui, à l'heure où Malfante consigne ses informations, a repris Gao à un Mâli déclinant et s'affirme comme le nouveau grand pouvoir régional. Sur l'autre épaule de la boucle du Niger, confirmant le glissement de toute l'activité économique vers le Sahel central, Tombouctou, également émancipée de la suzeraineté du Mâli, repassée aux Berbères massûfa, s'affirme comme le grand carrefour sahélien en remplacement de Oualata. Et déjà dans le Sahel central, apparaissent les cités-États islamiques du monde haoussa.

Mais le document qu'est la lettre du Touat de Malfante vaut aussi, et peut-être d'abord, par ce que nous révèle son existence même. Qu'un marchand de la rive nord de la Méditerranée, non pas un esclave pris par des corsaires barbaresques mais un homme libre, non pas un René Caillé déguisé en Arabe mais un chrétien déclaré, se trouve à Tamentit en plein Sahara, ose y faire du commerce et ose faire des plans, illustre un contexte nouveau, celui de la poussée vers le sud des pouvoirs politiques et économiques de l'Europe. Depuis le XIIIe siècle, des projets de conquête du Maghreb par l'Aragon et la Castille accompagnent la *reconquista* espagnole ; si ces projets n'ont guère de suite immédiate, ils trahissent néanmoins un appétit économique qui trouve à se satisfaire grâce à des accords permettant à des communautés de marchands chrétiens – ibériques ou italiens – de s'installer dans les grandes villes du Maghreb. En 1415, le Portugal prend Ceuta, port marocain situé en face de Gibraltar. C'est le point de fixation qui annonce, à partir de la fin du siècle, la constitution d'une série d'enclaves ibériques sur les côtes méditerranéennes du Maroc ; mais c'est aussi, déjà, le point de départ de la route du contournement maritime de l'Afrique qui, dès le milieu du siècle, court-circuite le Maroc atlantique. Quand Malfante arrive au Touat, les Portugais ont déjà un comptoir à l'îlot d'Arguin, en Mauritanie (→ **38**). Notre marchand génois n'est pas qu'un observateur appliqué du commerce transsaharien ; il est un acteur intéressé de ce que nous décririons aujourd'hui comme l'ouverture d'un secteur d'activité à la concurrence. En fut-il la cause ou la conséquence ? L'impérialisme économique et politique de l'Europe chrétienne alla de pair, dans la seconde moitié du XVe siècle, avec le déclin des pouvoirs centraux et la fragmentation politique du Maghreb, ainsi qu'avec les perturbations qui semblaient accompagner l'afflux au Maroc de Juifs expulsés de l'Espagne chrétienne et de « réfugiés » musulmans chassés des derniers bastions d'al-Andalus par la Reconquête chrétienne. Les sociétés maghrébines répondirent à cette crise par des sursauts de réformisme, voire d'intégrisme religieux.

Il paraît qu'au milieu du XXe siècle les Juifs qui habitaient encore les oasis sahariennes prononçaient, la Pâque venue, la formule « l'année prochaine à Tamentit », au lieu du vœu rituel « L'année prochaine à Jérusalem ». C'est que la communauté juive de Tamentit, naguère prospère, Malfante en témoigne, en raison de son rôle de charnière entre les segments maghrébin et saharien du grand commerce de l'or, fut détruite et dispersée quelques décennies plus tard. L'artisan de cette destruction fut un lettré musulman en sciences religieuses du nom de Muhammad al-Maghîlî. Peut-être dans sa jeunesse avait-il étudié au

Touat près du cadi, le juge de l'oasis, mais c'est sans doute vers 1477-1478 qu'il s'y installe à demeure. Préoccupé par la tiédeur de l'observance religieuse et l'amollissement des mœurs qu'il croyait observer au Maghreb, il se disait particulièrement choqué par la condition acquise par les Juifs des oasis sahariennes, notamment au Touat, qui lui semblait les élever indûment au-dessus du statut – de soumission – qui leur était réservé par la loi islamique. Le paiement de la *jizya*, irrégulier et ne s'accompagnant pas, comme le recommandaient certains juristes, d'une cérémonie publique d'humiliation, n'était rien d'autre, estimait-il, qu'une sorte de prébende perçue par les cheikhs complaisants. Les Juifs du Touat trouvèrent des défenseurs parmi les marchands ou d'autres religieux musulmans, dont l'un fit valoir que la plupart des Juifs étaient pauvres et opprimés. Mais soulevée par l'appel à verser le sang des Juifs et des « infidèles » qui les défendaient, attirée par la récompense de sept dinars d'or offerte pour chaque victime, la population détruisit la synagogue et commit un massacre. Cela se passa aux alentours de 1492, l'année où tomba le royaume de Grenade, le dernier pouvoir islamique en Ibérie, et où furent chassés, par le nouveau pouvoir chrétien, les Juifs d'Espagne.

Al-Maghîlî était le prototype de l'ouléma itinérant cherchant à s'employer auprès d'un roi ou d'une communauté urbaine. On le mentionne dans le Gourara, autre oasis de l'ouest algérien, où il provoque semble-t-il un autre pogrom ; on le retrouve à Fès, dont il se fait chasser par le sultan. Alors il effectue la grande traversée. On le suit dans l'Aïr et à Takedda. Il réside plusieurs années à Kano, cité haoussa ; il y laisse des descendants et un traité à l'usage du souverain musulman du pays. On le croise plus tard à Katsina, toujours dans l'Haoussa. Il est enfin à Gao, vers

1498. La géographie religieuse est décidément une géographie de marchands. Là il fait office de conseiller juridique auprès du souverain songhay, l'*askyia* Muhammad, qui depuis peu (1492, encore) vient de s'emparer d'un royaume grossi de Tombouctou et de Djenné. Il rédige un traité en forme de dialogue avec le souverain. L'islam rigoureux d'al-Maghîlî contribue sans doute à affermir la légitimité suspecte de son protecteur ; il fait oublier la geste « païenne » associée à la période de formation de l'empire ; il fait naître un climat de justice (commerciale) propre à restaurer le commerce. En apprenant la mort de son fils aux mains d'un parti de Tamentit, constitué principalement de rescapés juifs, il fait arrêter, dans le territoire songhay, tous les marchands du Touat, et jure de confisquer les biens de qui commerce avec les Juifs. Un juge de Tombouctou les fera pourtant libérer. Fin de partie pour al-Maghîlî, qui s'en va mourir à Tamentit, dont il avait prononcé l'arrêt de mort de la communauté juive quelques années plus tôt.

Note

La « Lettre du Touat » a été découverte par Charles de La Roncière, conservateur à la Bibliothèque nationale de Paris, en 1918, dans un manuscrit du XVe siècle contenant également des copies de lettres de Cicéron et du Prêtre Jean. On trouve un court signalement de cette découverte dans les *Comptes rendus des séances de l'Académie des inscriptions et belles-lettres*, 62 (3), 1918, p. 221. La lettre fut éditée (sans traduction) et commentée par son découvreur dans « Découverte d'une relation de voyage datée du Touat et décrivant en 1447 le bassin du Niger », *Bulletin de la section de géographie* [du Comité des travaux historiques et scientifiques], t. 33, 1918, p. 1-24, puis (avec fac-similé, traduction et commentaire remanié) dans *La Découverte de l'Afrique au Moyen Âge*, Le Caire, Société royale de géographie d'Égypte, 1925-1927, 3 vol. (elle figure dans le vol. 1, p. 143-160, mais le vol. 3 livre également des documents utiles parce qu'ils éclairent la biographie et les activités de Malfante). En attendant la parution de l'édition traduite et commentée que je prépare avec Benoît Grévin et Ingrid Houssaye Michienzi, le texte cité ou paraphrasé dans ce chapitre suit la traduction de La Roncière. La littérature sur les Juifs des oasis sahariennes, et tout particulièrement du Touat, est abondante. Elle présente cependant une tendance à extrapoler les données chronologiques et géographiques. À défaut de pouvoir présenter ici le « dossier » historiographique et critique que ce sujet mériterait, on aura avantage à s'en tenir, sur la question des Juifs d'Afrique du Nord, à l'ouvrage fondamental de Haim Zeev Hirschberg, *A History of the Jews in North Africa*, t. 1, *From Antiquity to the Sixteenth Century*, Leyde, Brill, 1974, 2e éd. révisée, et, en ce qui concerne la communauté juive du Touat, au remarquable essai de John Hunwick, *Jews of a Saharan Oasis. Elimination of the Tamantit Community* (Princeton, Markus Wiener, 2006), synthèse sans bavardage, dont l'essentiel avait été présenté dans un article plus accessible : « Al-Maghîlî and the Jews of Tuwât: The demise of a community », *Studia Islamica*, 61, 1985, p. 155-183. Le traité d'al-Maghîli contre les Juifs est édité en français dans Paul B. Fenton, David G. Littman, *L'Exil au Maroc. La condition juive sous l'islam, 1148-1912*, Paris, Presses de l'université Paris-Sorbonne, 2010, p. 91-111. C'est au premier chapitre de *Jews of a Saharan Oasis*, qui la cite à son tour d'après Robert Capot-Rey, *Le Sahara français* (Paris, Presses universitaires de France, 1953), p. 189-190, qu'est empruntée l'expression « L'année prochaine à Tamentit ». Concernant le rôle d'al-Maghîlî auprès du souverain songhay, voir, également de John Hunwick, *Sharīʿa in Songhay. The Replies of al-Maghīlī to the Questions of Askia al-Ḥājj Muḥammad*, Oxford, Oxford University Press, 1985 ; il s'agit de l'édition critique des « Réponses » faites par al-Maghîlî au souverain. Au sujet du Touat comme carrefour commercial au XVe siècle, voir l'article de Hadrien Collet, Ingrid Houssaye Michienzi, « Le Touat dans la globalité médiévale. Itinéraire d'une cargaison de cuivre du royaume de Hongrie au sultanat du Mālī (1407-08) », *Revue des mondes musulmans et de la Méditerranée*, 149, 2021, p. 53-78.

Chapitre 38

Les nouveaux rivages de l'Afrique

Côte de la Mauritanie, du Sénégal et de la Gambie actuels, 1455

Le 22 mars 1455, Alvise Ca' da Mosto double le cap Saint-Vincent, pointe de la province d'Algarve, au sud du Portugal. En ce temps, lorsqu'on se destine à visiter les côtes d'Afrique, c'est qu'on est en contrat de commande avec l'infant du Portugal, Henri, dit le Navigateur. C'est le cas du Vénitien souvent appelé Cadamosto, aristocrate déclassé désireux de se refaire une fortune et de redorer son blason. Il engage dans l'affaire son unique patrimoine : son appartenance à une nation de marchands.

La première escale de Cadamosto est à Madère. Découvert un siècle plus tôt par des Italiens, l'archipel, situé à quelque 600 kilomètres des côtes du Maroc, était désert d'hommes. Mais l'île principale, Madère proprement dite, était couverte d'une forêt dense. Ce sont ses bois rares que l'on exploite depuis les années 1420, quand les Portugais font de ces îles leur possession et y installent des colons. On y cultive le blé et l'avoine pour nourrir la métropole ; on y élève ce qu'il faut d'animaux de boucherie pour ravitailler les caravelles de passage. Un fameux produit de récolte est le sang-de-dragon, résine médicinale rouge vif tirée d'une plante. Mais, surtout, la culture de la canne à sucre a été introduite, en provenance des îles naguère islamiques de la Méditerranée.

Après Madère, voici les Canaries. Peut-être connues des navigateurs de l'Antiquité, ces îles plus franchement africaines, dont la plus orientale, Fuerteventura, est à seulement une centaine de kilomètres des côtes marocaines, furent maintes fois abordées au cours du XIVe siècle. Un Français, Jean de Béthencourt, seigneur de Grainville en Normandie, tentera au tout début du XVe de s'y tailler un fief sous la suzeraineté du roi de Castille. Il faut dire que cet archipel offrait des richesses que ne pouvait offrir aucune autre île atlantique de l'Afrique : l'orseille, une variété de lichen dont on tirait un colorant violet employé en teinturerie, et surtout l'esclave. Au temps de Cadamosto, on se risquait encore volontiers à razzier les villages restés « idolâtres » et à capturer les Guanches, les habitants de ces îles, apparentés aux Berbères.

Ralliée la côte, il faut longer en direction du sud les « terres de sable », qui sont à main gauche, ce « désert si vaste », croit savoir Cadamosto, et il a raison, « qu'il faut compter cinquante à soixante journées à cheval pour le traverser ». Le Sahara, puisque c'est son nom, sépare ce que l'on appelle alors, au nord, la Barbarie, terme dans lequel il n'y a rien de péjoratif, et l'Éthiopie, au sud, vieux terme grec sous lequel on désigne toute l'Afrique dite noire. Par le milieu de cette côte « blanche, sèche, aride, plate et basse », infinité de dunes de sable qui s'éventrent dans l'océan, on double le cap Blanc, « ainsi dénommé parce que les Portugais », au temps des premiers voyages de découvertes, il n'y a pas si longtemps, « le trouvèrent blanc, sableux, sans un brin d'herbe, ni pousse d'arbre ». Ce cap, qu'il ne faut pas manquer, enserre un golfe qui protège un îlot, Arguin, qui serait sans intérêt si l'on n'y trouvait, chose inestimable, des sources d'eau douce. Les Portugais y ont là un château, ou disons plutôt une « boutique fortifiée » et quelques cabanes en dur, où leur facteur, c'est-à-dire le commis placé à la tête de l'établissement appelé factorerie, traite avec les habitants. On a abondamment chassé l'esclave sur ces plages. Mais à présent la « traite », c'est-à-dire l'achat, est plus sûre et la razzia est proscrite par l'Infant.

Cela fait à peine quinze ans qu'un premier navire a touché cette côte et à présent des caravelles portugaises y arrivent toute l'année. En bon marchand qu'il est, Cadamosto a mis peu de temps à comprendre les termes du commerce régional. Les Arabes que l'on rencontre à Arguin sont nomades et musulmans ; c'est d'eux, « farouches ennemis des chrétiens » mais néanmoins commerçants pragmatiques, que l'on tient quelques informations sur Taghâza (→ 28), Tombouctou et même Kûkiyâ. Ils ont une ville, Ouadane, à six jours de chameau dans l'arrière-pays, et ils circulent aisément de la Barbarie au Pays des Noirs. Du nord ils apportent du cuivre, de l'argent, des chevaux, des pièces de soie produites à Grenade ou au Maghreb, qu'ils échangent au sud contre des esclaves et de l'or. Le prix est de dix à quinze esclaves pour un cheval. Arguin est la fenêtre où les Portugais s'immiscent dans ce commerce : ils vendent aux Arabes du blé, de l'argent et des tissus de toutes sortes ; ils leur achètent les esclaves noirs, de l'or et du poivre maniguette. Si efficace et profitable est ce commerce, en ces années-là, que l'on tire d'Arguin de 800 à 1 000 esclaves par an.

Poursuivons la route des « découvreurs » portugais, dans le sillage desquels s'inscrit le Vénitien. La navigation est encore longue : encore un demi-Sahara à franchir, au long duquel on ne rencontre plus tant des Arabes que des « Azenègues », c'est-à-dire les Berbères sanhâja, qui observent la coutume de se couvrir la bouche et le nez d'un voile. Ce sont hommes et femmes robustes et maigres, de culture fruste, qui enduisent leurs cheveux de graisse de poisson. Ils emploient les « porcelettes », c'est-à-dire des cauris, en guise de monnaie, et leur armement est constitué de dards et d'un bouclier de cuir. Ils « n'ont pas de roi ni de seigneur héréditaire, [mais] il est vrai qu'ils ont plus d'égards et de vénération pour certains que pour d'autres ». Leur pays est soumis, tous les trois ou quatre ans, aux ravages des vols de criquets.

Et voici l'embouchure du fleuve Sénégal, « découverte » il y a une décennie. Limite politique actuelle entre la Mauritanie et le Sénégal, le fleuve épouse une vieille frontière de peuplement, entre hommes et femmes à la peau mate et hommes et femmes à la peau noire. C'est la stupéfaction devant un seuil si abrupt, un basculement naturel et culturel qui s'opère en seulement quelques dizaines de lieues : au sud, « les hommes sont tous très noirs, grands, vigoureux et bien faits. La terre y est fertile, elle regorge d'arbres très élevés et de fruits de toutes sortes qui nous sont inconnus » ; au nord, les hommes « sont tous maigres, de petite taille et le pays est sec et partout aride ». On ne peut imaginer contraste plus marqué entre deux points seulement séparés par une embouchure de cours d'eau.

Depuis le fleuve Sénégal s'étire une longue chaîne de sociétés que l'on découvrira tout au long des côtes d'Afrique subsaharienne. Là tout est neuf, tout mérite d'être observé et raconté : de candeur on s'étonne, bien avant de s'en offusquer, de voir des femmes qui vont seins nus, on trouve étrange que les vaches n'aient pas de robe rousse et que les chiens aboient comme ceux du Portugal. C'est la première rencontre entre des Européens et des Africains qui ne soient pas le produit de la longue histoire de ponction esclavagiste. Le mérite de la description de Cadamosto, fraîche et honnête, n'en est que plus grand.

Entre les fleuves Sénégal et Gambie, s'étend le royaume du Jolof, à la tête duquel est un roi qui règne sur d'autres rois ses vassaux. Mais « ces rois », dit Cadamosto, qui cherche tant bien que mal à capter l'originalité de ce qu'il entend et voit, « n'ont rien à voir avec nos rois chrétiens ; [ils] règnent sur des gens fort pauvres et sauvages, ne possèdent ni villes ni places fortes, mais des villages et des paillotes ». Leurs royaumes, en outre, ne sont pas héréditaires, leur règne dépendant semble-t-il d'un système d'échange de services et de tributs entre rois et seigneurs. Un roi possède autant d'épouses qu'il veut et possède des esclaves qui cultivent son domaine. C'est chez un seigneur de la côte appelé le « Bodumel », en fait le *buur damel*, titre wolof du souverain du Kajoor, que le Vénitien raffine son anthropologie du pouvoir : les grands de ce pays ne sont point rois par l'extension de leurs terres, la puissance de leurs châteaux ou l'hérédité de leur statut. « Assurément ces hommes ne sont pas seigneurs au sens où ils seraient riches, posséderaient des trésors ou de l'argent, car ils n'en ont point et ne battent pas monnaie. Mais pour ce qui est du cérémonial ou de la suite, on peut leur donner à bon droit le titre de seigneurs, car ils sont toujours accompagnés d'une multitude de gens et sont craints et révérés par leurs sujets beaucoup plus que ne le sont les nôtres. » La royauté ne tient pas en une liste de critères ; elle est une perception sociale. Il est bien possible que Cadamosto ait compris, en Afrique, quelque chose qui touche l'essence du pouvoir partout sur terre.

Ici la richesse se compte en chevaux importés, harnachements, têtes de bétail, esclaves. Ceux-ci sont vendus aux Sanhâja musulmans, mais aussi, désormais, aux chrétiens. Cadamosto achète cent esclaves pour prix de ses chevaux. Et comme la livraison se fait attendre, il vit chez le roi qui l'entretient près d'un mois – le temps pour un voyageur en confiance d'observer les mœurs et pratiques. Voici ce qui ressemble à un hameau, mais qui est tout entier une résidence royale : « Dans le village où j'ai séjourné [...], on pouvait compter entre quarante-cinq et cinquante huttes de paille, dressées l'une à côté de l'autre, ceintes d'une palissade formée de haies et d'arbres épais, interrompue en un ou deux points en guise de porte. Chacune de ces maisons a une cour fermée par une haie semblable. Et l'on va ainsi dans ce village, de maison en maison, de cour en cour. Bodumel avait neuf de ses femmes dans ce village et il en a beaucoup d'autres réparties [...] dans différents villages. » Cadamosto a déjà relevé dans l'entourage du roi la présence de « prêtres » maures, c'est-à-dire d'oulémas. Ils sont tant arabes que sanhâja et se tiennent à ses côtés. Les seigneurs, mais pas « les petites gens, précise-t-il, se sont laissé convertir à la religion mahométane », mais sans exclusive, car cette conversion, à ce qu'il est possible d'en juger d'après Cadamosto, a peu d'incidence sur la vie quotidienne. Si peu ancré est l'islam que le roi peut s'amuser à soumettre la religion à la concurrence. Et le voilà qui en présence des Maures fait parler son hôte, le chrétien, qui s'enhardit : « Je réprouvais [...] la loi mahométane comme pernicieuse et erronée, arguais par maintes raisons que la nôtre était sainte et vraie. Les Maures [...] en étaient tout courroucés. » Et le souverain de rire, assez sage cependant pour garder le privilège d'énoncer lui-même la morale de l'histoire au petit parterre de zélotes des deux confessions : la religion musulmane ne devait pas être moins bonne que la religion chrétienne si Dieu était juste. Et si Dieu est juste, puisqu'il a donné aux Blancs une telle profusion de biens ici-bas, il donnerait le paradis aux Noirs dans l'au-delà. « Sur ce point, conclut le Vénitien, il faisait preuve de beaucoup de jugement et de bon sens. »

« Vendre, acheter et apprendre le plus de choses possible » : voici ce que dit Cadamosto de ses motivations à voyager sur la côte d'Afrique. C'est à ce troisième terme, que n'avaient pas en partage tous les voyageurs, tant s'en faut, que nous devons sa description si précieuse des paysages et des sociétés de cette Afrique nouvelle. Le voici qui double le cap Vert, extrémité occidentale du continent, et les îles qui lui font face, qu'il est peut-être le premier Européen à apercevoir. La côte est la plus belle qu'ait jamais vue le Vénitien. Puis sa caravelle s'engouffre dans le fleuve Gambie ; là les populations locales, qui n'ont jamais vu de Blancs, se montrent hostiles, et les marins portugais refusent de se hasarder plus avant. Cadamosto n'est pas un explorateur aventureux ; il fait donc prudemment demi-tour.

Le commerce le long des nouveaux rivages africains n'est pas un trafic au petit bonheur. C'est un système qui, parce qu'il a besoin d'assurer sa rentabilité, met en place les habitudes et régularités d'une gigantesque place de marché. On traite d'un rivage à un autre, à chacun sa spécialité : les tissus ibériques seront écoulés à Arguin, les chevaux barbes achetés au Maroc seront vendus au Sénégal. De part et d'autre de ce fin liseré de plages faisant charnière, deux mondes en regard. D'un côté, l'arrière-pays continental, où existent parfois, comme au

Sahara, des réseaux régionaux de commerce. En chacun des comptoirs établis à l'exemple d'Arguin, est branché sur le circuit principal un circuit dérivé destiné à capter les ressources : les esclaves d'abord, très bientôt l'or. De l'autre côté, l'espace maritime. Déjà les archipels, convoités, jouent un rôle de relais. À Madère, la culture de la canne à sucre, destinée aux nouveaux besoins alimentaires de l'Europe chrétienne, évolue vers une exploitation intensive qui nécessite l'importation d'esclaves. En petit, c'est le commerce triangulaire qui sera transplanté, dès le XVe siècle, dans tous les archipels atlantiques de l'Afrique, et au XVIe dans les Amériques.

Note

Toutes les citations directes ou indirectes du récit de Cadamosto sont tirées de l'édition française suivante : *Voyages en Afrique noire d'Alvise Ca' da Mosto (1455 et 1456)*, trad. et notes par Frédérique Verrier, Paris, Chandeigne, 2e éd. remaniée, 2003. L'ouvrage de référence sur la région du Sénégal aux alentours du XVe siècle est celui de Jean Boulègue, *Le Grand Jolof (XIIIe-XVIe siècle)*, Blois, Façades, 1987. L'expression « boutique fortifiée », triviale mais exacte, est due à Théodore Monod dans son avant-propos à l'édition du *Voyage d'Eustache Delafosse sur la côte de Guinée, au Portugal et en Espagne, 1479-1481*, Paris, Chandeigne, 1992, p. 7. Au sujet de la traite de l'or à Arguin, il faut se référer à Duarte Pacheco Pereira, *Esmeraldo de Situ Orbis. Côte occidentale d'Afrique du Sud marocain au Gabon*, trad. et notes par Raymond Mauny, Bissau, Centro de Estudos da Guiné Portuguesa, 1956, p. 40-43. Il existe une littérature considérable sur la mise en place de l'« économie atlantique » à partir de la seconde moitié du XVe siècle. Sur ce vaste sujet, il est toujours essentiel de se référer à la note de Vitorino Magalhaès Godinho, « Création et dynamisme du monde atlantique (1420-1670) », *Annales. Économies, sociétés, civilisations*, 5 (1), 1950, p. 32-36, qui constitue le programme, brièvement ébauché, de ce domaine d'étude. Une vision historique d'ensemble de la place et du rôle des Africains dans le « monde atlantique » qui se dessine à partir du XVe siècle est fournie par John K. Thornton, *Africa and Africans in the Making of the Atlantic World, 1400-1800*, Cambridge, Cambridge University Press, 2e éd., 1998. Sur le rôle de l'économie sucrière à Madère, voir tout particulièrement Sidney M. Greenfield, « Madeira and the Beginnings of New World Sugar Cane Cultivation and Plantation Slavery: A Study in Institution Building », *Annals of the New York Academy of Science*, 292, 1977, p. 536-552.

Chapitre 39

Vasco de Gama et le nouveau monde

Océan Indien, année 1498

Le premier temps du trajet récapitule les voyages d'exploration portugais de la première moitié du siècle. Partie de Lisbonne le 8 juillet 1497, l'escadre passe le 15 en vue de Lançarote, l'une des Canaries ; elle est le 27 à Santiago du Cap-Vert, où elle se ravitaille en viande et en eau. Vingt jours ont suffi pour parcourir la distance qu'il avait coûté plusieurs décennies à reconnaître. Là l'escadre se sépare. Il y a ceux qui poursuivent en direction du golfe de Guinée ; ils vont, comme désormais à longueur d'année, au château de Saint-Georges, dit Elmina, « la mine », où les Portugais ont leur comptoir, sur la côte de l'actuel Ghana. C'est de là que l'on tire à présent l'or et les cargaisons d'esclaves. Les autres obliquent franchement vers le large, pénètrent dans le ventre de l'Atlantique. Il y a trois caravelles et un navire de ravitaillement, cent soixante hommes. Le capitaine est Vasco de Gama.

Le deuxième temps est celui où, les voiles gonflées par les alizés s'enroulent autour de l'anticyclone de Sainte-Hélène. Cela dure exactement trois mois, sans apercevoir une terre ni un navire. C'est la première fois que les Portugais risquent cette invention, la *volta*, gigantesque boucle dans l'inconnu de l'Atlantique Sud, qui doit les ramener à la pointe du continent : un détour considérable dans l'espace, mais un raccourci en temps, qui évite la navigation bord sur bord le long des côtes africaines au sud de l'équateur. Depuis les années 1480, on se rend déjà régulièrement dans ces parties, comme au royaume ami du Kongo. Mais ce n'est pas là l'objectif de l'escadre, qui le 4 novembre trouve la terre sur la côte atlantique de l'Afrique du Sud. Il faut encore un mois et demi pour tourner le cap de Bonne-Espérance et doubler le point extrême atteint par Dias dix ans plus tôt. Bartolomeu Dias avait effectué le basculement vers l'océan Indien, il avait suspecté le passage vers un autre monde. Mais ses équipages, effrayés, l'avaient contraint au demi-tour.

Dès la terre touchée et des semaines durant – troisième temps du trajet –, on guette les signes. Le 11 novembre, le capitaine descend à terre et montre aux Africains rencontrés sur les lieux, des Khoisan éleveurs de bétail et sans doute quelque peu intrigués par ces visiteurs, de la cannelle, du clou de girofle, de la nacre, de l'or, qu'ils semblent ne pas connaître. Vers mi-décembre, on croit pouvoir noter que le pays s'améliore : la côte se fait plus riante, la végétation y devient touffue, les villages sont plus nombreux et les femmes plus belles. Rien de tout cela ne peut être tout à fait un hasard. Le 11 janvier 1498, sans doute vers la région du Natal, dans l'est de l'Afrique du Sud, est envoyé à terre un membre d'équipage, Martim Afonso. Il avait séjourné au Kongo. Et voilà qu'Afonso comprend le discours de bienvenue du seigneur africain du lieu. Miracle de la linguistique survenu au cours d'une aventure où pour tout échange on se contente d'ordinaire de trocs et de gesticulations : les langues de la côte de l'Afrique de l'Est appartiennent à la famille des langues bantoues ; elles sont parentes de la langue du Kongo. Personne ne pouvait le savoir, bien sûr, mais un tel événement n'a pu que signifier pour les Portugais l'imminence de l'arrivée. Sentiment confirmé le 25 janvier, sans doute vers les bouches du Zambèze, où l'on reste à peu près un mois pour réparer les mâts et rafraîchir les corps.

Les Africains, là, sont d'agréables gens qui commercent dans leurs pirogues, point surpris du tout de voir des étrangers. Viennent quelques personnes de rang plus élevé : un seigneur portant sur la tête un turban avec une bordure de soie, un autre un bonnet de satin, un jeune homme qui raconte par signes avoir déjà vu des navires de cette sorte. Tout à leur enthousiasme, car « nous approchions de l'objet de nos désirs », les Portugais baptisent le fleuve *Rio dos bons Sinais*, le fleuve des bons signaux. Et le cap mis au nord, voici que le 2 mars sont vus des bateaux à voile, pour la première fois, sortant d'un chenal. C'est l'île de Moçambique. Les Portugais s'avancent et mouillent dans la lagune ; des barques et des pirogues s'approchent. Pense-t-on qu'elles sont mal intentionnées ? Elles font au contraire sonner les trompettes et des hommes cuivrés de peau, de « la religion de Mahomet » et parlant l'arabe, montent sans hésiter à bord et invitent les arrivants au commerce. Les Portugais viennent d'entrer dans le domaine des navigations marchandes régulières de l'océan Indien.

Si nul ne s'étonne de voir les Portugais faire irruption *depuis le sud*, c'est sans doute d'abord parce que nul n'a de raison de savoir ce qu'est le Portugal, microscopique royaume de l'extrême Occident chrétien aussi éloigné de ces rivages que l'est le Japon à l'extrême Orient. Nul n'a de raison non plus de savoir que ce royaume envoie une insignifiante flottille à l'assaut de son monde, ni qu'elle entend le faire en contournant l'Afrique, ni du reste que l'Afrique est susceptible d'être contournée. D'ailleurs, les Portugais ne se disent pas portugais, mais chrétiens. C'est en chrétiens qu'ils entament la remontée des côtes africaines vers le nord, en quête d'épices et d'or, à la recherche d'un pilote qui les conduira en Inde, et curieux de savoir s'il existe d'autres chrétiens dans ces parages du vaste monde.

Le périple de ces chrétiens dans l'océan Indien est le quatrième temps du trajet. À Moçambique, on se sert pour dialoguer du truchement d'un marin de l'escadre qui avait été captif chez les Maures, en Afrique du nord, et qui parlait donc arabe. On apprend au passage que les marchands de cette côte commercent avec des Arabes dont les bateaux sont d'ailleurs encore là, chargés de tissu, de poivre, de gingembre, de conserve de girofle, de nacre et de pierres précieuses. Le sultan du lieu est d'abord accueillant, puis devient hostile, inexplicablement, et s'ensuivent quelques escarmouches, quelques échanges d'otages, et la capture d'une ou deux pirogues de négoce qui livrent des quantités de toile de coton, des paniers, des eaux de senteurs en bocaux de verre et des livres en arabe. Pourquoi ce revirement ? Est-ce parce qu'on a soudain compris qui sont ces nouveaux venus ? C'est ce que croient deviner les Portugais. Pourtant, au moment du départ, un Arabe de La Mecque monte à bord sans prévention, accompagné de son fils, et veut profiter de la navette qui le rapprochera de la mer Rouge.

Les Portugais quittent Moçambique. Une armada y reviendra pour prendre la ville, en 1507, et y installer un fortin. Le 4 avril ils dépassent Kilwa (→ 23) sans parvenir à y faire escale ; on leur dit que là résident des chrétiens en butte aux musulmans. La ville sera mise à sac en 1505. Le soir même on mouille devant l'île de Mafia ; deux pirogues apportent des oranges et des Arabes qui remontent vers le nord s'invitent à nouveau à bord. Étrange et très imprudente familiarité. Le 7, l'escadre passe entre la terre ferme et les îles de Zanzibar et Pemba. Elle mouille le soir à Mombasa. Là aussi vivent paraît-il des chrétiens. On envoie quelqu'un à terre pour les rencontrer : il revient en disant qu'ils adorent une image du Saint-Esprit figurant sur un bout de papier. Mais l'escale, cependant, tourne mal : passé les offrandes d'usage (oranges, cédrats, mouton), le sultan de Mombasa se révèle peu coopératif et les Portugais suspectent même quelque traîtrise. Dans un moment de panique, quelques musulmans qui étaient à bord s'enfuient à la nage ; deux qui sont restés sont mis à la torture pour connaître les détails du plan. Ils s'enfuiront durant la nuit suivante. Il faut faire voile. Mais qu'à cela ne tienne : Mombasa sera de toute façon bombardée et incendiée dans quelques années, quelques jours après le sac de Kilwa.

Le 14 avril, l'escadre, diminuée par les fatigues et la maladie – une centaine d'hommes sont encore vivants –, est devant Malindi : échanges de cadeaux à distance entre le capitaine et le sultan, puis rencontre en mer, barque à voile d'un côté, chaloupe de l'autre, toutes deux, évidemment, armées. Sagement, nul ne laisse à l'autre l'occasion de commettre la voie de fait qui ferait immanquablement franchir aux deux la frontière ténue entre commerce et piraterie. Et l'échange, minimal et symbolique, s'instaure : le capitaine libère des prisonniers faits la veille, le sultan laisse son fils comme garant ; spectacle de joutes offert sur la plage contre coups de bombarde tirés depuis les navires.

Il y a paraît-il dans la baie quatre vaisseaux de chrétiens de l'Inde. Merveilleuse rencontre que celle-ci, entre branches de la famille chrétienne séparées depuis les temps apostoliques : quand quelques-uns de ces chrétiens d'Orient montent à bord, on leur montre un retable de la Vierge au pied de la croix. Les cousins indiens se prosternent, les visages portugais s'illuminent. Les Indiens font une fête à bord de leurs navires et lancent des fusées. Et ils conseillent aux Portugais de ne pas descendre à terre. En dépit de ces réjouissances, Vasco de Gama s'agace qu'on ne lui donne pas ce qu'il réclame ; il s'empare d'un favori du sultan et obtient sur-le-champ un pilote, encore un chrétien. Le 24 avril l'escadre fait voile ; elle est le 20 mai à Calicut, sur la côte du Kerala, au sud-ouest de l'Inde. Terme de l'expédition : l'avoir atteinte prouve que l'Inde existe et que la voie qui y mène est praticable. Après trois mois de séjour, Vasco de Gama fait voile à nouveau. Il faudra un an pour revenir au Portugal. Mais quelques mois plus tard, Pedro Alvarez Cabral empruntera déjà la même route, avec treize caravelles et mille cinq cents hommes. C'est une armée, qui viendra imposer des traités d'amitié, installer des capitaines et de facteurs de négoce, bombarder les pouvoirs récalcitrants. L'empire portugais des Indes est né.

Mais pourquoi, peut-on demander, les pouvoirs islamiques successivement rencontrés le long de la côte africaine lors du premier voyage d'une flotte chrétienne dans l'océan Indien, se sont-ils montrés si prévenants et complaisants à l'égard des Portugais (à la réserve près des petits coups de main, d'ailleurs réciproques, qui sont la norme dans un univers qui n'est pas de gentlemen) ? Pourquoi évoque-t-on autant de fois l'existence d'autres « chrétiens » à propos de régions et de villes où il n'y en eut jamais (exclusion faite de communautés chrétiennes orientales éparpillées de Socotra à l'Inde) ? Pourquoi est-ce encore un pilote soi-disant « chrétien » qui conduit les Portugais à Calicut ? La réponse vient à Calicut. Alors seulement on comprend ce que les Portugais n'ont pas compris : qu'ils n'ont pas été délibérément bernés ; qu'ils n'ont pas été reconnus comme les glorieux conquérants qu'ils étaient.

Voici le premier tableau de Calicut, le premier portrait de ces « chrétiens » mentionnés partout et enfin rencontrés chez eux : « Cette ville de Calicut est habitée par des chrétiens. Ce sont des gens à la peau basanée. Certains ont de grandes barbes et portent des cheveux longs, d'autres ont la tête rasée, d'autres sont tondus. Et ils portent une touffe de cheveux au sommet du crâne pour indiquer qu'ils sont chrétiens, ainsi que des moustaches. Ils ont les oreilles percées et suspendent beaucoup d'or à ces orifices. Ils sont nus au-dessus de la ceinture, et au-dessous ils portent des tissus de coton très fins. Ceux qui sont ainsi vêtus sont les gens les plus importants : les autres s'habillent comme ils peuvent. » Des Hindous ! Le chroniqueur décrit une « église » ; c'est en réalité un temple hindouiste. Ceux que les Portugais ont pris, ou si ardemment désiré prendre pour des « chrétiens », ne sont ni des chrétiens tout court ni des Indiens chrétiens. Ceux dont les musulmans d'Afrique orientale laissent entendre depuis des mois qu'ils sont d'autres « chrétiens » ne sont pas davantage des chrétiens. Ce sont des Hindous, des Indiens parfaitement hindouistes. La méprise révèle que l'événement considérable, inouï, du contournement de l'Afrique par les Portugais, est passé inaperçu dans ce monde indo-océanique qu'il va transformer en quelques années. L'irruption des chrétiens n'a pu d'abord s'énoncer que dans les termes culturels et religieux de ce monde. La petite escadre portugaise doit peut-être en partie à cela son succès, bientôt redoré aux couleurs de l'épopée : ils n'eussent peut-être pas achevé leur premier voyage si les musulmans du Mozambique, ou de Tanzanie, ou du Kenya, avaient su reconnaître de quel impossible horizon ils venaient.

Deux hommes, à Calicut, avaient pourtant tout de suite compris la portée de l'événement. Dès le premier jour, Vasco de Gama avait envoyé à terre un de ces condamnés portugais en probation qu'on emmenait toujours en mission pour leur réserver une tâche ingrate : celle d'engager les premiers contacts quand on ne sait pas trop si l'on risque sa vie ou pas. On fait donc descendre l'individu dans une chaloupe. Il est conduit à terre. Il fait la rencontre de deux musulmans de Tunis, qui parlent le castillan et le génois. Ce sont donc des marchands ; ils ont bien sûr déjà fréquenté des chrétiens dans les ports de Méditerranée. En reconnaissant un vrai chrétien d'Europe sur ce rivage de l'Inde, leurs premiers mots trahissent incrédulité et colère :

« Que le diable t'emporte ! Qui t'a amené ici ? »

Note

Le récit du voyage de Vasco de Gama suivi ici est celui généralement attribué à Alvaro Velho, un participant et témoin direct. Le texte cité est celui de l'édition française des *Voyages de Vasco de Gama. Relations des expéditions de 1497-1499 et 1502-1503*, traduction et notes par Paul Teyssier et Paul Valentin, Paris, Chandeigne, 1995. Sur Vasco de Gama et la signification historique du premier voyage portugais dans l'océan Indien, on lira avec le plus grand profit l'ouvrage de Sanjay Subrahmanyam, *Vasco de Gama. Légende et tribulations du vice-roi des Indes*, Paris, Alma, 2012, 1re éd. en anglais : *The Career and Legend of Vasco da Gama*, Cambridge, Cambridge University Press, 1997. Les récits des pillages et incendies de Kilwa et Mombasa sont accessibles dans le recueil de G. S. P. Freeman-Grenville, *The East African Coast*, Oxford, Clarendon Press, 1962.

Index des noms de personnes

Index des notions, lieux et peuples

Table des crédits iconographiques

TABLE DES CRÉDITS ICONOGRAPHIQUES

Table

Certifié PEFC

Ce produit est issu de forêts gérées durablement et de sources contrôlées.

PEFC 10-31-1510

pefc-france.org

Achevé d'imprimer par
Corlet Imprimeur
14110 Condé-en-Normandie

Réalisation : Nord Compo à Villeneuve-d'Ascq
Dépôt légal : août 2022
ISBN : 979-10-210-5220-8
Numéro d'édition : 4796
Numéro d'impression : 22060539
Imprimé en France